DISPOSITIONS SPÉCIALES

AUX

COMPTES-MATIÈRES

(TEXTE)

Volume arrêté à la date du 1er juillet 1912.

PARIS

HENRI CHARLES-LAVAUZELLE

Éditeur militaire

10, Rue Danton, Boulevard Saint-Germain, 118

(MÊME MAISON A LIMOGES)

DISPOSITIONS SPÉCIALES

AUX

COMPTES-MATIÈRES

(TEXTE)

Volume arrêté à la date du 1er juillet 1912.

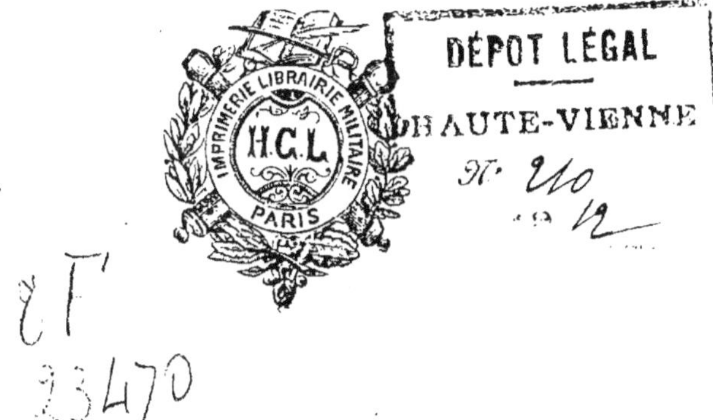

PARIS

Henri CHARLES-LAVAUZELLE

Éditeur militaire

10, Rue Danton, Boulevard Saint-Germain, 118

(MÊME MAISON A LIMOGES)

COMPTES-MATIÈRES

Loi du 24 avril 1833.

. . . .

Art. 10. Les comptes des matières appartenant à l'Etat sont, chaque année, imprimés et soumis au Sénat et au Corps législatif, à l'appui des comptes généraux.

. . . .

Loi du 6 juin 1843.

. . . .

Art. 14. Les comptes en matières sont soumis au contrôle de la Cour des comptes.

. . . .

Loi du 23 août 1876.

. . . .

Art. 6. Chaque année, les commissions des finances de la Chambre des députés et du Sénat pourront déléguer chacune deux de leurs membres pour vérifier, sur pièces et sur place, l'état du matériel.

. . . .

Loi du 26 juin 1888.

. . . .

Art. 8. Le Ministre de la guerre déterminera, dans un délai de six mois à partir du vote de la présente loi, pour l'ensemble de chaque service du Département de la guerre, pour chaque

place et chaque gestion, la nature et les quantités du matériel
à entretenir comme réserve de guerre.

Les fixations ainsi arrêtées pour l'ensemble de chaque service, seront communiquées aux Chambres dans le délai ci-dessus spécifié.

Art. 9. L'existence et l'état du matériel de réserve seront
constatés par des recensements opérés par le corps du contrôle
de l'administration de l'armée.

. . . .

Loi du 9 décembre 1902.

(Direction du Contrôle; Bureau des Liquidations et des Comptes.)

Art. 1ᵉʳ. À partir du 1ᵉʳ janvier 1903, les gestionnaires de
matériel du Département de la guerre inscriront distinctement
et totaliseront séparément, dans leur compte de gestion, les
opérations affectant l'avoir réel de la réserve de guerre.

Art. 2. Le 1ᵉʳ octobre de chaque année, le Ministre de la
guerre communiquera aux Chambres des états sur lesquels seront portées, pour l'ensemble de chaque service :

1° Les quantités par nature de matériel, qui ont été reconnues nécessaires pour les besoins du temps de guerre, d'après
le programme communiqué aux Chambres; ces quantités com-
prendront, non seulement les quantités réalisées ou en cours
de réalisation, mais encore celles qui resteront à constituer
dans le cours des années suivantes pour l'achèvement du programme;

2° Les quantités par nature de matériel, auxquelles de-
vaient s'élever les réalisations au 31 décembre de l'année précédente, d'après les crédits accordés par le Parlement et utilisés;

3° Les quantités existant réellement à la réserve de guerre
au 31 décembre de l'année précédente.

Pour chacune de ces catégories (nécessaires, quantités devant exister, existants), ces états devront faire ressortir les
différences par rapport aux quantités accusées par les états
fournis l'année précédente et expliquer ces modifications, notamment indiquer l'emploi des approvisionnements supprimés
ou les crédits au moyen desquels des approvisionnements auraient été créés ou augmentés.

A ces états sera joint le relevé des avaries et manquants constatés dans les recensements de la réserve de guerre effectués conformément aux prescriptions de l'article 9 de la loi du 26 juin 1888 pendant l'année considérée.

Rapport au Président de la République et décret sur la comptabilité des matières appartenant au Département de la guerre.

(Direction du Contrôle ; Bureau des Liquidations et des Comptes.)

RAPPORT AU PRÉSIDENT DE LA RÉPUBLIQUE FRANÇAISE.

Paris, le 26 décembre 1902.

Monsieur le Président,

La loi du 9 décembre 1902, qui a abrogé l'article 10 de la loi du 26 juin 1888, modifiée par l'article 61 de la loi du 26 janvier 1892, dispose :

1° Que le matériel de la réserve de guerre sera inscrit et totalisé distinctement dans les comptes de gestion tenus par les comptables ;

2° Que les états de la réserve de guerre à fournir aux Chambres le 1er octobre de chaque année feront ressortir :

a) Les nécessaires,

b) Les quantités devant exister au 31 décembre de l'année précédente,

c) Les quantités existant réellement à cette même date.

Ces dispositions nouvelles entraînent des modifications à certains articles du décret du 9 septembre 1888 sur la comptabilité des matières appartenant au Département de la guerre.

D'autre part, l'expérience a fait reconnaître l'opportunité d'apporter à la comptabilité-matières quelques simplifications qui, bien que n'ayant aucun rapport avec la séparation dans le compte du matériel de la réserve de guerre et du matériel du service courant, n'en ont pas moins leur importance, parce qu'elles feront disparaître des complications sans utilité réelle.

Ces simplifications portent sur le compte général du matériel de la guerre, sur les résumés généraux et sur les comptes individuels de gestion.

Elles peuvent se résumer ainsi qu'il suit :

1° Suppression des colonnes affectées dans les comptes actuels à l'inscription des dépenses d'achat ou de cession.

Cette inscription ne présente aucune utilité, parce que la corrélation entre la comptabilité-finances et la comptabilité-matières n'a jamais pu être réalisée que par la comparaison des pièces justificatives;

2° Suppression des colonnes affectées à l'inscription des mouvements d'ordre.

La distinction faite actuellement par le règlement entre les mouvements réels et les mouvements d'ordre, n'a pas de raison d'être pour les comptables, les uns et les autres engageant également leur responsabilité, et l'expérience a prouvé que cette distinction était la cause de la plupart des erreurs constatées dans les comptes;

3° Suppression de la totalisation en quantités, par unité sommaire, et présentation du compte général du matériel en valeurs, par chapitres des diverses nomenclatures.

Avec leur contexture actuelle, les résumés généraux et le compte général du matériel nécessitent pour leur établissement un travail considérable dont l'utilité n'est pas démontrée. Le groupement par unité sommaire entraîne en effet, pour certains matériels, des dénominations tellement vagues que les renseignements relatifs aux quantités entrées, sorties ou restantes des matières ainsi groupées perdent tout intérêt. De plus, ce mode de classification amène parfois à réunir, sous la même rubrique, les objets les plus disparates, présentant entre eux des différences de nature et des écarts de valeur très considérables. Il y a donc tout avantage à y renoncer et à ne plus produire que les résumés généraux et le compte général du matériel en valeur. Seule la transformation en valeur permet une sommation logique d'objets différents.

Toutes ces modifications à la réglementation actuelle ont été examinées par la commission d'étude de la comptabilité-matières du Département de la guerre, instituée le 6 décembre 1898 par un de mes prédécesseurs, sous la présidence de M. Bouchard, président de chambre à la Cour des comptes, et composée de membres du Parlement et de représentants des principaux services militaires intéressés. Cette commission a été unanime à reconnaître que ces modifications réalisaient de la façon la plus heureuse les principaux desiderata exprimés au cours de ses travaux et a émis le vœu qu'elles fussent mises en application le plus tôt possible dans les établissements et les corps de troupe.

Au lieu de présenter à votre haute approbation un projet de décret modifiant, sur les points ci-dessus visés, le décret du 9 septembre 1888, j'ai pensé qu'il était préférable de refondre complètement ce dernier décret.

Si vous approuvez cette manière de voir, j'ai l'honneur de vous prier de vouloir bien revêtir de votre signature le projet de décret ci-joint, qui remplace et abroge le décret du 9 septembre 1888 sur la comptabilité des matières du Département de la guerre.

Veuillez agréer, Monsieur le Président, l'hommage de mon respectueux dévouement.

Le Ministre de la guerre,
Général L. ANDRÉ.

DÉCRET

SUR

LA COMPTABILITÉ DES MATIÈRES

APPARTENANT

AU DÉPARTEMENT DE LA GUERRE

Paris, le 26 décembre 1902.

Le Président de la République française,

Vu l'article 10 de la loi du 24 avril 1833 ;

Vu l'article 14 de la loi du 6 juin 1843, portant règlement définitif du budget de l'exercice de 1840 ;

Vu l'article 6 de la loi du 23 août 1876 ;

Vu la loi du 16 mars 1882, sur l'administration de l'armée ;

Vu le décret du 28 octobre 1882, sur l'organisation du corps du contrôle de l'administration de l'armée ;

Vu le décret du 15 novembre 1884 modifiant l'organisation du ministère de la guerre ;

Vu le décret du 31 mai 1862, sur la comptabilité publique, et le règlement du 3 avril 1869, sur la comptabilité du département de la guerre ;

Vu les articles 7, 8 et 9 de la loi de finances du 26 juin 1888 ;

Vu le décret du 9 septembre 1888, sur la comptabilité des matières appartenant au Département de la guerre ;

Vu la loi du 9 décembre 1902 ;

Sur le rapport du Ministre de la guerre,

Décrète :

TITRE Ier.

DISPOSITIONS GÉNÉRALES ET PRÉLIMINAIRES.

CHAPITRE Ier.

MATÉRIEL. — NOMENCLATURES. — CLASSEMENT.

Matériel de la guerre et règlements qui s'y appliquent.

Art. 1er. Le matériel du département de la guerre comprend les matières, denrées, effets et objets de consommation ou de transformation, armes, engins, machines, outils, ustensiles, animaux, mobiliers, bibliothèques, objets d'art et de science mis à la disposition de ce département ministériel et qui sont en service, approvisionnement, dépôt ou réserve, soit dans les magasins et établissements de la guerre, soit dans les corps de troupe.

Le matériel appartenant à l'Etat détenu par les corps de troupe fait l'objet d'une comptabilité intérieure tenue par ces corps conformément aux prescriptions de règlements spéciaux. Cette comptabilité est rattachée aux comptes généraux du matériel dans les formes indiquées aux articles 65 et 75 du présent règlement.

La comptabilité du matériel en service, approvisionnement, dépôt ou réserve dans les magasins et établissements du département de la guerre, est régie par les dispositions du présent règlement.

Les matières, denrées et objets de consommation qui ne sont pas destinés à concourir à la formation des approvisionnements, ne donnent lieu qu'à des écritures intérieures et ne figurent pas dans la comptabilité du matériel de la guerre.

Nomenclature du matériel.

Art. 2. Il est établi pour chaque service de la guerre une nomenclature spéciale du matériel qui le concerne.

Dans chaque nomenclature spéciale, le matériel est classé par unité sommaire et par unité détaillée sous des chapitres distincts qui correspondent aux différentes branches du service.

Les numéros de nomenclature attribués aux unités sommaires forment une seule série par nomenclature.

Les numéros attribués aux unités détaillées forment une seule série par unité sommaire.

Certaines unités peuvent être formées de divers objets susceptibles d'être groupés en raison de leur destination commune. Ces groupements forment les unités collectives.

Il est dressé à la suite des nomenclatures un tableau indicatif des éléments dont se composent les unités de cette nature.

Base de la comptabilité-matières.

Art. 3. La comptabilité du matériel de la guerre a pour base l'unité détaillée de la nomenclature.

Les comptes de gestion sont tenus en quantités. Le compte général est établi en valeurs.

Classement du matériel.

Art. 4. Le classement « bon pour le service » est commun à tout le matériel susceptible d'emploi et maintenu en compte dans les approvisionnements.

Le matériel régulièrement reconnu hors de service est classé à un chapitre ouvert sous ce titre dans chaque nomenclature.

CHAPITRE II.

APPROVISIONNEMENTS. — LEUR DIVISION.

Division du matériel.

Art. 5. Dans chaque service le matériel comprend :

1° Le *service courant*, c'est-à-dire le matériel nécessaire pour l'exécution courante du service dans les conditions normales du temps de paix ;

2° La *réserve de guerre*, c'est-à-dire le matériel de complément entretenu d'une manière permanente en vue de la mobilisation de l'armée et des besoins du temps de guerre.

Sur le compte de gestion tenu par chaque comptable au titre de chaque service (art. 58), le matériel de la réserve de guerre et le matériel du service courant forment des comptes distincts.

SECTION Iʳᵉ.

DISPOSITIONS SPÉCIALES A LA RÉSERVE DE GUERRE.

Détermination de l'importance et de la nature des approvisionnements de la réserve de guerre.

Art. 6. En exécution des prescriptions de l'article 2 de la loi du 9 décembre 1902, le Ministre de la guerre communique aux Chambres, le 1ᵉʳ octobre de chaque année, des états sur lesquels sont portés, pour l'ensemble de chaque service :

1° Les *nécessaires*,

2° Les *quantités devant exister*,

3° Les *existants*,

au 31 décembre de l'année précédente.

Les *nécessaires* sont, pour chaque nature de matériel, les quantités qui ont été reconnues nécessaires pour les besoins du temps de guerre, d'après un programme communiqué aux Chambres.

Les *quantités devant exister* à une date donnée sont, pour chaque nature de matériel, les quantités qui ont pu être achetées ou fabriquées à cette date, au moyen des crédits mis, à cet effet, à la disposition du Ministre. Les *quantités devant exister* sont aussi appelées *fixation*.

Les *existants*, à une date donnée, sont, pour chaque nature de matériel, les quantités qui existent réellement à cette date.

L'écart entre les *nécessaires* et la *fixation* mesure le degré d'avancement de la réalisation du programme; lorsque celui-ci est entièrement réalisé, la *fixation* se confond avec les *nécessaires*. D'autre part, en tout temps, les *existants* doivent être égaux à la *fixation*; lorsqu'il y a une différence entre celle-ci et ceux-là, cette différence constitue un *excédent*, ou un *déficit*, qui doit être signalé au Ministre par le service intéressé et par les autorités chargées de procéder aux recensements de la réserve de guerre, notamment par les contrôleurs de l'administration de l'armée.

Les *nécessaires* sont arrêtés, par le Ministre, en nature et en quantité, pour l'ensemble de chaque service.

La *fixation*, ou *quantités devant exister*, est arrêtée par le Ministre, en nature et en quantité, pour l'ensemble de chaque service, pour chaque place et pour chaque gestion (établissements militaires et corps de troupe).

La *fixation*, arrêtée pour une gestion, est portée à la connaissance du directeur local ou du conseil d'administration intéressé, et notifiée par lui au comptable qu'elle concerne.

Un état détaillé de la *fixation* est adressé, par chacun des services de l'administration centrale, à la direction du contrôle, qui doit être régulièrement avisée de toutes les modifications que le Ministre y apporte et, d'ailleurs, d'une manière générale, de toutes les décisions que prend le Ministre au sujet de la *fixation*.

Il appartient au Ministre de statuer, sur la proposition des directions intéressées et après avis de la direction du contrôle, à l'égard des modifications qui peuvent être apportées à la *fixation*.

Toute modification à la *fixation* est immédiatement notifiée, dans une forme caractéristique, par le Ministre aux directeurs locaux ou aux conseils d'administration et, par ceux-ci, aux comptables intéressés.

Les chefs de service dans chaque place, les conseils d'administration dans chaque corps de troupe font tenir constamment à jour les chiffres de la *fixation de la réserve de guerre*.

Pour certains objets, le Ministre peut arrêter une fixation globale par corps d'armée et déléguer au commandant du corps d'armée le soin d'en faire la répartition par gestion.

Conservation et entretien de la réserve de guerre.

Art. 7. Les approvisionnements de la réserve de guerre doivent être constamment maintenus au complet et en état d'être employés à leur destination spéciale.

Il est formellement interdit de les employer, même temporairement, aux besoins du service.

Exceptionnellement, et dans des cas d'extrême urgence, le Ministre peut autoriser des prélèvements temporaires. Mais ces emprunts ne peuvent jamais porter sur les vivres ou les munitions, ils doivent être de courte durée, ne pas exposer le matériel à une usure appréciable et le laisser toujours immédiatement disponible pour les besoins d'une mobilisation.

Les prélèvements destinés à assurer le renouvellement des approvisionnements de la réserve doivent toujours être compensés par des entrées préalables, auxquelles ces prélèvements sont subordonnés.

La conservation, l'entretien et le renouvellement du matériel de la réserve sont à la charge des crédits alloués au titre du service courant.

Modifications dans l'importance du matériel à entretenir.

Art. 8. Lorsqu'il y a lieu d'augmenter l'importance du matériel de la réserve à entretenir dans l'ensemble d'un service, il ne peut être pourvu à la dépense qui en résulte qu'au moyen de crédits spéciaux.

Lorsqu'il y a lieu à réduction, le matériel en excédent est immédiatement versé au service courant et la valeur d'utilisation de ce matériel est ordonnancée au profit du Trésor par imputation sur les crédits alloués au titre du service courant.

La valeur d'utilisation est fixée par le Ministre. Elle doit être égale à l'économie nette que procurera au service intéressé l'application, sous une forme quelconque, aux besoins courants du matériel considéré; si celui-ci n'est susceptible d'aucun emploi pour les besoins du service et ne peut qu'être remis aux domaines, la valeur d'utilisation est fixée à zéro.

Changement dans la nature des approvisionnements.

Art. 9. Si l'espèce ou le modèle des approvisionnements sont modifiés, l'entrée du matériel nouveau dans la réserve de guerre doit toujours précéder la sortie du matériel à remplacer.

Le matériel remplacé est immédiatement versé au service courant et la valeur d'utilisation (art. 8) de ce matériel est exclusivement employée à la création du matériel nouveau. Si, au total, la valeur d'utilisation du matériel remplacé dépasse la dépense de création du matériel nouveau, l'excédent est ordonnancé au profit du Trésor par imputation sur les crédits alloués au titre du service courant.

Constatation de l'existence de la réserve de guerre.

Art. 10. L'existence et l'état du matériel de réserve, dont la surveillance permanente est assurée par les prescriptions des articles 17 et 18 du présent décret, sont constatés par les recensements inopinés auxquels procède le corps du contrôle de l'administration de l'armée en exécution des articles 26 de la loi du 16 mars 1882 et 9 de la loi du 26 juin 1888.

Il est tenu enregistrement à la direction du contrôle de *tous* les procès-verbaux constatant des manquants ou des avaries dans la réserve. Communication en est faite aux services intéressés, à qui il appartient de produire telles explications que de droit.

Ces procès-verbaux, complétés par les explications auxquelles ils ont donné lieu, servent à établir le *relevé des avaries et manquants dans la réserve de guerre*, prévus par l'article 2 de la loi du 9 décembre 1902 que dresse la direction du contrôle.

La même direction établit également des états sur lesquels sont portés, pour l'ensemble de chaque service, les *nécessaires*, la *fixation* et les *existants* au 31 décembre de l'année précédente. Ces états font ressortir, pour chacune de ces catégories, les modifications survenues depuis l'année précédente, fournissent, sur ces modifications, toutes les explications nécessaires et indiquent notamment l'emploi des approvisionnements

supprimés ou les crédits au moyen desquels les approvisionnements auraient été créés ou augmentés. Sur ces états les unités
collectives ainsi que les objets principaux dont il importe
particulièrement de faire ressortir les quantités existantes
figurent en nombre, les menus objets et rechanges ne figurent que par leur valeur globale calculée aux prix de la nomenclature. Les objets inscrits en nombre sont décomptés également aux prix de la nomenclature. Ce décompte à des prix
purement conventionnels n'a nullement pour objet de permettre d'établir, sous une forme quelconque, une corrélation
reconnue impossible entre les comptes-deniers et les comptes-
matières, il a seulement pour but de permettre de rapprocher
la valeur totale du matériel de réserve portée sur les états
communiqués aux Chambres de la valeur totale de ce même
matériel, inscrite dans le compte général soumis à la Cour des
comptes.

Ces états, certifiés par le Ministre, sont communiqués aux
Chambres le 1er octobre de chaque année en expédition ma-
nuscrite.

SECTION II.

DISPOSITIONS SPÉCIALES AU SERVICE COURANT.

Approvisionnements à entretenir.

Art. 11. En principe, il doit toujours exister dans les magasins
de chaque place une quantité de matières et objets suffisante pour qu'il puisse être subvenu aux besoins réguliers du
service courant, sans que la réserve de guerre soit jamais en-
tamée.

La moyenne des approvisionnements à entretenir au titre
du service courant est fixée par le Ministre; les achats doivent
être réglés de manière que, pour l'ensemble d'une année, la
moyenne des existants ne soit pas supérieure au chiffre ainsi
fixé.

Entretien des approvisionnements.

Art. 12. Le matériel neuf doit constamment être entretenu
en parfait état de conservation, le matériel usagé doit toujours
être maintenu en état de rendre autant de services que le comporte son degré d'usure.

La partie du matériel composant le *service courant* entre les
mains des troupes, qui doit être emportée par elles au moment

de la mobilisation, doit toujours être parfaitement en état
d'assurer un bon service de guerre; elle doit se composer exclusivement d'objets neufs ou très bons, aucun objet en état
d'usure un peu avancée ne doit en faire partie.

On doit débarrasser les magasins aussi promptement que
possible du matériel hors service, en ne conservant que les
objets ou parties d'objets nécessaires pour les réparations.

Cessions de matériel.

Art. 13. Le matériel cédé par un service de la guerre à un
autre service de ce Département est remboursé aux prix de
nomenclature à moins de décision contraire du Ministre. Les
cessions faites à toute autre partie prenante donnent lieu à
payement par le cessionnaire de la valeur réelle que présente
pour le service cédant le matériel cédé; cette valeur est fixée,
dans chaque cas, par le Ministre de la guerre.

Toutefois, les cessions d'un service à un autre service de la
guerre sont faites à titre gratuit, quand elles sont motivées par des
changements d'attributions dans les services et dans le cas où
elles auraient été mises à la charge des services cédants par les
prévisions budgétaires.

Rétablissements de crédits.

Art. 14. Afin de maintenir à la même hauteur l'importance et
la valeur de ses approvisionnements, tout service qui a cédé du
matériel à charge de payement, ou qui a imputé aux détenteurs la
valeur des pertes ou avaries dont ils sont redevables, obtient le
rétablissement à son crédit du montant des cessions ou des imputations, quel que soit l'exercice qui ait supporté la dépense d'achat
du matériel, mais sous la condition expresse que la somme rétablie sera exclusivement employée à acheter du matériel de même
nature.

Prêts.

Art. 15. Le matériel du Département de la guerre peut être
délivré à titre de prêt en cas d'utilité reconnue par le Ministre
et sous la condition qu'il reste à l'intérieur des territoires de
la France continentale, de l'Algérie et de la Tunisie.

Aucun prêt ne peut être fait sans une autorisation du Ministre
de la guerre.

Ventes par le domaine.

Art. 16. Les remises de matériel à l'administration des domaines et les ventes par cette administration s'effectuent dans les conditions et suivant les formes prescrites par les articles 43 et 44 du décret du 31 mai 1862 et par les articles 21, 22, 23 et 247 à 253 du règlement du 3 avril 1869.

CHAPITRE III.

DIRECTION, SURVEILLANCE, GESTION ET CONTRÔLE DES SERVICES DU MATÉRIEL.

SECTION Iʳᵉ.

DIRECTION, SURVEILLANCE ET INSPECTION.

Direction et surveillance locale permanente (1).

Art. 17. Les officiers ou fonctionnaires chargés de la direction des services du matériel et de leur surveillance permanente ont mission d'assurer l'application des règlements et l'exécution des ordres du Ministre pour la formation des approvisionnements, la conservation et l'emploi du matériel et pour la reddition des comptes.

Ils procèdent à des recensements inopinés du matériel des places, magasins et ateliers.

Ils dressent les procès-verbaux de tous manquants et avaries.

Ils s'assurent de la tenue régulière des écritures. Ils vérifient et arrêtent, en fin d'année ou de gestion, les comptes rendus par les comptables.

En principe, tout le matériel compris dans les écritures doit être recensé chaque année. Toutefois, dans les gestions particulièrement importantes, les recensements peuvent, avec l'autorisation du Ministre, ne porter chaque année que sur une partie du matériel, sous la réserve que la totalité de ce matériel sera recensée dans une période d'une durée maximum de trois années.

Inspection des services.

Art. 18. Les services du matériel sont, en outre, soumis à des inspections, dont le Ministre détermine les époques et l'objet.

---

(1) Voir aux annexes la circulaire du 27 janvier 1909 rappelant les autorités chargées de procéder aux recensements de matériel à l'exécution stricte des prescriptions réglementaires.

SECTION II.

GESTION DES SERVICES DU MATÉRIEL.

Etablissements principaux et annexes.

Art. 19. Le Ministre de la guerre désigne les places, magasins, chantiers et établissements principaux dans lesquels doit être installée une gestion de matériel. Il prescrit également la création des annexes nécessaires.

Personnel chargé de la gestion.

Art. 20. Le matériel existant en magasin ou en service dans tout établissement militaire géré pour le compte de l'Etat est placé sous la garde d'un agent qui est comptable de la quantité des matières et objets qu'il a dû prendre en charge, suivant l'unité qui leur est applicable.

La gestion des établissements est individuelle ou collective.

La gestion individuelle est celle qui est confiée à un comptable.

La gestion collective est celle qui est exercée, avec la participation d'un comptable, par les officiers ou fonctionnaires que désignent les règlements d'organisation des services. L'instruction ministérielle qui fixera en détail les conditions d'application du présent règlement déterminera les attributions respectives des officiers ou fonctionnaires qui ont la gestion et du comptable proposé à la garde du matériel.

Les opérations des gérants d'annexes sont rattachées à la gestion du comptable de l'établissement principal.

Cautionnement.

Art. 21. Toute gestion individuelle oblige celui qui en est chargé à fournir un cautionnement, dont la quotité et la nature sont déterminées par le Ministre de la guerre.

Tout comptable doit, sous peine de remplacement, avoir réalisé son cautionnement à l'époque fixée par sa lettre de service.

La dispense de cautionnement ne peut résulter que d'une décision du Ministre

Ouverture et clôture des gestions.

Art. 22. Toute gestion de matériel est soumise, de même que les comptes qui en dérivent, à la période annale et comprend, en conséquence, tous les faits accomplis depuis le 1ᵉʳ janvier jusqu'au 31 décembre.

En cas de mutation de comptables, la gestion est close, pour le comptable sortant, et elle s'ouvre, pour le comptable entrant, à la date où ce dernier prend possession du service par la remise qui lui est faite de tout ou partie du matériel.

Professions interdites aux comptables.

Art. 23. Il est interdit aux comptables du matériel de se livrer à aucun commerce ou négoce et d'occuper tout autre emploi salarié, soit public, soit privé.

Absence des comptables.

Art. 24. Aucun comptable de matériel ne peut s'absenter de sa résidence sans une autorisation écrite de ses supérieurs, délivrée dans les limites et les conditions fixées par les règlements.

Tout comptable autorisé à s'absenter est représenté par un mandataire régulièrement investi.

Interdiction relative aux renseignements sur les services.

Art. 25. Il est formellement interdit, sous les peines de droit, de délivrer ou de communiquer des états de situation du matériel ou de fournir aucun renseignement relatif au service à des personnes autres que celles qui ont qualité pour en connaitre.

SECTION III.

CONTRÔLE DES SERVICES DU MATÉRIEL.

Art. 26. Les actes de la direction comme les faits de la gestion sont soumis, en exécution de la loi du 16 mars 1882 et du décret du 28 octobre suivant, aux investigations que le Ministre de la guerre juge utile de faire opérer par le corps du contrôle de l'administration de l'armée pour assurer le fonctionnement régulier des services et étudier les améliorations qu'ils comportent.

TITRE II.

DU FONCTIONNEMENT DES GESTIONS.

CHAPITRE Ier.

DE LA RESPONSABILITÉ DES AGENTS AYANT CHARGE DE MATÉRIEL.

Responsabilité des gestionnaires.

Art. 27. Dans les gestions individuelles, la responsabilité des comptables s'étend à tout ce qui concerne la quantité, la conservation, la transformation et l'emploi du matériel qu'ils ont en charge.

Dans les gestions collectives, elle ne porte que sur la quantité et la conservation du matériel que les comptables ont en charge. La responsabilité de la transformation et de l'emploi incombe aux chefs des services ou des établissements et au personnel placé sous leurs ordres pour la conduite des travaux ou des ateliers.

Conditions des réceptions.

Art. 28. Les matières, denrées et objets provenant d'achat, de cession, de confection ou de transformation ne peuvent être reçus par le comptable que s'ils réunissent toutes les conditions stipulées dans les cahiers des charges, devis, notices, marchés ou conventions et sont conformes aux échantillons ou modèles-types, s'il en a été adopté.

Tout comptable qui prend du matériel en charge contrairement à ces prescriptions engage sa responsabilité, sauf le cas où il est procédé à la réception, soit par une commission régulièrement constituée, soit en vertu d'un ordre de l'autorité compétente.

Responsabilité des gérants d'annexes.

Art. 29. La responsabilité des gérants d'annexes envers le comptable de l'établissement principal est la même que celle des comptables principaux envers l'État.

Si le comptable principal prouve que les pertes ou avaries constatées ne proviennent pas d'un défaut de soins ou de prévoyance de sa part, la responsabilité incombe directement au gérant d'annexe.

Perte par force majeure ou cas fortuit.

Art. 30. Aucune perte ou avarie n'est admise à la décharge des comptables qu'autant qu'elle provient d'événements de force majeure ou de cas fortuits dûment constatés, tels que :

Vols à main armée, à force ouverte ou avec effraction ;

Vols par disparition de détenteurs de matériel ;

Prise ou destruction par l'ennemi, destruction ou abandon forcé à son approche ;

Incendie ;

Inondation, submersion ;

Ecroulement de bâtiments ;

Evénements de route par terre et par eau ;

Epizootie constatée.

Justification des cas fortuits ou de force majeure.

Art. 31. Pour être déchargé du montant d'une perte ou d'une avarie survenue dans les cas prévus à l'article précédent, le comptable ou l'agent ayant charge du matériel est tenu de faire constater immédiatement et de prouver que le fait ne peut être imputé à un défaut de soin ou de prévoyance de sa part.

Pertes par suite du mauvais état des bâtiments.

Art. 32. Aucune perte ou avarie qu'aurait occasionnée l'état des bâtiments n'est admise à la décharge du comptable que s'il est établi qu'il a introduit, en temps utile, auprès de l'autorité compétente, les réclamations nécessaires.

Poursuites en cas de crime ou délit.

Art. 33. Si les faits d'où résultent les pertes ou avaries sont de nature à motiver des poursuites criminelles, il est procédé dans les formes prescrites par le Code de justice militaire.

Transformation du matériel. — Responsabilité.

Art. 34. Dans les gestions collectives, le matériel nécessaire aux consommations et transformations est délivré par le comptable aux officiers, ingénieurs ou agents directeurs des travaux, qui en donnent récépissé et qui en sont responsables jusqu'à justification d'emploi, suivant les prescriptions de l'article 74 du présent décret.

Transport du matériel. — Responsabilité de l'expéditeur et du chargé des transports.

Art. 35. Tout matériel expédié d'un point sur un autre doit être pris en charge par un tiers qui en devient responsable jusqu'à la réception par le destinataire.

Toutefois, le comptable expéditeur demeure responsable des manquants, pertes ou avaries qui, à la réception, seraient reconnus provenir de son fait. Il se borne à inscrire au registre-journal les quantités expédiées d'après les factures d'expédition ou les connaissements, mais il ne les porte définitivement en sortie dans ses comptes qu'après avoir reçu le récépissé du destinataire.

Le matériel à transporter est pris en charge, savoir :

1° Dans les trains et équipages militaires, par les chefs de détachements ;

2° Dans les équipages auxiliaires, par les agents qui les dirigent ;

3° Pour les transports à l'entreprise, par les entrepreneurs, par les capitaines de navires ou par leurs agents dûment autorisés ;

4° Pour les transports par navires de l'Etat, par l'officier ou l'agent spécialement désigné ;

5° Par l'agent que l'administration aurait chargé d'accompagner le matériel et dont la responsabilité est, dans ce cas, substituée à celle du chargé de transport.

Evénements sur terre et sur mer.

Art. 36. Si des événements de route occasionnent des pertes ou avaries, les constatations prescrites par l'article 31 du présent règlement sont faites, à la diligence de l'agent ayant charge du matériel, par l'autorité administrative militaire ou, à défaut, par l'autorité civile la plus rapprochée du lieu de l'événement.

Les événements de mer sont constatés suivant les lois ou usages du commerce, sauf dans le cas de stipulations spéciales.

Transport du matériel. — Responsabilité du réceptionnaire.

Art. 37. Le comptable réceptionnaire ne donne décharge à ceux qui sont responsables du transport qu'après vérification du nombre, du poids et de l'état des colis.

Il ne délivre récépissé à l'expéditeur qu'après avoir reconnu la quantité, la qualité et l'état du matériel porté sur les factures d'expédition.

Il est responsable des manquants, pertes ou avaries qu'il n'aurait pas fait constater au moment de l'arrivée.

Contestations à l'arrivée. — Récépissé à délivrer par le destinataire.

Art. 38. En cas de contestation, à l'arrivée, au sujet du nombre, du poids et de l'état des colis, il est dressé procès-verbal par le sous-intendant militaire à qui il appartient de statuer après examen du matériel, sauf tel recours que de droit.

Il est dressé procès-verbal et il est statué par l'autorité chargée de la surveillance du service à l'égard de toute difficulté entre le comptable réceptionnaire et le comptable expéditeur relativement à la nature, à la quantité, à la qualité et à l'état du matériel expédié.

Si les pertes ou avaries sont laissées à la charge de ceux qui étaient chargés du transport ou si l'Etat doit réglementairement les supporter, le comptable réceptionnaire prend charge et délivre récépissé de l'intégralité du matériel porté sur la facture d'expédition, et il fait sortie des différences dûment constatées.

Si les pertes ou avaries sont imputées au comptable expéditeur, le comptable réceptionnaire ne délivre récépissé et ne prend charge que des quantités de matériel réellement reçues.

A l'égard de ceux qui ont eu charge du transport, les recours et reprises de l'administration sont exercés à la diligence de l'autorité qui a dressé procès-verbal au point d'arrivée.

A l'égard des comptables expéditeurs, les recours et reprises sont exercés par l'autorité chargée de la surveillance de leur gestion, au vu du procès-verbal dont une expédition doit lui être remise par le comptable réceptionnaire..

Matériel en transit. — Responsabilité.

Art. 39. Quand un matériel est dirigé sur une place pour être expédié immédiatement, le comptable qui le reçoit en transit vérifie seulement le nombre, le poids et l'état des colis ; il les inscrit *pour ordre* sur un livre spécial et il en assure la réexpédition.

En cas de séjour prolongé du matériel en magasin, le comptable transitaire est tenu, sous sa responsabilité, de prendre ou de provoquer les mesures de conservation nécessaires.

CHAPITRE II.

DES REMISES ET REPRISES DE SERVICE.

SECTION Ire.

DISPOSITIONS RELATIVES AUX COMPTABLES.

Constatation de la remise du service.

Art. 40. Dans le cas de mutation de comptables, la remise et la reprise du service sont constatées par un procès-verbal d'inventaire, que dresse l'autorité qui a la surveillance de la gestion et que signent les deux agents entrant et sortant.

Conditions et qualité du matériel à remettre.

Art. 41. Le comptable entrant n'est tenu de reprendre que des matières, denrées et objets réunissant les conditions requises par les règlements.

Le matériel proposé pour la réforme comme étant hors de service et celui qui aurait été admis en magasin dans les conditions prévues au 2ᵉ alinéa de l'article 28 sont repris par le comptable dans l'état où ils lui sont remis, sous la condition d'avoir reçu tous les soins qu'exigeait leur conservation.

Reconnaissance effective du matériel.

Art. 42. Le comptable entrant est tenu de vérifier et de constater lui-même, contradictoirement avec le comptable sortant, le nombre, le poids ou le mesurage de la totalité du matériel qui doit lui être remis.

Il ne peut se dispenser d'assister à l'inventaire.

Le comptable sortant a seul le droit de se faire représenter par un fondé de pouvoirs.

Dans le cas où, en raison de leur nature ou de leur mode d'emmagasinement, certaines portions du matériel n'ont pu être recensées qu'approximativement, les existants sont établis par des certificats administratifs qui tiennent lieu d'inventaire.

Difficultés jugées administrativement.

Art. 43. Les difficultés qui peuvent s'élever entre les deux comptables sur la qualité ou la condition du matériel sont jugées administrativement dans les formes déterminées par les règlements du service compétent.

Cas de décès ou d'empêchement.

Art. 44. En cas de décès, de disparition, de suspension ou d'empêchement d'un comptable et en l'absence d'un fondé de pouvoirs désigné par lui et agréé par l'autorité chargée de la surveillance du service, cette autorité désigne d'office un gérant intérimaire.

La même autorité arrête les livres de l'ancien titulaire, appose les scellés sur le matériel, sauf sur celui qui est nécessaire à l'exploitation du service courant et qui est remis au gérant intérimaire. Ce dernier gère pour son compte personnel. Il est établi de droit gardien des scellés.

A l'arrivée du nouveau titulaire, il est procédé à la levée des scellés et à l'inventaire définitif; le comptable décédé, disparu ou empêché, ou ses ayants cause sont représentés par un fondé de pouvoirs ou, à défaut, par un tiers désigné d'office.

Intervention des juges de paix.

Art. 45. Si un juge de paix est appelé, en cas de décès ou de disparition, pour apposer les scellés sur les effets et valeurs appartenant au comptable, il doit s'abstenir en ce qui concerne les valeurs, matières, denrées et objets appartenant à l'Etat.

SECTION II.

DISPOSITIONS RELATIVES AUX GESTIONS COLLECTIVES.

Remise et reprise de service.

Art. 46. Les officiers, fonctionnaires ou agents qui participent à une gestion collective remettent, en cas de mutation, le service à leurs successeurs, *chacun en ce qui concerne ses attributions* suivant les formes déterminées à la section précédente.

CHAPITRE III.

DES ENTRÉES, DES SORTIES ET DE LEUR JUSTIFICATION.

Mouvements à charge et à décharge.

Art. 47. Toute gestion de matériel donne lieu à des mouvements d'entrée à la charge du comptable et de sortie à sa décharge.

Aucune opération d'entrée ou de sortie, même pour cause de transformation, de réparation ou de déclassement, ne peut être faite sans l'ordre du Ministre ou de ses délégués.

Pièces justificatives des opérations d'entrées et de sorties.

Art. 48. Toute opération d'entrée ou de sortie de matériel, y compris celles qui concernent les mouvements de matériel entre la réserve de guerre et le service courant, ou *vice versa*, doivent, pour être admises dans les comptes, être appuyées de pièces établissant régulièrement la prise en charge ou la décharge du comptable.

La nomenclature annexée au présent règlement indique la nature des pièces à produire à l'appui de chaque espèce d'opération et les règles suivant lesquelles elles doivent être établies.

Les pièces sont produites en original. Le matériel y est inscrit suivant l'ordre des nomenclatures.

Aucune pièce ne doit être grattée ni surchargée. Les ratures et les rectifications faites en interligne ou par des renvois sont soumises à l'approbation de tous les signataires de la pièce. Les parties biffées doivent demeurer lisibles.

Lorsqu'il y a perte ou avarie à la charge des comptables et autres détenteurs, ou cession de matériel remboursable, soit par versement au Trésor, soit par virement de compte, les pièces justificatives doivent indiquer, soit le lieu du versement au Trésor avec la date et le numéro du récépissé, soit la date et le numéro de l'ordonnance de virement ou du changement d'imputation.

Des procès-verbaux.

Art. 49. Il ne peut être justifié des entrées ou des sorties de matières par procès-verbal que dans les cas spécifiés au présent règlement.

Si les autorités compétentes pour établir les procès-verbaux n'ont pas été témoins des faits invoqués par les détenteurs de matériel en décharge de leur responsabilité, la constatation de ces faits a lieu sur enquête.

Les déclarations ou rapports de ceux qui ont eu qualité pour témoigner à l'enquête sont annexés aux procès-verbaux, où doivent être contenus tous les renseignements propres à déterminer les responsabilités qui auraient été encourues.

Cas d'impossibilité de fournir les justifications réglementaires.

Art. 50. Dans les cas où des circonstances de force majeure auraient mis un comptable dans l'impossibilité de produire les justifications prescrites par les règlements, il y est suppléé au moyen de procès-verbaux, établis suivant les formes prévues en l'article précédent.

Toutefois, la responsabilité du comptable ne peut être définitivement couverte que par une décision spéciale du Ministre de la guerre.

CHAPITRE IV.

EMMAGASINEMENT ET RECENSEMENT DU MATÉRIEL.

Emmagasinement du matériel.

Art. 51. Les denrées, matières, effets et objets de toute nature doivent être disposés dans les magasins et établissements dans un ordre tel que la vérification de leur quantité et de leur état puisse s'opérer avec facilité.

A moins d'impossibilité reconnue, le matériel affecté à la réserve de guerre doit être séparé, dans les magasins, du matériel affecté au service courant.

On doit également disposer d'une manière distincte le matériel bon pour le service, le matériel à réparer, le matériel susceptible de réforme, le matériel hors de service.

Recensement du matériel.

Art. 52. Les officiers ou fonctionnaires qui ont qualité pour procéder au recensement du matériel peuvent, quand l'importance des recensements l'exige, provoquer la formation de commissions chargées de les assister.

Ils arrêtent préalablement *ne varietur* le registre-journal et les livres auxiliaires du service ; ils procèdent ensuite à la reconnaissance des quantités et de l'état du matériel et vérifient l'exactitude des écritures.

Ils établissent la balance entre les entrées et les sorties et en rapprochent les résultats de ceux du recensement. Ces résultats sont consignés en tête du compte annuel de gestion.

Différences entre les écritures et les existants.

Art. 53. Si la comparaison entre les résultats de la balance des écritures et ceux du recensement fait ressortir des excédents ou des manquants, il en est dressé procès-verbal par l'autorité chargée du recensement.

L'autorité chargée de la surveillance de la gestion provoque les explications des comptables sur les différences constatées et elle conclut à l'égard des responsabilités engagées.

A cet effet, les procès-verbaux qui auraient été rapportés par les fonctionnaires du contrôle de l'administration de l'armée sont immédiatement adressés à l'autorité chargée de la surveillance.

Matériel en cours de transport.

Art. 54. Lorsque du matériel est en cours de transport au moment du recensement et que le reçu du destinataire n'est pas encore parvenu à l'expéditeur, les quantités en cours d'expédition, portées au registre-journal, sont considérées comme existant, moyennant constatation de l'exactitude des écritures par l'autorité qui a procédé au recensement.

Matières en cours de transformation.

Art. 55. Si le recensement s'applique à des matières en cours de transformation, les quantités livrées pour être transformées sont considérées comme existant, à condition que la preuve régulière des livraisons effectuées soit produite à l'autorité chargée du recensement.

Frais des recensements.

Art. 56. Les frais occasionnés par les recensements sont supportés par l'Etat, sauf décision contraire du Ministre, en cas de faute du comptable.

CHAPITRE V.

Mode de comptabilité.

Art. 57. La comptabilité du matériel s'établit par des écritures journalières et des comptes annuels de gestion, appuyés de pièces justificatives.

Sur les comptes annuels de gestion, le matériel de la réserve de guerre et le matériel du service courant sont inscrits et totalisés distinctement.

Tout comptable est tenu d'inscrire sur ses livres de comptabilité l'entrée, la sortie, les transformations, consommations, déclassements, pertes, déchets, manquants et excédents du matériel confié à sa garde.

Si le comptable a la garde de matériel appartenant à des services différents, il tient des écritures distinctes et, en principe, il produit un compte de gestion au titre de chacun d'eux.

Toutefois, quand ce matériel est simplement placé en dépôt, il peut être maintenu dans les comptes de gestion des services auxquels il appartient et les détenteurs sont constitués gérants d'annexe au titre de ces services.

Registres à tenir.

Art. 58. Dans chaque gestion et pour chaque service, il est tenu les registres désignés ci-après :

1° Un registre-journal, unique pour les entrées et les sorties.

Ce registre reçoit, jour par jour, l'inscription de tous les mouvements d'entrée et de sortie qui s'opèrent dans les magasins ;

2° Un compte de gestion, où sont portées, au titre de chaque unité détaillée de la nomenclature et dans des colonnes distinctes pour le service courant et la réserve de guerre, les entrées et les sorties du matériel d'après les pièces justificatives successivement inscrites au journal. En fin d'année la valeur au prix de nomenclature du matériel entré, sorti et restant est établie par unité détaillée et inscrite sur ce compte;

3º Un registre du matériel prêté ;

4º Des livres auxiliaires, suivant les besoins du service.

Tous les livres, journaux et comptes sont cotés et paraphés par l'autorité chargée de la surveillance.

Durée des livres.

Art. 59. La minute du compte de gestion est établie pour une ou plusieurs années, mais les écritures sont arrêtées à la fin de chaque année et à chaque mutation de comptable.

La durée du registre-journal et des livres auxiliaires n'est pas limitée, mais les opérations relatives à chaque gestion doivent y être séparément décrites.

Libellé des écritures.

Art. 60. Le libellé des articles, inscrits sur les livres en forme sommaire et précise, doit être exempt de tous grattages ou surcharges.

Toute rectification dans les inscriptions portées au registre-journal et aux livres auxiliaires est signée par le comptable et approuvée par l'autorité chargée de la surveillance.

Clôture et balance des écritures.

Art. 61. Les écritures des comptables du matériel sont closes à la date du 31 décembre de chaque année, et, en cas de mutation de comptable, à la date de la remise du service.

L'existant au 31 décembre est déterminé par la balance entre les entrées et les sorties, d'une part du service courant, et d'autre part de la réserve de guerre.

Chacun de ces existants est reporté immédiatement au compte de gestion de l'année suivante.

Vérification et arrêté du compte de gestion.

Art. 62. Dès que les écritures d'une année sont arrêtées, le comptable fait établir une expédition du compte de gestion contenant toutes les opérations effectuées du 1er janvier au 31 décembre de l'année considérée.

Dans les deux mois qui suivent la clôture de la gestion, cette expédition est adressée avec les pièces justificatives à l'autorité chargée de la surveillance du service.

Cette autorité procède immédiatement à la vérification des comptes et des pièces. Elle recueille les explications du comptable sur les erreurs ou irrégularités qu'elle a relevées, et prescrit les redressements nécessaires.

Envoi au Ministre des comptes de gestion.

Art. 63. L'expédition du compte de gestion, certifiée par le comptable, dûment vérifiée et arrêtée par l'autorité chargée de la direction du service, est adressée au Ministre avec les pièces justificatives des entrées et des sorties et il y est annexé, en double expédition :

1° Un état décompté des mouvements du matériel prêté et non réintégré au 31 décembre ;

2° Le relevé des valeurs portées sur les certificats administratifs appuyant les versements de la réserve de guerre au service courant, ou du service courant à la réserve de guerre effectués à charge de compensation par des opérations inverses et équivalentes exécutées par ailleurs corrélativement.

Cet envoi doit être effectué dans les quatre mois qui suivent la clôture de la gestion, sauf prolongation de délai résultant d'une décision ministérielle qui serait motivée par des circonstances exceptionnelles.

Vérification ministérielle.

Art. 64. Les comptes de gestion sont vérifiés au ministère de la guerre dans les conditions fixées par le Ministre (1).

Quand il y a lieu à des redressements, le Ministre, après avoir reçu les explications du comptable et l'avis de l'autorité chargée de la surveillance locale, opère d'office, sur l'expédition du compte de gestion, les rectifications nécessaires. Le comptable en est avisé et les porte sur la minute de son compte.

Les rectifications qui auraient pour résultat de modifier le chiffre de l'existant au 31 décembre sont effectuées au moyen d'écritures à charge ou à décharge dans la comptabilité de la gestion courante. Il en est fait mention à la suite du compte de gestion vérifié.

Résumés généraux.

Art. 65. Chaque service établit, en double expédition, des résumés généraux dans lesquels sont reportés, par chapitre de

---

(1) Nouvelle rédaction de cet alinéa. (Décret du 6 août 1909.)

la nomenclature et distinctement pour le service courant et pour la réserve de guerre, la valeur au 31 décembre des entrées, des sorties et des existants de tous les comptes de gestion individuels tenus au titre de ce service.

Ces résumés sont adressés, *avant la fin du mois de mai* de la seconde année qui suit celle de la gestion, à la direction du contrôle, avec les documents ci-après :

1° Les comptes de gestion individuels, avec les pièces justificatives ;

2° Les états par gestion et un état récapitulatif du matériel prêté et non réintégré au 31 décembre ;

3° Les états récapitulatifs en valeur du matériel existant au 31 décembre dans les corps de troupe, et de semblables états, tant en ce qui concerne le matériel des armées actives que celui en cours de transformation dans les ateliers ;

4° Les relevés par gestion et un état récapitulatif de la valeur des versements de la réserve de guerre au service courant et réciproquement, compensés par une opération inverse et équivalente effectuée par ailleurs corrélativement.

Une expédition des résumés généraux, accompagnée des comptes individuels de gestion, des pièces justificatives et des états ci-dessus énoncés, est adressée à la Cour des comptes à la fin du mois de septembre de la seconde année qui suit celle de la gestion.

La deuxième expédition des résumés généraux est renvoyée aux services intéressés.

Compte général du matériel de la guerre.

Art. 66. Le compte général du matériel de la guerre est établi chaque année d'après les résumés généraux et les pièces justificatives.

Il fait ressortir, pour chaque service, par chapitre de la nomenclature et distinctement pour la réserve de guerre et le service courant la valeur, au 31 décembre de l'année pour laquelle le compte est rendu, des entrées, des sorties et des existants ainsi que le montant de l'inventaire au 31 décembre du matériel à l'État en dehors des établissements.

Il fait connaître, en outre, par chapitre de chaque nomenclature et distinctement pour le matériel de la réserve de guerre et pour celui du service courant, les résultats de la comparaison de la valeur du matériel existant au 31 décembre de l'année envisagée avec la valeur correspondante au 31 décembre précédent.

Publication du compte général.

Art. 67. Le compte général annuel du matériel est imprimé, distribué aux Chambres et adressé à la Cour des comptes.

Il est, en outre, soumis à la commission chargée annuellement de la vérification des comptes des Ministres.

Contrôle de la Cour des comptes.

Art. 68. Le contrôle sur les comptes-matières, qui est attribué à la Cour des comptes par l'article 14 de la loi du 6 juin 1843, s'exerce suivant les formes déterminées par les articles 873, 875 et 876 du décret du 31 mai 1862.

Déclaration de la Cour des comptes sur les comptes individuels.

Art. 69. Dès que le Ministre de la guerre a reçu les déclarations de la Cour des comptes sur les comptes individuels de gestion, il arrête ceux qui n'ont donné lieu à aucune observation de la cour.

La notification de cet arrêté aux comptables leur tient lieu de *quitus*.

Comptes ayant donné lieu à des observations de la Cour des comptes.

Art. 70. Dans le cas où une déclaration de la Cour renferme des observations sur la gestion d'un comptable, le Ministre en donne communication à ce dernier et provoque de sa part les explications ou justifications nécessaires.

Le comptable est tenu de les fournir dans le délai de trois mois à dater de la communication qui lui a été faite.

Sur le vu des observations ou justifications nouvelles produites par le comptable dans le délai ci-dessus indiqué, le Ministre arrête définitivement son compte et lui notifie son arrêté.

Il statue d'office, quand les justifications n'ont pas été produites dans le délai fixé.

Quitus ajourné en cas d'imputations.

Art. 71. Quand les arrêtés pris par le Ministre en vertu de l'article précédent font ressortir des différences à la charge du comptable, le Ministre prescrit les mesures nécessaires pour le payement

NOMENCLATURE

et mode d'établissement des pièces à produire à l'appui des comptes de gestion pour la justification des opérations à charge et à décharge.

DISPOSITIONS GÉNÉRALES.

I. — Les pièces justificatives sont produites en original. Elles sont établies par les comptables.

En cas de perte d'une pièce justificative, il en est produit un duplicata qui est signé par tous les signataires de l'original.

II. — Toutes les pièces justificatives sont vérifiées par l'autorité qui a la surveillance de la gestion et visées par elle.

III. — Les pièces justificatives des entrées et des sorties, qui ne résultent pas de l'exécution d'un règlement, mentionnent l'ordre en vertu duquel a lieu l'entrée ou la sortie, la date de cet ordre.

IV. — Les certificats administratifs destinés à justifier les entrées ou les sorties indiquent :

1° Les quantités de matériel que le comptable certifie devoir être portées en entrée ou en sortie;

2° L'ordre d'entrée ou de sortie donné par l'autorité compétente;

3° La prise en charge ou la sortie certifiée par le comptable.

V. — Les pièces justificatives des entrées résultant d'achat ou de cession doivent porter le décompte de la valeur d'achat ou de cession, et être de tous points identiques à celles qui sont mises à l'appui du compte financier.

VI. — En cas de changement de classification ou de dénomination du matériel, la pièce de sortie indique le numéro de la pièce d'entrée correspondante ; elle fait mention, en outre, des numéros de la nomenclature sous lesquels le matériel est porté en entrée.

La pièce d'entrée est la contre-partie de la pièce de sortie. Les deux pièces sont établies sous la même date.

VII. — Les pièces justificatives des fabrications, confections, transformations et démolitions effectuées dans les gestions individuelles sont établies conformément aux prescriptions du paragraphe précédent.

VIII. — Toute pièce d'entrée comporte la prise en charge du comptable.

IX. — Toute pièce de sortie justifiant d'une expédition ou d'une délivrance de matériel n'est admise à la décharge du comptable qu'après avoir été revêtue de la prise en charge du destinataire ou de la partie prenante.

X. — Quand les opérations d'entrée ou de sortie donnent lieu à une imputation ou à un remboursement, les pièces justificatives doivent mentionner l'accomplissement du payement.

XI. — Sur toutes les pièces marquées ci-après P, on établit le décompte de la valeur du matériel entré.

XII. — Sur toutes les pièces marquées ci-après R, on établit le décompte de la valeur du matériel.

Entrées.

NATURE DES OPÉRATIONS.	PIÈCES A PRODUIRE.
Reprise des existants au 31 décembre de l'année précédente	Compte de gestion de l'année précédente.
Achats par suite de marchés ou sur simple facture.	Talon de la facture d'achat P.
Achats donnant lieu à une seule livraison. .	Talons des récépissés comptables et de la facture d'achat P.
Achats donnant lieu à plusieurs livraisons. .	
Achats donnant lieu à plusieurs livraisons dans plusieurs établissements	Talons des récépissés comptables et extrait de la facture générale d'achat P.
Cession par d'autres ministères ou d'autres services du département de la guerre . . .	Factures de livraison ou d'expédition P indiquant le mode de réalisation du payement.
Appels ou réquisitions à charge de payement.	Factures de livraison P, d'expédition P, ordres de prise en charge P, indiquant le mode de réalisation du payement.
Produits des polygones, jardins et terrains militaires utilisés dans les services.	Certificat administratif P revêtu de la mention de l'ordonnancement au profit du Trésor.
Réintégration de matériel précédemment imputé.	Certificat administratif P revêtu de la mention du remboursement.
Versements à titre gratuit par d'autres services.	Facture de livraison ou d'expédition.
Versements par des comptables des armées actives.	Facture de livraison ou d'expédition.
Réintégration du matériel en service dans les corps de troupe.	Factures de livraison ou d'expédition appuyées, s'il y a lieu, des talons des états des sommes imputées (R).

NATURE DES OPÉRATIONS.	PIÈCES A PRODUIRE.
Entrées (suite).	
Réintégration de matériel prêté	Talons de récépissés comptables appuyés, s'il y a lieu, des talons des états des sommes imputées (R)
Matières et objets d'emballage provenant des versements du matériel.	Certificat administratif.
Excédents, bonis et revenants-bons de toute nature.	Extrait des procès-verbaux ou certificats administratifs.
Récolte de plantes médicinales. — Réintégration du linge à pansement, fouilles des buttes des polygones	Certificats administratifs.
Produits et résidus des fabrications, confections, transformations et démolitions dans les gestions individuelles.	Certificats administratifs.
Produits et résidus des fabrications, confections, transformations et démolitions dans les gestions collectives	Certificats administratifs.
Déclassements et changements de dénomination	Certificats administratifs.
Versements provenant d'un magasin géré au titre du même service.	Factures d'expédition.
Reprises de magasins par suite de mutation de comptables	Procès-verbaux d'inventaire.

Sorties.

NATURE DES OPÉRATIONS.	PIÈCES A PRODUIRE.
Existants au 31 décembre, à reporter à l'année suivante	Compte de gestion portant inventaire.
Cession à charge de payement à d'autres ministères ou à d'autres services.	Factures de livraison (R) portant la mention du remboursement.
Distributions à charge de remboursement . .	Factures de livraison (R) avec bordereaux trimestriels.
Livraisons de vieilles matières à des entrepreneurs titulaires de marchés de conversion.	Factures de livraison (R) portant mention du remboursement.
Versements à titre gratuit à d'autres services.	Factures de livraison ou d'expédition.
Versements aux comptables des armées actives.	
Délivrance de matériel aux corps de troupe ou aux pharmacies des hôpitaux militaires.	Factures de livraison ou d'expédition.
Prêts de matériel.	

NATURE DES OPÉRATIONS.	PIÈCES A PRODUIRE.
Sorties (suite).	
Distributions aux troupes.	Factures de livraison avec bordereaux trimestriels de distribution.
Emploi des matières et objets d'emballage. .	Certificats administratifs.
Avaries ou déficits imputés.	Extraits de procès-verbaux (R) portant mention du remboursement.
Avaries ou déficits non imputés : destruction, incinération, perte par force majeure, déchets de conservation.	Extraits de procès-verbaux ou certificats administratifs.
Remises aux domaines	Extraits de procès-verbaux dressés par les agents des domaines.
Remises d'animaux aux vendeurs pour vices rédhibitoires.	Extraits des procès-verbaux (R) portant la mention du remboursement.
Emploi de matières et objets dans les gestions individuelles, pour fabrications, confections, transformations, réparations, démolitions. .	Certificats administratifs.
Versement aux ateliers ou aux chantiers, dans les gestions collectives, pour fabrications, confections, transformations, réparations, démolitions.	Factures de livraison R.
Changements de classification ou changements de dénomination	Certificats administratifs.
Versements sur un magasin géré au titre du même service.	Factures d'expédition.
Remises de magasins par suite de mutation de comptable.	Procès-verbaux d'inventaire.

Mouvements entre la réserve de guerre et le service courant d'une place et réciproquement.

NATURE DES OPÉRATIONS.	PIÈCES A PRODUIRE.
Versement de la réserve de guerre au service courant par suite de réduction dans les approvisionnements.	Facture de livraison P revêtue de la mention de l'ordonnancement au profit du Trésor. (Cette pièce justifie à la fois l'entrée et la sortie.)
Versement de la réserve de guerre au service courant ou du service courant à la réserve de guerre effectué à charge de compensation par des opérations inverses et équivalentes exécutées par ailleurs corrélativement.	Certificat administratif P. (Cette pièce justifie à la fois l'entrée et la sortie.)

*Instruction pour l'application du décret du 26 décembre 1902
sur la comptabilité-matières dans les divers services de la
guerre* (1).

(Direction du Contrôle; Bureau des Liquidations et des Comptes.)

Paris, le 30 décembre 1902.

La présente instruction a pour objet de fixer les règles d'application du décret du 26 décembre 1902 sur la comptabilité-matières, dans les divers services de la guerre.

La comptabilité intérieure des corps de troupe continue à être régie par des règlements spéciaux. Les dispositions de la présente instruction qui les concernent ne sont relatives qu'à leur comptabilité extérieure.

Afin de maintenir l'uniformité dans la comptabilité-matières de tous les services, aucune modification d'ensemble ou de détail ne pourra être apportée à cette instruction sans une décision du Ministre, prise sur le rapport du service intéressé et après avis de la direction du contrôle.

Pour faciliter les rapprochements, les numéros des articles de l'instruction sont les mêmes que ceux des articles du règlement.

Matériel de la guerre et règlements qui s'y appliquent.

Art. 1er, § I. *Matériel fixe*. — Le matériel, dont le mode de comptabilité est fixé par le décret du 26 décembre 1902, ne comprend que les objets considérés comme meubles.

On ne doit donc pas introduire dans la comptabilité-matières :

1° Les objets quelconques qui sont attachés au fonds à perpétuelle demeure, c'est-à-dire qui sont scellés au fonds ou au sol, ou qui ne peuvent être détachés sans être fracturés ou détériorés, ou sans détériorer la partie du fonds à laquelle ils sont fixés ;

2° Les objets susceptibles d'être considérés comme parties intégrantes des bâtiments ou des emplacements dans lesquels ils se trouvent, soit parce qu'ils y occupent une situation nécessaire telle que leur absence ne puisse passer inaperçue, soit

---

(1) Voir aux annexes la circulaire du 2 août 1905 sur l'application de cette instruction.

parce qu'ils ne peuvent être enlevés sans qu'il reste des marques parfaitement visibles de leur existence antérieure comme : les appareils fixes de gymnase ; les étagères fixes des magasins; les appareils mécaniques des divers services; les planches à bagages avec leurs supports et platines ; les planches à pain et leurs supports ; les râteliers d'armes et autres ; les plaques indicatrices du numéro et de la contenance des chambres ; les portemanteaux ; les liteaux à crochets et les tringles de suspension ; les lits de camp fixes ; les lits de casemates ; les armoires de sous-officiers ; les tablettes-toilettes ; les robinets des lavabos ; les tables et tablettes fixes de cuisine et autres ; les fourneaux en fonte des casernes et autres établissements avec leurs marmites et tuyaux ; les billots fixes des cuisines ; les rouleaux pour la vérification des draps ; les étagères de magasin fixes ; les établis fixes ; les auges à tremper ; les soufflets de forge ; les claviers ; les chaînes de fermeture des portes; les poêles fixés dans des niches ; les appareils de filtrage et leurs accessoires ; les appareils d'éclairage au gaz et à l'électricité ; les compteurs à gaz ; les bat-flanc ; les barres d'écurie et leurs chaînes de suspension ; les coffres à avoine et leurs cadenas, etc. ;

3° Les machines fixes (on comprend sous cette dénomination non seulement celles qui sont fixées au fonds comme il est indiqué ci-dessus, mais les machines reposant sur des bâtis spéciaux, les machines à vapeur, les transmissions de mouvement et autres machines ou appareils spécialement affectés aux locaux dans lesquels ils sont placés).

Ces objets et machines sont portés sur les états descriptifs des locaux dans lesquels ils se trouvent. Ces états descriptifs servent à la remise et à la reprise contradictoire des bâtiments et emplacements qui ont lieu à chaque nouvelle occupation du casernement, ou, dans les établissements, à chaque mutation de comptable.

Quand le matériel est enlevé des locaux où il est en usage, il est porté en magasin ; il est alors rayé des états descriptifs et pris en charge dans les comptes du magasin qui l'a reçu.

Les états descriptifs doivent être constamment tenus à jour (1).

Dans les établissements, ces états sont visés par le directeur local du service. Dans les corps de troupe, ces états sont établis sur l'initiative du sous-intendant chargé de la vérification et de la régularisation des comptes du corps et visés par

____

(1) Voir aux annexes la circulaire du 15 décembre 1903 rappelant les dispositions réglementaires relatives à l'établissement des états descriptifs des locaux.

lui; ils sont distincts par services fournisseurs de matériel;
un double en est conservé par le sous-intendant militaire.

Exception est faite aux prescriptions de l'alinéa précédent
pour le matériel fourni et entretenu par le service du génie
dans des bâtiments dépendant du service du casernement.

Ce matériel est assujetti aux règles édictées par l'article 45
du règlement du 3 mars 1899 sur le service du casernement.

§ II. *Registre matricule des machines.* — Dans les établissements
où il existe des machines fixes ou mobiles, il est attribué à chacune d'elles un numéro d'ordre (1) et, pour permettre de se rendre
compte de l'usage qu'elles font et des transformations qu'elles
subissent, elles sont inscrites sur un registre matricule à folios
mobiles, dont la tenue est confiée, dans le service de l'artillerie,
à l'officier chargé du service des bâtiments, et aux gestionnaires dans les autres services.

Ce registre indique la nature de la machine, sa description
sommaire, sa provenance, son prix d'achat, les dates des mises
en service et des chômages, les réparations et transformations
dont elle a été l'objet, et, en cas de démolition, la destination
donnée aux pièces en provenant.

Si une machine est expédiée sur une autre place, le folio matricule l'accompagne. S'il s'agit de machines fixes qui ne figurent
pas dans les comptes-matières, le folio est remplacé dans le registre par le récépissé délivré par le destinataire.

Cette disposition ne s'applique qu'aux machines et appareils formant un tout complet, apte à fonctionner à l'exclusion
des parties de machines, pièces de rechange et mécanismes
non montés qui doivent figurer dans la comptabilité-matières.

§ III. *Matières et objets de consommation courante.* — Les
mouvements des matières et objets de consommation courante
tels que : fournitures de bureau, plumeaux, balais, brosses, al-
lumettes, désinfectants, fil, laine ou aiguille pour réparations,
huile, graisse, chiffons, etc., sont justifiés ainsi qu'il est indiqué ci-après :

Artillerie, Poudres et Salpêtres. — Les matières et objets de

---

(1) On doit apposer sur chaque machine le numéro matricule qui lui est
attribué, de manière qu'il soit toujours apparent et très lisible.

consommation courante de toute nature, sont inscrits sur les comptes de gestion.

Génie. — Ne figurent pas dans les comptes de gestion des places comptables les matières et objets de peu de valeur dont il n'est pas fait approvisionnement et qui, sur la nomenclature, sont distingués par un astérisque. La comptabilité de ces matières et objets est suivie sur un carnet auxiliaire (modèle n° 20).

Dans les écoles et dans les établissements où il est tenu une comptabilité de l'emploi des matières (art. 74) tout le matériel est porté au compte de gestion.

Santé. — Dans le service de santé, il est justifié des achats et des consommations conformément au règlement sur le service de santé. (Notice n° 10.)

Autres Services. — Dans ces services, les matières et objets de consommation courante ne figurent pas dans la comptabilité-matières, lorsqu'ils ne forment pas approvisionnement. Il est ouvert à chaque matière ou objet un compte dans le livre auxiliaire modèle n° 20 dit « Carnet de matières et objets de consommation courante ». On y inscrit les quantités entrées, celles consommées et leur valeur.

Dans les services des subsistances et de l'habillement, les comptables établissent en fin d'année un relevé décompté des consommations. Il est adressé au Ministre avec le rapport de liquidation des frais d'exploitation du 4° trimestre.

Dans tous les services, quand il est formé des approvisionnements des matières et objets dont il s'agit, ils sont compris dans les comptes-matières.

Nomenclature du matériel.

Art. 2, § I. *Emploi des nomenclatures.* — Le matériel est dénommé dans la nomenclature spéciale au service.

Le matériel doit être porté dans les comptes et dans les pièces à l'appui sous la dénomination et d'après l'unité qui lui sont assignées par la nomenclature, sans tenir compte de celles qui sont en usage dans le commerce. Les inscriptions sont faites en suivant l'ordre des numéros.

Le matériel non prévu dans les nomenclatures est porté provisoirement dans les comptes de chaque établissement suivant le mode indiqué dans la notice préliminaire de la nomenclature.

Avant le 1ᵉʳ novembre de chaque année, les comptables établissent des propositions pour le classement définitif de ces objets. Ces propositions sont adressées au Ministre accompagnées de l'avis du chef de service et du directeur.

§ II. *Changement de nomenclature, changements de classification ou de prix. Addition aux nomenclatures.* — Les changements de nomenclature et les changements partiels de classification sont effectués à la date du 1ᵉʳ janvier dans le compte nouveau ainsi qu'il est indiqué plus loin.

Les modifications aux prix et les additions auxquelles donnent lieu les propositions établies par les comptables, en exécution du paragraphe précédent, affectent le compte qui va être clôturé.

Les changements partiels de classification, les modifications aux prix et les additions font l'objet de feuilles rectificatives numérotées aux nomenclatures.

Les nomenclatures nouvelles et les feuilles rectificatives comportant des changements de classification sont accompagnées d'un état de corrélation indiquant les classements ancien et nouveau des unités détaillées.

Le compte de gestion, arrêté et balancé au 31 décembre, fait ressortir les restants suivant l'ancienne classification, et on inscrit à l'encre rouge, dans la colonne « Observations » sur la ligne des totaux de chaque unité détaillée les numéros de la nouvelle classification, sous lesquels l'unité devra être portée au compte de gestion de l'année suivante.

Sur ce dernier compte, on ne fait figurer que les numéros de la nouvelle classification, et à la suite de la « reprise d'inventaire » on inscrit à l'encre rouge les numéros sous lesquels le matériel repris figurait au compte précédent. Ces opérations ne donnent lieu à aucune inscription au registre-journal.

§ III. *Des unités collectives.* — Les unités collectives, qui sont composées de matières et objets groupés en raison de leur destination commune, sont constituées principalement pour entrer dans les formations appartenant à la réserve de guerre.

Elles ne doivent être constituées que d'après les ordres du Ministre et quand les établissements disposent de tous les éléments entrant dans leur composition.

Les directeurs peuvent soumettre au Ministre des propositions pour la formation d'unités collectives, toutes les fois qu'il doit en résulter une simplification dans les écritures.

Les unités collectives doivent toujours être maintenues au complet et en bon état. Elles ne sont décomposées en leurs divers éléments que dans le cas où il y a lieu de les disloquer d'une manière définitive.

Si des matières ou objets entrant dans leur composition viennent à manquer ou ont besoin de réparations, ils sont immédiatement remplacés au moyen de prélèvements sur le service courant. Quand il y a échange, cette opération ne donne lieu à aucune écriture. À défaut de matières ou objets disponibles, on doit en provoquer immédiatement l'achat, la confection ou l'envoi par un autre établissement. Les quantités manquantes sont inscrites sur un carnet auxiliaire (modèle n° 17), où un compte est ouvert à chaque unité collective.

Si les unités n'ont pu être complétées en fin d'année, il est fait inscription, dans la colonne « Observations » du compte de gestion, de la nature, de la quantité et de la valeur des manquants, et la valeur de l'unité n'est décomptée dans l'inventaire que d'après les existants réels.

§ IV. *Dispositions spéciales au service de l'habillement. Effets en cours de durée.* — Les effets qui, d'après le règlement sur le service de l'habillement dans les corps de troupe, composent l'approvisionnement de corps, étant délivrés à charge de paiement, il importe de distinguer dans les comptes les effets neufs de ceux qui ont déjà servi, afin de pouvoir leur attribuer une valeur différente.

Dans ce but, les effets indiqués ci-dessus qui ont déjà servi figurent dans la nomenclature et dans les comptes sous le même numéro que l'effet neuf correspondant, mais on ajoute à ce numéro la lettre B ou la lettre I. Ainsi, le pantalon de soldat d'infanterie est compris sous le n° 29-2 quand il est neuf, sous le numéro 29-2 B quand il est en cours de durée, et sous le numéro 29-21 s'il est au service d'instruction.

Art 3. (Sans observations.)

Classement et évaluation du matériel.

Art. 4, § I. *Du matériel propre au service.* — Tout le matériel en état d'être utilisé pour les besoins du service figure dans les comptes sous le même classement.

C'est seulement (art. 51) dans les écritures auxiliaires des magasins qu'une distinction est établie entre le matériel immédiatement utilisable et celui qui ne pourrait être utilisé qu'après avoir subi des réparations.

§ II. *Du matériel hors de service.* — Le matériel que les chefs de service locaux jugent hors de service ou inutilisable, est réformé, conformément aux dispositions réglementaires en vigueur.

Lorsque, après réforme régulièrement prononcée, le matériel doit être remis à l'administration des domaines, démoli, transformé, détruit ou enfoui, il est porté directement en sortie, sous la dénomination et les numéros qu'il a dans les comptes, sans subir préalablement de déclassement.

Les remises à l'administration des domaines doivent, autant que possible, être faites avant le 31 décembre de l'année pendant laquelle la remise a été prescrite pour que le matériel qui doit recevoir cette destination ne figure pas dans les inventaires de fin d'année.

Si, par exception, la démolition ou la remise à l'administration des domaines n'a pu avoir lieu avant le 31 décembre, le matériel est déclassé à cette date et inscrit au chapitre spécial aux matières et objets hors de service.

Toutefois, le matériel du service de l'artillerie, dont le Ministre a prescrit la démolition, et qui n'a pu être démoli avant le 31 décembre, est porté en sortie dans les comptes, sans subir de déclassement; il est remis aux ateliers où il est inscrit sur le tableau C de la feuille d'ouvrage de la commande relative aux démolitions sous la dénomination : « Matériel à démolir (décision ministérielle du.....) non démoli au 31 décembre ». Il figurera par suite dans l'inventaire, au 31 décembre, des matières existant dans les ateliers et services d'exploitation, et sera reporté sur la feuille d'ouvrage de la même commande pour l'année suivante.

Sont inscrits immédiatement au chapitre des matières et objets hors de service :

1° Les résidus provenant des confections, transformations, réparations, manutentions ou démolitions, et versés au magasin par les ateliers;

2° Le matériel prêté mis hors de service et réintégré après que la moins-value a été versée au Trésor ;

3° Les objets mobiliers, instruments, outillages et outils qui sont réintégrés au magasin comme jugés hors de service, et dont le prix de nomenclature est inférieur à 100 francs.

§ III. *Evaluation du matériel.* — Les nomenclatures indiquent les prix à assigner aux matières et objets qui y sont compris.

Le prix du matériel bon pour le service doit se rapprocher le plus possible du prix moyen d'achat ou de revient. Celui des vieilles matières utilisables doit correspondre à leur valeur vénale. Celui des matières et objets hors de service non utilisables est fixé au vingtième du prix du matériel bon pour le service, en négligeant, s'il y a lieu, les millièmes.

Quand il existe en magasin du matériel non compris dans la nomenclature, la valeur en est provisoirement fixée par le directeur local du service, d'après les prix d'achat, de revient ou d'estimation.

Le matériel conserve la valeur qui lui est attribuée par la nomenclature jusqu'au moment où, par suite d'un changement de classement, il passe à un autre numéro.

Les prix indiqués ci-dessus servent de base au décompte de la valeur, au 31 décembre, des entrées, des sorties et des existants. En outre, dans tous les cas où le Ministre n'en a pas décidé autrement, ils servent de base au décompte :

1° De la valeur du matériel cédé ou prêté ;

2° De la valeur du matériel qui n'est pas représenté par les détenteurs et qui leur est imputé.

Pour les effets d'habillement et de petit équipement, la valeur attribuée par la nomenclature aux effets en cours de durée désignés au paragraphe IV de l'article 2, est fixée aux trois cinquièmes, et, pour les effets de grand équipement et de campement, aux quatre cinquièmes de celle des effets neufs. La valeur des effets classés au service d'instruction est fixée au cinquième de celle des effets neufs.

Art. 5. (Sans observations.)

Fixation de la réserve de guerre.

Art. 6. Les *nécessaires* sont des chiffres théoriques que le Ministre peut, s'il le juge utile, répartir par place et par gestion et qu'il peut porter, dans certains cas, à la connaissance des représentants locaux du *commandement* et de la *direction*, mais qui, en principe, n'intéressent pas la *gestion* et que les comptables peuvent ne pas connaître.

Pour chaque gestion, la *fixation* arrêtée par le Ministre est la quantité de matériel que le comptable doit toujours avoir réellement dans ses magasins au titre de la *réserve de guerre*, et qu'il doit être constamment prêt à représenter à la première réquisition.

Tous les ans, les comptables ou les conseils d'administration gestionnaires reçoivent du Ministre un *état de la réserve de guerre au 1er janvier* de l'année courante, modèle 52 (voir sixième alinéa du présent article). Cet état doit porter les deux signatures du directeur du service intéressé au ministère de la guerre et du directeur du contrôle, agissant par délégation spéciale du Ministre. Les unités collectives et objets principaux, dont il importe particulièrement de faire ressortir les quantités existantes, y figurent en nombre ; les menus objets, rechanges, etc., y sont portés en bloc pour leur valeur globale, calculée aux prix de la nomenclature.

Dans le courant de l'année, lorsque le Ministre a décidé de modifier la fixation de la R. G. d'une gestion, le comptable reçoit avis de cette modification par un ordre qui indique la nature de l'opération à effectuer et les pièces comptables à établir. Au commencement de chaque trimestre, le comptable prépare, en double expédition, sur des formules modèle n° 53, pour le trimestre écoulé, *un projet d'état modificatif des fixations de la réserve de guerre*. Cet état indique, pour chaque objet dont la fixation a varié, la fixation ancienne, la modification qu'elle a subie et la fixation nouvelle. Quand il concerne les menus objets et rechanges qui sont portés sur l'état de la R. G. en bloc et pour leur valeur globale, il indique la modification apportée à cette valeur et la nouvelle valeur globale. L'état modificatif mentionne non seulement les modifications à la fixation ordonnées directement par le Ministre, mais aussi toutes celles qui ont été opérées par ordre des autorités déléguées à cet effet, ou en vertu d'ordres généraux du Ministre ou par suite de l'exécution normale des règlements en vigueur. Il indique toujours l'ordre ou le règlement en vertu duquel a été fait le mouvement, ainsi que la nature de l'opération comptable corrélative, qui peut être soit une entrée simple (achat, livraison par les ateliers, cession par le S. C. à charge de payement, expédition par une autre gestion), soit une expédition de la R.G. de la place à la R.G. d'une autre place, soit un versement de la R.G. au S.C., comportant versement au Trésor, sauf dans le cas où la valeur d'utilisation est nulle, soit un versement de la R.G. (unités détaillées) à une unité collective ou inversement, soit enfin un versement de la R.G. au S.C. ou du S.C. à la R.G., compensé par une opération inverse et équivalente opérée par ailleurs corrélativement.

Les deux expéditions *des projets d'états modificatifs* sont envoyées au Ministre. L'une des expéditions est conservée par la direction technique et annexée à *l'état de la R.G. au 1ᵉʳ janvier de l'année*, l'autre est renvoyée à la gestion intéressée pour servir d'état modificatif à la fixation. Les deux exemplaires portent toujours les deux signatures personnelles du directeur du service intéressé au ministère de la guerre et du directeur du contrôle, ou en cas d'absence celles des officiers ou fonctionnaires qui les remplacent. Les formules modèle n° 53 sont de couleur rose ; elles ont les coins légèrement arrondis.

Lorsqu'un *état modificatif* est retourné, approuvé, à un comptable, celui-ci lui donne un numéro d'ordre, l'enregistre immédiatement sous ce numéro sur le carnet spécial n° 51, et l'annexe à *l'état de la R.G. au 1ᵉʳ janvier*, sur lequel il porte, à l'encre rouge, les nouvelles fixations, en barrant les anciennes, et en mentionnant en marge, en face de l'article modifié, le numéro d'ordre de l'état modificatif. L'état de la R.G. est ainsi périodiquement mis à hauteur. Les *existants* doivent être égaux aux chiffres des fixations de cet état, compte tenu des mouvements régulièrement ordonnés depuis la fin du trimestre que concerne le dernier état modificatif approuvé, et sauf différences à justifier. C'est à ces mêmes chiffres, ainsi modifiés s'il y a lieu, qu'on doit comparer les chiffres donnés par les constatations faites dans les magasins lorsqu'on veut faire un *recensement de la R.G.*

Au 31 décembre de l'année, le comptable présente la situation de la fixation à cette date au moyen d'un *état de la R.G. au 31 décembre* modèle n° 52 qu'il adresse au Ministre (Direction du service auquel appartient le matériel considéré) en double expédition. Cet état est la copie de l'état précédent rectifié d'après les états modificatifs de l'année ; pour l'établissement de cette pièce, on considère provisoirement comme approuvé l'état modèle n° 53 du 4ᵉ trimestre s'il n'a pas encore été retourné à la date fixée pour l'envoi de l'état modèle n° 52. Le directeur technique au ministère vérifie les chiffres inscrits sur cet état, en les rapprochant de ses propres écritures, fait opérer, s'il y a lieu, les rectifications nécessaires. après avoir provoqué les explications du comptable et, lorsqu'il s'est assuré de son exactitude, signe l'état au nom et par délégation du Ministre. Il l'adresse ensuite au directeur du contrôle qui, après l'avoir vérifié, tant en le comparant à ses propres écritures qu'en le rapprochant de celles que tient la direction technique et avoir provoqué, quand il y a lieu, les rectifications nécessaires, le signe également au nom et par délégation du Ministre. Ainsi revêtu de ces deux signatures, ce document devient *l'état de la réserve de guerre au 1ᵉʳ janvier de l'année courante* (voir troisième alinéa du présent article). Un des deux exemplaires est renvoyé au comptable, comme il est dit plus haut ; l'autre est conservé par la direction technique au ministère, qui le tient constamment à la disposition de la direction ou des fonctionnaires du contrôle, ainsi que les états modificatifs qui doivent y être annexés.

Toutes les prescriptions qui précèdent concernant la *fixation* s'appliquent à l'ensemble d'une gestion. Lorsqu'un comptable gère un magasin principal et des annexes, le chef de service local répartit la *fixation* globale arrêtée pour l'ensemble de la gestion en autant de fixations partielles qu'il y a de magasins distincts. Ces fixations partielles, établies en double expédition dont une conservée par le comptable et l'autre placée dans le magasin qu'elle concerne, sont signées du comptable et du chef du service local ; elles sont constamment tenues à jour.

Lorsque le Ministre a usé de la faculté prévue au dernier alinéa de l'article 6 du décret du 26 décembre 1902, le commandant de corps d'armée opère à l'égard du Ministre comme un comptable ordinaire et à l'égard des comptables placés sous ses ordres comme s'il était lui-même le Ministre. Il ne peut déléguer à personne la signature des états modèle n° 52 et des états modificatifs modèle n° 53.

Tous les documents concernant la fixation de la réserve de guerre ont le caractère confidentiel. Ils sont conservés sous clef par le comptable et ne sont communiqués qu'aux autorités qui ont qualité pour en connaître et pour effectuer des recensements.

Conservation et entretien de la réserve de guerre.

Art. 7. La réserve de guerre devant être constamment maintenue en bon état et au complet, les matières ou objets qui ne sont pas susceptibles de faire un service de guerre doivent être immédiatement remplacés, par échange avec des matières ou objets de même espèce existant au service courant. A défaut de ressources disponibles, on doit les faire réparer d'urgence ou provoquer l'envoi, par un autre établissement, du matériel de remplacement nécessaire.

Si du matériel de la réserve de guerre a été mis temporairement en service dans les conditions prévues plus bas, il est visité immédiatement après sa réintégration en magasin, complété s'il y a lieu et remis en état comme il est prescrit ci-dessus.

Les directeurs des services et les conseils d'administration doivent porter particulièrement leur attention sur l'obligation de ne rien prélever sur la réserve pour le renouvellement des approvisionnements, sans que les matières ou objets qui sont destinés à les reconstituer aient été *préalablement* reçus en magasin.

Néanmoins, par exception spéciale, les mouvements prescrits pour les nivellements en pointure et en ancienneté des effets d'habillement et de grand équipement des corps de troupe peuvent être exécutés, et les effets peuvent sortir des magasins avant la réception des effets destinés à les remplacer. Mais toutes les mesures doivent être prises par les autorités qui prescrivent les mouvements de cette nature pour que l'incomplet momentané, qui peut se produire localement par rapport à la fixation d'un corps déterminé, soit toujours comblé dans le délai maximum d'un mois, sans qu'aucune circonstance, hors le cas d'une autorisation spéciale du Ministre, puisse être invoquée pour dépasser cette limite.

Dans les cas exceptionnels où, pour prévenir la détérioration qu'amènerait un plus long séjour des matières en magasin, on se trouverait dans l'obligation d'opérer d'urgence des prélèvements sur la réserve de guerre avant d'avoir pourvu au remplacement du matériel, il serait rendu immédiatement compte au Ministre, par l'intermédiaire des commandants de corps d'armée, ou directement (Service des Poudres et Salpêtres).

Les prélèvements temporaires pour satisfaire à des besoins imprévus ne peuvent être autorisés que par le Ministre (1). L'autorisation *préalable* est toujours nécessaire ; elle est demandée par les autorités locales, la demande est transmise par les commandants de corps d'armée qui y joignent leur avis, ou directement (Service des Poudres et Salpêtres).

L'autorisation d'effectuer des prélèvements temporaires est donnée par un ordre modèle n° 54 qui fixe le délai dans lequel le matériel prélevé doit être restitué à la réserve. Cet ordre porte les deux signatures du directeur du service intéressé au ministère de la guerre et du directeur du contrôle.

Dans chaque gestion, il est tenu un carnet de prélèvements temporaires modèle n° 54 A. Il va sans dire que les autorisations de prélèvements temporaires n'affectent en rien la *fixation*.

En fin de trimestre, le gestionnaire produit, en deux expé-

___

(1) Voir aux annexes la circulaire du 5 août 1904 relative aux prélèvements de matériel sur les approvisionnements de la réserve de guerre et au maintien de ces approvisionnements à hauteur des fixations.

ditions, un extrait de son carnet des prélèvements temporaires ; cet extrait, certifié par le chef de service, indique les quantités prélevées et non remplacées dans les délais fixés. Les deux expéditions de l'extrait sont adressées au Ministre, la première sous le timbre de la direction technique, la seconde sous celui de la direction du contrôle qui signale au Ministre les prélèvements non restitués dans les délais.

Le matériel qui a fait l'objet d'un prélèvement temporaire doit toujours être rendu à la réserve avant la clôture de l'exercice financier.

Modifications dans l'importance ou la nature des approvisionnements de la réserve de guerre.

Art. 8 et 9, § I. *Opérations comptables correspondant aux modifications de la réserve de guerre dans une gestion.* — Les augmentations ou les diminutions de la réserve de guerre donnent lieu à l'une des opérations ci-après :

Augmentations.

a) Achat, confection, fabrication ;
b) Versement du service courant à la réserve de guerre de la gestion, compensé par une opération inverse et équivalente effectuée par ailleurs corrélativement ;
c) Expédition par la réserve de guerre d'une autre gestion à la réserve de guerre de la gestion.

Diminutions.

a) Versement de la réserve de guerre au service courant de la gestion à charge d'ordonnancement au profit du Trésor au prix d'utilisation (§ III) du matériel versé ;
b) Versement de la réserve de guerre au service courant de la gestion, compensé par une opération inverse et équivalente effectuée par ailleurs corrélativement.
c) Expédition de la réserve de guerre de la gestion sur la réserve de guerre d'une autre gestion.

§ II. *Expédition de matériel d'une gestion sur une autre gestion du même service.* — Lorsque le matériel de la réserve de guerre d'une gestion doit être expédié au service courant d'une autre gestion, ce matériel est d'abord versé au service courant de la première gestion, puis l'expédition se fait du service courant au service courant. Inversement, lorsque le matériel doit être passé du service courant d'une gestion à la réserve de guerre d'une autre gestion, il est expédié du service courant de la première au service courant de la seconde et c'est alors seulement qu'il est versé du service courant à la réserve de guerre. Autrement dit, c'est toujours dans la place dont la *fixation* est modifiée que se fait le changement de catégorie du matériel.

§ III. *Détermination de la valeur d'utilisation du matériel de la réserve de guerre versé au service courant.* — En principe, le matériel retranché de la réserve de guerre et versé au service courant devrait être décompté aux prix de la nomenclature. Mais il peut arriver que la valeur réelle d'utilisation dudit matériel soit inférieure à celle qui résulte de l'application des prix de nomenclature. Dans ce cas, si le Ministre n'a pas fait connaître d'avance la valeur à attribuer au matériel considéré, l'officier, ou le fonctionnaire, chef du service auquel appartient ce matériel, ou le sous-intendant militaire chargé de la vérification des comptes, s'il s'agit d'un corps, dresse un procès-verbal modèle n° 22, dans lequel il expose en détail les causes de dépréciation, évalue les dépenses de transport, de transformation, retouches, remaniements ou manutentions jugées nécessaires pour que le matériel puisse être utilisé dans le service courant et, finalement, chiffre la dépréciation qu'il propose de lui faire subir. Le séjour en magasin ne peut être invoqué comme une cause de dépréciation, le matériel de la réserve de guerre devant toujours être en bon état d'entretien et son renouvellement devant s'effectuer assez à temps pour qu'il puisse toujours faire un bon service.

Il est établi deux expéditions de ce procès-verbal dont la minute est conservée dans les archives du service ; ces expéditions sont adressées à l'administration centrale.

La direction technique soumet au Ministre l'une des expéditions de cet acte avec ses propositions et l'avis de la Direction du Contrôle. Lorsque le Ministre a statué, mention de la décision ministérielle est portée sur l'expédition qui est renvoyée au rapporteur du procès-verbal, lequel assure l'exécution de la décision du Ministre.

En même temps que ce renvoi est effectué, l'expédition, revêtue de la décision du Ministre, est communiquée à la Direction du Contrôle, qui tient un enregistrement de tous les procès-verbaux de l'espèce ; puis elle est conservée dans les archives du ministère (Bureau technique intéressé).

§ IV. *Relevé et état récapitulatif des versements de la réserve de guerre au service courant ou du service courant à la réserve de guerre, compensés par des opérations inverses et équivalentes.* — Après la clôture de la gestion, le comptable relève, sur une formule modèle n° 50, tous les certificats administratifs qui appuient les versements de la réserve de guerre au service courant ou du service courant à la réserve de guerre, *effectués à charge de compensation par des opérations inverses et équivalentes.* Sur ce relevé on inscrit le numéro d'enregistrement au registre-journal de chaque certificat administratif et la valeur totale du matériel qu'il concerne.

Les relevés par gestion sont centralisés par les soins de l'administration centrale dans un état récapitulatif modèle n° 50 A.

Constatation de l'existence de la réserve de guerre.

Art. 10. La constatation de l'existence de la réserve de guerre constitue une opération tout à fait différente de celle qui a pour objet de comparer le chiffre des existants de cette réserve avec les écritures comptables et d'établir ainsi la situation du comptable vis-à-vis de l'Etat. Son but est de vérifier s'il existe réellement en magasin des quantités de matériel en bon état égales aux chiffres de la *fixation* notifiée par le Ministre.

Si les quantités existantes sont inférieures à la *fixation* ou si le matériel n'est pas en état de faire un service de guerre, les fonctionnaires du corps du contrôle qui ont fait cette constatation en dressent un procès-verbal qui est immédiatement envoyé au Ministre sous le timbre de la Direction du contrôle (Service spécial du Contrôle). Si la constatation a été faite par une des autorités qui ont qualité pour procéder aux recensements autres que les contrôleurs de l'administration de l'armée, le procès-verbal est rapporté par elle ou sur son invitation, suivant le cas, par le chef de service et reçoit la même destination. Lorsqu'on procède à un recensement de la réserve de guerre, on doit toujours rapprocher les ordres modificatifs de la fixation des pièces justificatives mises à l'appui des opérations comptables correspondantes, afin de vérifier que celles-ci ont bien été exécutées conformément aux indications portées dans la colonne *ad hoc* de la formule n° 53; il convient de s'assurer notamment que les opérations à charge de remboursement au Trésor de la valeur d'utilisation du matériel (facture modèle n° 9 A) ont bien donné lieu à ordonnancement de la valeur fixée par le Ministre et que les opérations à charge de compensation en matières sont bien appuyées de certificats administratifs n° 6 A ou 6 B et non de factures.

Les procès-verbaux destinés à constater les différences entre les existants et les écritures comptables, reçoivent la destination indiquée à l'article 53 de la présente instruction.

Approvisionnement du service courant.

Art. 11. S'il doit, autant que possible, exister en permanence, dans les magasins, des ressources suffisantes pour éviter que le service ne demeure jamais en souffrance ; par contre, on doit éviter d'y accumuler des approvisionnements qui peuvent se détériorer ou devenir inutilisables par suite de l'adoption de nouveaux types. En principe, il ne devrait jamais y avoir en magasin que le minimum au-dessous duquel le stock ne doit descendre qu'en cas d'incident, mais comme il est impossible de régler au jour le jour les achats d'après les consommations, il suffit que sur l'ensemble de l'année les approvisionnements ne dépassent pas en moyenne un chiffre fixé par le Ministre. Ceci peut encore s'exprimer en disant que les achats effectués au titre d'un exercice ne doivent pas, à moins d'ordres contraires du Ministre, dépasser les consommations afférentes à cet exercice.

Art. 12. (Sans observations.)

Cession de matériel.

Art. 13. Dans le service des poudres, les cessions au Département des finances sont faites à titre gratuit, conformément aux prescriptions budgétaires.

Des cessions d'échantillons de poudres ou explosifs peuvent être faites à titre gratuit aux écoles et commissions quand elles sont destinées à des expériences ou études qui se rapportent à la fabrication et ne peuvent être effectuées dans les établissements du service.

Art. 14. (Sans observations.)

Prêts.

Art. 15. Le matériel délivré à titre de prêt est porté en sortie au compte de gestion, mais il est immédiatement inscrit sur un registre spécial (modèle C). La sortie est appuyée d'une facture modèle n° 9 portant récépissé de la partie prenante.

Ne peut jamais être considérée comme prêt une remise, même temporaire, de matériel faite à un corps de troupe ou à un établissement où il existe un comptable. Dans ce cas, la partie prenante prend charge régulièrement et ouvre un compte de gestion au titre du service dans la nomenclature duquel figure le matériel considéré.

Art. 16. (Sans observations.)

Direction. — Surveillance. — Gestion et responsabilité.

Art. 17 à 27 inclus. Les attributions et la responsabilité des personnels de direction et de gestion dans les divers services sont déterminées comme il est dit ci-après.

Service de l'Artillerie.

La direction et la surveillance locale permanente sont exercées, dans les établissements de l'artillerie, par les directeurs, les sous-directeurs, les commandants de l'artillerie et les officiers chargés du service dans les places secondaires.

Dans chaque place et dans chaque établissement désignés par le Ministre un officier d'administration d'artillerie est comptable du matériel.

Les attributions et la responsabilité des officiers chargés de la direction et celles du comptable sont déterminées de la manière suivante :

§ I. *Du directeur.* — La direction et la surveillance générale en ce qui concerne le matériel sont exercées par le directeur.

Il assure dans l'étendue du service qui lui est confié l'exécution des règlements et des prescriptions du Ministre pour tout ce qui se rapporte à la formation, à la conservation et à l'emploi du matériel, ainsi qu'à la reddition des comptes.

Les achats, les confections, les transformations, les réparations et les sorties du matériel ne peuvent avoir lieu sans son autorisation écrite.

Il procède ou fait procéder, dans les magasins et dans les ateliers, à des recensements aussi fréquents que le comportent la nature des objets ainsi que l'importance et l'organisation de l'établissement.

Les procès-verbaux rapportés par les commandants d'arrondissement dans les directions territoriales et par les sous-directeurs dans les autres établissements (écoles d'artillerie exceptées) lui sont soumis. S'il en approuve les conclusions, il y appose et signe la mention : « *Vu pour homologation : A....., le.....* ». Dans le cas contraire, il y consigne ses conclusions motivées.

Il tient un carnet d'enregistrement des procès-verbaux soumis à son homologation, indiquant sommairement les différences totales constatées, les conclusions du rapporteur, ses propres conclusions et la décision prise par le Ministre.

Le numéro d'enregistrement au carnet précité est porté sur les procès-verbaux en regard des conclusions du directeur.

Il s'assure, aussi souvent qu'il est utile, que les écritures réglementaires et auxiliaires des magasins et des ateliers sont à jour et régulières.

En fin d'année, il vérifie et arrête les expéditions des comptes de gestion et les transmet à l'Administration centrale dans les délais fixés par le Ministre.

Sa responsabilité au sujet des écritures est définie par l'article 62 de la présente instruction.

Il est secondé dans la direction et la surveillance du service, ainsi que dans la surveillance de la comptabilité, savoir :

Dans les établissements autres que les écoles d'artillerie, par le sous-directeur;

Dans les arrondissements, par les commandants de l'artillerie.

Les attributions des directeurs des écoles d'artillerie sont les mêmes, si ce n'est qu'ils sont chargés de rapporter les procès-verbaux relatifs à leur service et qu'ils visent les pièces justificatives des entrées ou sorties et qu'ils surveillent eux-mêmes la tenue des écritures et de la comptabilité.

§ II. *Des commandants des arrondissements d'artillerie.* — Le commandant de l'artillerie est, en ce qui concerne le matériel, le délégué du directeur pour la direction et la surveillance à exercer dans toute l'étendue de son arrondissement. Il est spécialement chargé du service dans la place chef-lieu et dans ses annexes.

Les achats, les confections, les transformations, les réparations et les sorties du matériel ne peuvent avoir lieu sans son autorisation écrite.

Il détermine, d'après les ordres reçus ou d'après les besoins du service, les emplacements ou les magasins entre lesquels le matériel doit être réparti. Il veille à la bonne tenue des magasins et à la conservation du matériel; il s'assure que l'officier d'administration d'artillerie comptable prend à cet égard les précautions prescrites par les règlements et les instructions qui lui ont été données.

Il exerce une surveillance constante sur la comptabilité; il s'assure de la sincérité, de la régularité et de l'exactitude des pièces élémentaires servant de base à cette comptabilité ainsi que des écritures qui les résument. Il vérifie et vise les pièces justificatives des entrées et des sorties.

Il procède, de son initiative ou sur les ordres du directeur, à des recensements dans les magasins et dans les ateliers, et il les multiplie suffisamment pour que l'existence du matériel accusé par les écritures soit constatée intégralement chaque année ou dans la période fixée par le Ministre.

Il rapporte les procès-verbaux relatifs aux faits qui se sont accomplis dans son arrondissement ; il les enregistre et les soumet à l'homologation du directeur.

A cet effet, il est tenu dans chaque place comptable, chef-lieu d'arrondissement, un répertoire spécial sur lequel le commandant de l'artillerie fait reproduire dans leur texte intégral, et avec un numéro d'ordre spécial compris dans une série ininterrompue, tous les procès-verbaux qu'il a rapportés.

§ III. *Des sous-directeurs.* — Dans les établissements où il existe un sous-directeur, cet officier a, en ce qui concerne son service, les mêmes attributions qu'un commandant d'arrondissement.

§ IV. *Des officiers chargés du service dans les places secondaires.* — Les officiers chargés du service dans les places secondaires exercent, sous l'autorité du commandant de l'artillerie de l'arrondissement, les attributions définies au paragraphe II ci-dessus.

Toutefois, ils ne dressent pas de procès-verbaux : le cas échéant, ils rendent compte des faits au commandant de l'arrondissement et il est procédé suivant les formes indiquées à l'article 51 du règlement.

§ V. *Du personnel attaché aux établissements.*

a) Du personnel attaché aux ateliers. — Dans les établissements où il existe des ateliers pour la confection, la transformation ou la réparation du matériel. les officiers ou les employés militaires chargés de la conduite des travaux font prendre en magasin les matières et objets nécessaires, conformément aux prescriptions de l'article 74 ci-après, et ils en délivrent récépissé. Ils font verser en magasin les produits et les résidus de la fabrication.

Ils font tenir les écritures auxiliaires prévues par l'article précité, de manière qu'on puisse constater à tout instant l'existence du matériel mis à la disposition des ateliers et l'emploi qui en est fait.

Ils présentent et certifient les comptes du travail exécuté dans les ateliers.

Ils sont comptables et responsables des quantités de matières et objets qui doivent exister dans les ateliers d'après la balance des écritures afférentes aux travaux.

b) DES OFFICIERS ADJOINTS. — Le directeur détermine, sur la proposition du sous-directeur et des commandants d'arrondissement, les services spéciaux dont sont chargés les officiers adjoints.

Ces derniers sont, chacun en ce qui concerne ses attributions, vis-à-vis des officiers d'administration d'artillerie et employés, les délégués autorisés du sous-directeur ou du commandant de l'artillerie de la place.

Ils sont, dans leurs services spéciaux, les chefs hiérarchiques directs des officiers d'administration d'artillerie et employés affectés à ces services (1).

§ VI. *De l'officier d'administration comptable.* — L'officier d'administration est comptable de tout le matériel existant soit dans l'établissement, soit dans la place, soit dans leurs annexes, à l'exception de celui qui a été délivré aux ateliers.

Il reçoit du sous-directeur, du commandant de l'artillerie de la place ou de leurs délégués autorisés dans les conditions prévues au paragraphe précédent, les prescriptions relatives à la bonne tenue des magasins, à l'entretien du matériel, à son arrangement dans les locaux et sur les emplacements qu'il doit occuper, ainsi qu'au choix à faire des matières et objets à délivrer aux ateliers ou à d'autres parties prenantes.

Aucune entrée et aucune sortie de matériel ne peut avoir lieu sans l'autorisation écrite du sous-directeur ou du commandant de l'artillerie de la place.

L'officier d'administration comptable est détenteur des clefs des magasins. Aucun matériel ne peut être déplacé et ne peut entrer dans les magasins ou en sortir en dehors de son intervention.

Il tient les écritures relatives à la comptabilité-matières, à l'exception de celles des ateliers.

§ VII. *Responsabilité du personnel chargé de la direction et de la surveillance.* — Le directeur et les officiers chargés de le seconder dans la direction et la surveillance du service ainsi que dans

---

(1) Chapitre IV du règlement du 15 décembre 1869 ; circulaire du 26 février 1901 ; article 11 de la loi du 13 mars 1875.

la conduite des travaux, sont responsables *de l'emploi* du matériel, chacun dans la limite de ses attributions et des ordres qu'il a donnés.

Ils répondent de l'entretien du matériel, de la bonne et économique exécution des travaux, de leur conformité aux devis et aux modèles-types et de la sincérité des dépenses et consommations accusées pour chaque ouvrage.

Par application des dispositions des articles 11 et 13 de la loi du 16 mars 1882, ils peuvent être rendus responsables, par le Ministre, même pécuniairement, des dépenses, des consommations et des travaux qu'ils auraient ordonnés ou autorisés en dehors des prescriptions réglementaires.

§ VIII. *Responsabilité de l'officier d'administration comptable.* — L'officier d'administration comptable est responsable du matériel qu'il a en charge, sous le rapport de la quantité et de la conservation.

En conséquence, il est tenu d'exercer une surveillance constante sur le matériel dont il est comptable; de rendre compte en temps utile et par écrit. à l'officier chargé du service, de l'état du matériel confié à ses soins et de provoquer auprès de cet officier les mesures nécessaires pour en assurer l'entretien et la conservation conformément aux règlements ou aux instructions qu'il a reçues. Il doit assurer la bonne exécution des mesures qui lui sont prescrites.

Toute perte pour l'Etat résultant de l'inobservation de ces dispositions engage la responsabilité pécuniaire du comptable. Il peut être également rendu pécuniairement responsable des sorties de matériel faites sans autorisation, des omissions de recettes, des dommages résultant de doubles emplois, surcharges et altérations d'écritures.

Les comptes rendus et les demandes que l'officier d'administration comptable est tenu d'adresser à son chef de service sont inscrits sur un carnet *ad hoc*, et visés par cet officier.

L'officier d'administration comptable se conforme, pour les écritures intérieures auxquelles donnent lieu la tenue des magasins et les mouvements de matériel, aux dispositions de l'instruction du 31 mai 1891.

Service du génie.

La direction et la surveillance locale permanente sont exercées par les directeurs, et, sous leur haute autorité, par les chefs du génie, les commandants d'écoles et les sous-directeurs des établissements. Ces officiers peuvent, tout en conservant la responsabilité, déléguer aux officiers sous leurs ordres telle partie de cette surveillance qu'ils jugent convenable.

Dans chaque place comptable, école ou établissement, un officier d'administration du génie est comptable du matériel.

Les attributions des officiers et du comptable en ce qui concerne le matériel sont déterminées de la manière suivante :

§ I. *Du directeur.* — Le directeur assure l'exécution des règlements et des prescriptions du Ministre, pour tout ce qui se rapporte à la formation des approvisionnements, à la conservation et à l'emploi du matériel, ainsi qu'à la reddition des comptes.

Il procède ou fait procéder. dans les magasins, dans les chantiers et dans les ateliers, à des recensements assez fréquents pour permettre de constater intégralement, chaque année, l'existence du matériel accusé par les écritures.

Il transmet au Ministre, avec son avis, les procès-verbaux rapportés par les chefs de service sous ses ordres.

Il s'assure que les écritures réglementaires et auxiliaires concernant le matériel (magasin, chantiers. ateliers) sont à jour et régulières. Il vérifie le compte de gestion et les pièces justificatives à l'appui; il l'arrête aux époques prescrites par le règlement.

En fin d'année, il vérifie et arrête les expéditions des comptes de gestion et les transmet à l'Administration centrale dans les délais fixés par le Ministre.

§ II. *Du chef du génie.* — Le chef du génie est spécialement chargé de tous les détails du service dans sa chefferie.

Les achats, les transformations, les réparations et les sorties du matériel ne peuvent avoir lieu sans son autorisation écrite. Il détermine les emplacements qu'il doit occuper.

Il veille à la bonne tenue du magasin, à la conservation du matériel ; il s'assure que l'officier d'administration comptable prend à cet égard les mesures de précaution prescrites par les règlements et les instructions ministérielles, et il ordonne celles qu'il juge nécessaires.

Il procède, de son initiative ou sur les ordres du directeur, à des recensements et il les multiplie suffisamment pour que l'existence de la totalité du matériel accusé par les écritures soit constatée intégralement chaque année.

Il rapporte les procès-verbaux relatifs aux faits qui se sont accomplis dans l'étendue de sa chefferie ; il les enregistre sommairement et les transmet au directeur.

Il vérifie et vise les pièces justificatives des entrées et des sorties qui sont établies dans l'étendue de sa chefferie.

Il exerce une surveillance continue sur la comptabilité de l'officier d'administration comptable. Il s'assure de la sincérité, de la régularité et de l'exactitude des pièces élémentaires servant de base à cette comptabilité, ainsi que des écritures qui les résument.

§ III. *Des commandants d'écoles et des sous-directeurs des établissements.* — Ces officiers ont, en ce qui concerne le matériel de ce service, les mêmes attributions que les chefs du génie.

§ IV. *Du personnel attaché aux ateliers.* — Dans les établissements où il existe des ateliers pour la confection, la transformation et la réparation du matériel, les officiers, officiers d'administration ou employés militaires, chargés de la conduite des travaux, font prendre au magasin les matières et objets nécessaires, conformément aux prescriptions de l'article 74 ci-après; ils en donnent récépissé. Ils font verser au magasin les produits et les résidus de la fabrication.

Ils font tenir par le personnel sous leurs ordres les écritures auxiliaires prévues par l'article précité, de telle sorte qu'on puisse constater à tout instant l'existence du matériel mis à la disposition des ateliers et l'emploi qui en est fait.

Ils certifient les comptes rendus d'exécution.

Les chefs d'atelier sont comptables et responsables des quantités de matières et des objets qui doivent exister dans les ateliers, d'après la balance des écritures.

§ V. *De l'officier d'administration comptable.* — Dans les chefferies, un officier d'administration, désigné à cet effet, est comptable de tout le matériel existant dans la place et dans ses annexes, à l'exception du mobilier garnissant les établissements militaires.

Dans les écoles et dans les établissements du génie, un officier d'administration désigné à cet effet est comptable de tout le matériel, à l'exception de celui qui est délivré aux ateliers.

Il reçoit de l'officier chargé du service les prescriptions relatives à la bonne tenue des magasins, à l'entretien, à l'arrimage et à la disposition du matériel dans les locaux et sur les emplacements qu'il doit occuper, ainsi qu'au choix à faire du matériel à délivrer soit aux ateliers, soit aux chantiers, soit à d'autres parties prenantes.

Aucune entrée, aucune sortie de matériel ne peut avoir lieu sans l'autorisation écrite de l'officier chef de service, sauf le cas prévu ci-dessus pour les livraisons faites aux ateliers.

L'officier d'administration comptable est détenteur des clefs des magasins et aucun matériel ne peut être déplacé, entrer dans les magasins ou en sortir en dehors de son intervention.

Il tient toutes les écritures relatives à la comptabilité-matières, à l'exception de celles des ateliers.

§ VI. *Responsabilité, en ce qui concerne le matériel compris dans les comptes-matières, du personnel chargé de la direction et de la surveillance.* — Les directeurs, les chefs du génie, les commandants d'écoles, les sous-directeurs des établissements et les officiers et officiers d'administration chargés de les seconder, sont responsables de *l'emploi du matériel*, chacun dans la limite de ses attributions et des ordres qu'il a donnés.

Ils répondent de l'entretien du matériel, de la bonne et économique exécution des travaux, de leur conformité aux devis et aux modèles-types, de la sincérité des dépenses et des consommations accusées pour chaque ouvrage.

Par application des articles 11 et 13 de la loi du 16 mars 1882, ils peuvent être rendus responsables, même pécuniairement, par le Ministre, des dépenses, des consommations et des travaux qu'ils auraient ordonnés ou autorisés en dehors des prescriptions réglementaires.

§ VII. *Responsabilité de l'officier d'administration comptable.* — L'officier d'administration comptable est responsable du matériel qu'il a en charge sous le rapport de la quantité et de la conservation.

En conséquence, il est tenu d'exercer une surveillance constante sur ce matériel. Il doit faire exécuter les prescriptions réglementaires et les ordres qu'il a reçus de ses chefs relatifs à son entretien. Le cas échéant, il est tenu de rendre compte, en temps utile et par écrit, de l'état du matériel et de demander les moyens d'exécution nécessaires pour en assurer la conservation. Il peut être rendu pécuniairement responsable des pertes, déchets ou avaries résultant de l'inexécution de ces dispositions.

L'officier d'administration comptable est, en outre, responsable des sorties de matériel faites sans autorisation, des omissions de recettes, des dommages causés à l'Etat par les doubles emplois, surcharges et altérations d'écritures.

Service des poudres et salpêtres.

La direction et la surveillance locale permanente, en ce qui concerne le matériel, sont exercées, dans les établissements des poudres et salpêtres, par l'ingénieur chef de l'établissement, conformément aux prescriptions des articles 2, 3, 4, 5, 6, 7, du décret du 15 décembre 1885.

Les achats, les confections, les transformations, les réparations et les sorties de matériel ne peuvent avoir lieu sans son autorisation écrite.

Dans chaque établissement, un commis comptable est comptable du matériel.

Les attributions du personnel sont déterminées de la manière suivante :

§ I. *Du directeur.* — Le directeur assure l'exécution des règlements et des prescriptions du Ministre pour tout ce qui se rapporte à la formation des approvisionnements, à la conservation et à l'emploi du matériel, ainsi qu'à la reddition des comptes.

Il procède à des recensements de matériel dans les magasins et dans les ateliers; il les renouvelle aussi fréquemment qu'il est nécessaire pour constater intégralement, chaque année, l'existence du matériel accusé par les écritures.

Il rapporte tous les procès-verbaux relatifs aux faits qui se sont produits dans l'établissement dont il est le chef; il en tient registre.

Il vérifie le compte de gestion et les pièces justificatives à l'appui; il l'arrête aux époques prescrites par le règlement.

En fin d'année, il vérifie et arrête l'expédition du compte de gestion et le transmet à l'Administration centrale dans les délais fixés par le Ministre.

Il est secondé par les ingénieurs, les sous-ingénieurs, les élèves ingénieurs.

§ II. *Des ingénieurs, des sous-ingénieurs, des élèves ingé-*

nicurs. — Les ingénieurs dirigent les travaux conformément aux prescriptions des articles 10, 11, 12, 13 du décret du 15 décembre 1885.

§ III. *Des chefs d'atelier*. — Les chefs d'atelier sont comptables et responsables des quantités de matières et des objets qui doivent exister dans les ateliers ou sur les chantiers, d'après la balance des écritures afférentes aux travaux.

§ IV. *Du commis comptable*. — Le commis comptable tient les écritures du matériel à l'exception de celles qui sont relatives aux matières et objets délivrés aux ateliers ou aux chantiers. Ces matières et objets sortent définitivement de ses comptes au moment de leur délivrance.

Il est détenteur des clefs des magasins. Aucun matériel ne peut entrer dans les magasins ou en sortir en dehors de son intervention.

Ses attributions sont définies aux articles 33, 34, 35 du décret du 15 décembre 1885.

§ V. *Responsabilité du personnel chargé de la direction et de la surveillance locale*. — La responsabilité du chef de l'établissement et des ingénieurs placés sous ses ordres est déterminée par les articles 8 et 9, 14 et 15 du décret du 15 décembre 1885.

Le chef de l'établissement et les ingénieurs placés sous ses ordres sont responsables de l'emploi du matériel, chacun dans la limite des ordres qu'il a donnés.

Ils répondent de la bonne et économique exécution des travaux, de leur conformité aux devis et aux modèles-types, de la sincérité des dépenses et des consommations accusées pour chaque ouvrage.

Par application des articles 11 et 13 de la loi du 16 mars 1882, ils peuvent être rendus pécuniairement responsables, par le Ministre, des dépenses, des consommations et des travaux qu'ils auraient ordonnés ou autorisés en dehors des prescriptions réglementaires.

§ VI. *Responsabilité du commis comptable*. — La responsabilité du commis comptable est déterminée par l'article 36 du décret du 15 décembre 1885. Etant responsable du matériel qu'il a en charge sous le rapport de la quantité et de la conservation, il est tenu d'exercer sur ce matériel une surveillance constante. Il doit faire exécuter les prescriptions réglementaires et les ordres qu'il a reçus de ses chefs relativement à sa conservation ; il est tenu de rendre compte, le cas échéant, en temps utile et par écrit, de l'état du matériel et de demander les moyens d'exécution nécessaires.

Il peut être rendu pécuniairement responsable des pertes, déchets et avaries résultant de l'inexécution de ces prescriptions. Les comptes rendus et les demandes que le commis comptable est tenu d'adresser au chef de l'établissement sont inscrits sur un carnet *ad hoc* et visés par cet ingénieur.

Services divers.

(Intendance. — Santé. — Remonte générale. — Hôtel national des Invalides. — Corps de troupe. — Écoles militaires et administration centrale.)

Le mode de fonctionnement des services indiqués ci-dessus, leur direction et leur surveillance permanente, leur gestion et les responsabilités qui en découlent sont déterminés par la loi du 16 mars 1882, ainsi que par les décrets et règlements spéciaux à chaque service.

Conditions de réception du matériel.

Art. 28. *a*) Dans les gestions individuelles, la réception du matériel est prononcée par le comptable ou par une commission spéciale qui s'assure que le matériel à admettre en magasin remplit toutes les conditions stipulées par les cahiers des charges, devis, notices, marchés ou conventions et qu'il est conforme aux échantillons ou modèles-types.

b) Dans les gestions collectives, la réception est, au contraire, en principe, prononcée par une commission.

Quand il ne se trouve pas dans la place un personnel suffisant pour constituer une commission, ou quand il en est disposé autrement par les règles spéciales de fonctionnement de certains services (comme c'est le cas, par exemple, dans le service du génie), la réception est prononcée par l'officier chef du service.

Le comptable constate les quantités du matériel qui a été reçu et dont il doit prendre charge.

Dans chaque établissement et dans chaque place, il est ouvert un registre sur lequel on inscrit les résultats de chaque séance de la commission (1). Cette inscription est datée et signée, séance tenante, par les personnes qui ont procédé à la réception.

Les comptables peuvent être autorisés par les directeurs à

---

(1) Voir aux annexes la circulaire du 26 avril 1900 relative aux procès-verbaux à établir par les commissions de réception de fournitures dans les établissements de l'artillerie.

vérifier la qualité des menus objets et matières de consommation courante dont il n'est pas fait approvisionnement, tels que fournitures de bureau, balais, plumeaux, huile à brûler, etc.; mais cette faculté ne peut s'étendre qu'aux matières et objets spécialement indiqués dans l'ordre du directeur.

Art. 29 à 37. (Sans observations.)

Récépissés à donner par le destinataire du matériel.

Art. 38. Toutes les fois que, à l'arrivée d'un matériel à destination, la responsabilité de l'expéditeur paraît engagée, le chef de service ou le chef de l'établissement désigne, pour représenter l'expéditeur, une personne choisie en dehors du personnel placé sous les ordres du destinataire ou, s'il y a lieu, en provoque la désignation par l'autorité compétente.

Article 39. (Sans observations.)

Remise et reprise du service en ce qui concerne les comptables.

Art. 40. Les procès-verbaux à dresser par le chef de service ou de l'établissement, en cas de mutation de comptables pour constater la remise et la reprise d'un service, sont établis d'après le modèle n° 8 (1).

A partir du jour de la notification au chef du service ou de l'établissement de la mutation du comptable et jusqu'à la réception de la décision du Ministre statuant sur les propositions du procès-verbal d'inventaire, aucun changement de classement ou de classification ne peut être prononcé par le service local. Les changements reconnus nécessaires sont proposés dans le procès-verbal d'inventaire et les raisons en sont indiquées dans la colonne « Observations ».

En principe, d'après l'article 40 du décret, les procès-verbaux devraient être des procès-verbaux d'inventaire et comprendre, par conséquent, la totalité du matériel figurant dans les comptes. Mais, pour simplifier les écritures, ils ne comprennent que les matières ou objets pour lesquels il aura été constaté, entre les existants et les écritures, des différences de quantité ou de classification; ceux qui, pour un motif quelconque (difficulté de vérification des quantités, avaries consta-

---

(1) La remise et la reprise du service entre gérants d'annexe constituent une opération intérieure qui doit être faite en présence et sous la responsabilité du comptable, sous la surveillance du chef de l'établissement.

Si, par exception, le comptable ne peut y assister, elle est constatée par un procès-verbal, comme il est indiqué au présent article.

tées, etc.), auront donné lieu à une réserve ou à une observation de la part du comptable entrant; ceux qui nécessiteraient une dépense pour être remis en bon état de service ou pour en déterminer exactement l'existant.

Les opérations d'entrée et de sortie résultant des différences constatées dans les quantités, sont immédiatement inscrites dans les comptes du comptable sortant et ces inscriptions sont justifiées à l'aide des pièces indiquées ci-après à l'article 48.

Les opérations d'entrée ou de sortie, de changement de classification ou de classement résultant des observations ou des réserves faites par le comptable entrant ne sont effectuées qu'après notification de la décision ministérielle.

Le procès-verbal doit relater les causes réelles ou présumées des différences et des avaries constatées, les explications du comptable sortant, les propositions du rapporteur, avec l'évaluation de la dépense à faire pour la remise en état du matériel, les conclusions du directeur.

Il est adressé en simple expédition au Ministre (bureau administratif intéressé), qui statue (1) et renvoie ce document revêtu de sa décision.

Le procès-verbal ainsi complété est conservé à l'appui de la minute du compte de gestion. Une copie conforme est mise à l'appui du compte de gestion adressé au Ministre.

Si aucune différence n'est constatée entre les existants et les écritures, et si le comptable entrant accepte sans réserve la totalité du matériel qui lui est remis, il est établi un procès-verbal « Néant » en deux expéditions, dont l'une est transmise au Ministre et l'autre conservée à l'appui de la minute du compte de gestion. Une copie conforme est mise à l'appui du compte de gestion adressé au Ministre.

On opère de même en cas de mutation de pharmaciens dans les hôpitaux militaires.

Quand la remise du service a lieu dans le courant de l'année,

---

(1) Quand les manquants à mettre à la charge de l'Etat sont inférieurs à 1.000 francs et que les conclusions du chef du service et du directeur sont concordantes, le procès-verbal peut être approuvé au nom du Ministre par le directeur du service à l'administration centrale. Quand la somme à la charge de l'Etat atteint 1.000 francs, ou quand un des avis émis tend à une imputation quelconque au comptable, la question est soumise à l'examen de la direction du contrôle et à la décision personnelle du Ministre.

les entrées et les sorties sont arrêtées et totalisées de manière à faire ressortir les existants à la date de cette opération.

Si la remise a lieu en fin d'année, les écritures sont arrêtées au 31 décembre par le comptable sortant, et les existants sont repris sur le compte de l'année suivante par le comptable entrant dans les formes habituelles.

Art. 41 à 45 inclus. (Sans observations.)

Prescriptions spéciales aux remise et reprise du service dans les gestions collectives.

Art. 46. Les sous-directeurs, les commandants des arrondissements et les officiers chargés du service dans les places secondaires de l'artillerie, les chefs de service dans les établissements du génie, et les chefs d'établissement dans ceux des poudres et salpêtres étant responsables du bon entretien du matériel, il est procédé, en cas de mutation les concernant, à une reconnaissance de l'état du matériel dans les formes déterminées au chapitre II du titre II du décret, et il en est dressé procès-verbal.

Il est procédé de la même manière à la reconnaissance de la quantité et de l'état du matériel existant dans les ateliers, en cas de mutation des officiers ou des chefs ouvriers qui les dirigent.

Art. 47. (Sans observations.)

Pièces justificatives des opérations d'entrée et de sortie.

Art. 48. § I. *Ordres d'entrée ou de sortie.* — Quand, pour une cause quelconque, il existe en magasin des matières ou objets qui n'ont pas été pris en charge ou quand il y a lieu de faire sortie de quantités figurant dans les comptes, le comptable est tenu de soumettre sans délai, au chef de service ou d'établissement, les pièces nécessaires pour effectuer l'entrée ou la sortie.

§ II. *Dispositions relatives à l'établissement des pièces.* — Les pièces justificatives destinées à décrire les opérations à charge et à décharge sont établies en simple expédition conformément aux modèles annexés à la présente instruction et sur format de 0^m,36 sur 0^m,23 (1). Ces pièces sont, selon le cas envisagé, de la couleur indiquée ci-après :

---

(1) Les imprimés des factures de livraison (modèle n° 2) étant destinés à être timbrés doivent, avant d'être employés, être rognés aux dimensions de 0^m,35 sur 0^m,23.

Pièces justificatives appuyant les opérations qui affectent:

Exclusivement le service courant.	{ pièces d'entrée. { pièces de sortie.	blanches. gris bleuté.
Exclusivement la réserve de guerre.	{ pièces d'entrée. { pièces de sortie.	jaunes. bleues.
Simultanément le service courant et la réserve de guerre.	opérations à charge de compensation	} vert.
	autres opérations.	} chamois.

Les quantités fractionnaires portées sur les pièces justificatives sont exprimées en décimales, qui sont au nombre fixé par les nomenclatures. Les décomptes en argent sont faits en francs et centimes; on force le dernier chiffre lorsque celui des millimes est égal ou supérieur à 5.

D'après l'article 48 du décret, les pièces justificatives des mouvements d'entrée ou de sortie, qui donnent lieu à ordonnancement, réimputation ou versement au Trésor, doivent indiquer soit la date et le numéro de l'ordonnance ou du mandat, soit la date et le numéro de l'état de changement d'imputation, soit le lieu du versement au Trésor avec la date et le numéro du récépissé.

La mention de l'ordonnancement ou celle du versement est portée sur les pièces par l'ordonnateur; si elle a été omise, le comptable est tenu de réclamer au débiteur la preuve du payement, et la mention est alors signée par le chef de service ou de l'établissement.

Si l'ordonnancement est fait par l'administration centrale ou si la mention du versement au Trésor n'a pu être portée sur les pièces avant l'arrêté du compte annuel de gestion, le comptable met à l'appui dudit compte un relevé des pièces incomplètes (modèle nº 16). Le Ministre inscrit sur ces pièces les indications qui y font défaut.

§ III. *Dispositions relatives aux achats et cessions.*

a) *Achats.* — En fin de livraison et aux époques fixées par les cahiers des charges, les achats donnent lieu à l'établissement :

1º D'une facture à talon (modèle nº 2) signée par le créancier et revêtue de la prise en charge du comptable;

2º D'une copie (modèle nº 2 *bis*) de cette facture, que l'ordonnateur certifie conforme à l'original.

La facture, appuyée quand il y a lieu des récépissés comptables (§§ VI et VII ci-après), est mise à l'appui du mandat de paiement; le talon justifie l'entrée dans les comptes-matières; la copie est annexée à la liquidation de la dépense.

Lorsque la dépense d'achat ne dépasse pas 10 francs et qu'elle doit être acquittée par mandat direct, la facture n'appuie pas le mandat de payement (art. 179 du règlement du 3 avril 1869); elle sert de pièce justificative à la liquidation, mais le talon justifie toujours l'entrée dans les comptes-matières.

Les factures sont toujours arrêtées au chiffre du montant total de la créance. Elles sont ordonnancées au même chiffre, sauf dans le cas où elles concernent la livraison de matières remises à un entrepreneur pour être transformées (§ VIII du présent article).

S'il y a lieu de faire des imputations au créancier pour retard dans les livraisons, pour frais de manutention du matériel refusé, etc., etc., on ne doit pas les déduire du montant de la somme à ordonnancer. Le total des imputations, dont le détail est donné dans un ordre de versement annexé à la facture, est déduit de la somme ordonnancée pour faire ressortir la somme nette à payer, et l'ordonnateur porte à l'encre rouge sur le mandat et signe la mention suivante :

« Il y a lieu de précompter sur le présent mandat et de verser au Trésor la somme de   montant des imputations détaillées dans l'ordre de reversement ci-annexé. »

Dans le cas où les factures concernent des produits provenant de la conversion ou de la transformation de matières délivrées par les magasins de l'État aux entrepreneurs, on procède comme il est indiqué au § VIII du présent article.

b) Cessions entre les services de la guerre. — Le remboursement des cessions entre les divers services du Département de la guerre s'opère à l'intérieur, en Algérie et en Tunisie, par voie de versement au Trésor.

A cet effet, l'ordonnateur secondaire du service créancier établit un ordre de reversement en ayant égard aux recommandations du § IV ci-après. Au reçu de cet ordre, le gérant d'avances du service réceptionnaire effectue le versement au moyen des avances qui lui sont faites lorsque la valeur de la cession n'est pas supérieure à 100 francs. Si cette valeur dépasse 100 francs, l'ordonnateur secondaire du service débiteur délivre un mandat direct de payement au nom du trésorier-payeur général ou du payeur qui se verse à lui-même le montant de la cession.

Le récépissé constatant ce versement est transmis par l'ordonnateur du service réceptionnaire à celui du service créancier qui a établi l'ordre de versement. Celui-ci le fait parvenir immédiatement à l'administration centrale (Bureau administratif intéressé).

Un duplicata de la facture de cession est mis à l'appui soit du versement effectué par le comptable, soit du mandat délivré par l'ordonnateur secondaire.

Une copie de la facture appuie la liquidation.

Les remboursements qui n'auraient pu être opérés dans les conditions indiquées ci-dessus sont effectués par les soins de l'administration centrale à l'aide de changement d'imputation (1).

Dans ce cas, le service local livrancier adresse à l'administration centrale (Bureau administratif créancier) un duplicata de la facture de cession revêtue de la prise en charge du service cessionnaire.

Subsistances. — La valeur des cessions réciproques que se font les services des vivres, des fourrages, du chauffage et de l'éclairage n'est versée au Trésor que trimestriellement.

Il en est de même des cessions et distributions remboursables de denrées des subsistances faites aux services de l'artillerie, de l'habillement, etc., ainsi qu'aux troupes coloniales.

Santé. — Le remboursement du montant des cessions faites par le service de santé aux autres services de la guerre est également effectué trimestriellement.

c) Cessions faites à d'autres ministères ou par d'autres ministères. — Le remboursement des cessions faites à des services étrangers ou par des services étrangers a lieu par ordonnance de virement de comptes.

1° *Cessions faites à d'autres ministères.* — Les sorties résultant de cessions à d'autres ministères sont justifiées par des factures (modèle n° 9) de sortie portant décompte de la somme à rembourser. Ce décompte est établi d'après les prix fixés par le Ministre, ou, à défaut, d'après les prix de la nomenclature.

Ces factures, revêtues de la prise en charge du service ré-

---

(1) Voir aux annexes la circulaire du 29 décembre 1903 relative à l'application de cette disposition.

ceptionnaire, sont : l'original qui est mis à l'appui du compte de gestion et le duplicata qui est adressé sans retard à l'administration centrale pour servir à la demande de remboursement. Avis de ce remboursement est donné au service livrancier qui mentionne sur la facture de sortie (original) le mode de remboursement du matériel cédé.

Les sorties pour cession à des personnes étrangères au ministère de la guerre sont justifiées de la même manière, sauf lorsque le montant de la cession est versé au Trésor avant livraison; dans ce cas il n'est établi qu'une expédition de la facture de cession.

2° *Cessions faites par d'autres ministères.* — Les entrées résultant de ces cessions sont justifiées par des factures (modèle n° 5) ou, à défaut, par des certificats administratifs (modèle n° 6). Si elles sont justifiées par une facture, le comptable réceptionnaire indique sur cette pièce, en regard de chaque article, le numéro de nomenclature sous lequel il figurera dans la comptabilité du service.

d) *Cessions faites à des corps de troupe et à divers.* — Le remboursement des cessions faites à des corps de troupe, à des établissements considérés comme tels ou à des parties prenantes isolées, est effectué par versement au Trésor, sauf dans les cas prévus par les instructions spéciales à chaque service.

§ IV. *Des versements au Trésor.* — Les versements au Trésor du montant des imputations faites sur les factures ou des cessions faites à des services de la guerre sont effectués en vertu d'ordres de versement qui sont émis d'une manière distincte, suivant que la somme versée doit rester définitivement acquise au Trésor, ou qu'elle peut être rétablie ultérieurement au crédit du Département de la guerre.

Donnent lieu à la délivrance de récépissés au titre des *recettes accidentelles à différents titres* et demeurent acquis au Trésor les versements pour amendes, retenues pour retards, frais d'enregistrement et de timbre avancés sur des exercices clos, les versements provenant de cessions d'issues ou de matériel qui ne doit pas être remplacé dans les approvisionnements.

Donnent lieu à la délivrance de récépissé au titre des *reversements de fonds sur les dépenses des ministères*, et peuvent être rétablis au crédit du service, les versements effectués pour toute autre cause que celles indiquées ci-dessus.

Les récépissés à talon constatant les versements sont adressés au Ministre (Bureau administratif intéressé), de façon à permettre de faire rétablir le montant des versements au crédit des services créanciers quand il y a lieu.

La production de ces récépissés est absolument indispensable pour cet objet, les déclarations de versement n'étant pas admises en pareil cas par l'administration centrale des finances.

§ IV *bis. Constatation de l'entrée du matériel dans les établissements.* — Tout matériel qui entre dans un établissement par suite d'achat est inscrit, *au moment même de son entrée,* sur un carnet à souche (modèle n° 3) (1).

Les récépissés provisoires détachés de la souche du carnet (modèle n° 3) sont remis immédiatement aux livranciers ou à leur représentant. Si cette remise ne peut avoir lieu séance tenante, les récépissés demeurent provisoirement attachés à la souche.

Dans le cas où la réception définitive du matériel n'est pas prononcée au moment de son entrée en magasin et où, par suite de rejet, il est rendu ultérieurement au livrancier, en totalité ou en partie, la souche et le récépissé provisoire sont annulés ou modifiés, suivant le cas.

§ V. *Achats ne donnant lieu qu'à une seule livraison.* — Au moyen du récépissé provisoire (modèle n° 3), il est établi une facture (modèle n° 2), dont le talon justifie l'entrée dans les comptes.

§ VI. *Achats donnant lieu à plusieurs livraisons.* — En fin de livraison et, dans les autres cas, en fin de mois (2), les récépissés provisoires (modèle n° 3) délivrés pour le matériel dont la réception a été définitivement prononcée sont échangés contre un récépissé comptable à talon (modèle n° 1) détaché d'un registre à souche.

---

(1) Voir le § VII *bis* pour les achats faits par le service des forges.

(2) Lorsque toutes les livraisons partielles et réceptions définitives ont été faites dans le même mois et qu'il n'a pas été délivré d'acompte à l'entrepreneur, on peut ne pas établir le récépissé comptable et procéder comme il est dit au § V ci-dessus, c'est-à-dire établir une facture au moyen des récépissés provisoires dont les dates sont rappelées dans la colonne « Observations » de la facture et les chiffres rectifiés, s'il y a lieu, comme il est indiqué au bas de la première page du modèle n° 3.

La délivrance d'un acompte à un entrepreneur doit toujours donner lieu à une prise en charge préalable par récépissé comptable.

L'entrée est justifiée par le talon du récépissé comptable. On annexe à celui qui est afférent à la dernière livraison le talon de la facture d'achat (modèle n° 2).

Les dates des récépissés antérieurs sont portées dans la colonne d'observations de la facture et du talon.

§ VII. *Achats donnant lieu à livraison dans plusieurs établissements.* — Quand, aux termes des marchés ou conventions, les livraisons doivent être faites dans plusieurs établissements, les entrées sont justifiées, comme il est indiqué au paragraphe précédent, par les talons des récépissés comptables.

La facture générale produite à l'ordonnateur de la place où doit s'effectuer le paiement ne porte pas de prise en charge ; elle est appuyée de tous les récépissés ainsi que des états de retenue établis, s'il y a lieu, par chacun des comptables réceptionnaires, et elle fait ressortir, d'une manière distincte, les quantités livrées à chaque établissement ainsi que leur valeur.

Après ordonnancement, l'ordonnateur établit des extraits de la facture générale, en ce qui concerne chaque établissement, et il les adresse aux comptables intéressés pour être annexés au talon du récépissé afférent à la dernière livraison.

§ VII *bis. Artillerie. Dispositions spéciales au service des forges.* — Quand les achats sont faits par le service des forges, la réception provisoire du matériel est constatée par des certificats administratifs (modèle n° 28) établis par les soins de ce service ; deux extraits de ces documents sont adressés aux établissements destinataires, soit en fin de commande, soit en fin de mois pour les commandes qui comportent des livraisons réparties sur plusieurs mois (instruction sur le service des forges, chapitre V).

Chaque comptable réceptionnaire doit prendre en charge les expéditions faites par le service des forges dès que la sous-direction intéressée lui a fait parvenir les deux extraits de certificats administratifs (modèle n° 28) qui le concernent.

Toutefois, si ces extraits ne sont pas parvenus aux établissements le dernier jour du mois au cours duquel la réception a eu lieu, la prise en charge doit être effectuée, sans plus attendre, au moyen d'un certificat administratif (modèle n° 6) que le comptable établit d'après les quantités portées sur les états n° 2, des objets expédiés provenant de la sous-direction des forges.

Dans ce cas, les états des objets expédiés sont mis, avec les certificats administratifs (modèle n° 6) correspondants, à l'appui du compte de gestion de l'établissement.

Dès que les extraits de certificat (modèle n° 28) parviennent à l'établissement, l'extrait n° 1 est mis à l'appui du compte de gestion, soit comme pièce justificative ordinaire si la prise en charge s'effectue lors de l'arrivée de ces documents, soit comme annexe au certificat (modèle n° 6) correspondant si la prise en charge a été faite préalablement.

L'extrait n° 2, revêtu du récépissé du comptable, est renvoyé au sous-directeur des forges pour servir au payement de la créance du fournisseur.

En fin d'exercice, le sous-directeur des forges adresse aux directeurs des établissements intéressés les indications nécessaires pour porter la mention des payements effectués sur les extraits n° 1 des certificats (modèle n° 28) établis dans le courant de l'exercice.

Ces indications sont inscrites à la quatrième page des extraits sous la forme suivante :

« La somme portée sur la présente pièce a été payée au titre de l'exercice 19 ,... ᵉ section, chapitre ..., article ..., par (ordonnance ou mandat) n° ..., en date du ... émis par ... (désignation de l'ordonnateur) ».

(Signature du Directeur.)

Dans la reconnaissance du matériel faite à l'arrivée, le comptable n'a pas à se préoccuper des rejets qui pourront être prononcés ultérieurement par application des conditions générales ou spéciales des marchés. Les remplacements des matières ou objets reconnus défectueux postérieurement à la prise en charge sont effectués sans écritures comptables et ne figurent que dans les écritures auxiliaires.

§ VIII. *Marchés pour conversion de matières et objets appartenant à l'Etat.* — Dans le cas où de vieilles matières sont remises à un entrepreneur pour être transformées en matières neuves, les marchés de conversion sont passés pour la quantité de matière neuve à fournir et le prix stipulé doit être égal à la valeur de cette dernière, sans déduction de celle des vieilles matières. C'est également d'après ce prix que, lors des réceptions, sont décomptées les pièces d'entrée à inscrire au compte de gestion.

Les marchés indiquent, en outre, les quantités de vieilles

matières à remettre à l'entrepreneur, sans que ces quantités puissent dépasser celles à livrer par eux, augmentées du déchet résultant de la transformation.

Le prix de remboursement des vieilles matières est indiqué par le marché.

Le comptable qui les délivre est avisé, pour chaque marché, du prix de remboursement qui y est stipulé. Chaque remise faite à l'entrepreneur donne lieu à l'établissement de deux factures décomptées (modèle n° 9), dont une en original et l'autre en duplicata.

Quand l'entrepreneur a donné récépissé sur ces deux expéditions, le comptable met l'original, qui doit être seul revêtu du timbre d'acquit de 0 fr. 10, à l'appui de ses comptes ; il en fait une copie qu'il adresse, avec le duplicata, à l'ordonnateur chargé d'acquitter le montant de la fourniture, pour lui permettre de retenir, en temps utile, à l'entrepreneur, la valeur des matières reçues. Il est accusé réception de cet envoi au comptable.

L'entrée en magasin des fournitures faites est justifiée comme il est indiqué aux paragraphes V, VI, VII et VII *bis* du présent article.

En cas de paiement d'acomptes, l'ordonnateur déduit des sommes à ordonnancer le montant des pièces de sortie (modèle n° 9) qu'il a reçues.

En fin de marché ou d'exercice, l'entrepreneur produit une facture (modèle n° 2), comme il est prescrit au paragraphe III ci-dessus.

L'ordonnateur y annexe les duplicatas des factures de livraison (modèle n° 9) qu'il a reçues ; il fait le total des sommes qui y sont portées ; il l'inscrit sur la facture de l'entrepreneur à la suite des mandats d'acomptes payés et sous le titre : *Montant des remises de matières détaillées dans les factures de livraison ci-annexées*, et il le déduit de la somme à ordonnancer.

Les copies des factures (modèle n° 9) sont jointes aux pièces destinées à la liquidation de la dépense.

Pour permettre aux comptables qui ont délivré les matières de porter la preuve du remboursement sur les originaux des pièces de sortie mises à l'appui du compte de gestion, avis leur est donné par l'ordonnateur de la date et du numéro du *mandat émis pour solde de la facture* sur laquelle la retenue a été opérée.

Les établissements et les directions qui ont passé des marchés pour conversion de matières appartenant à l'Etat, adressent au Ministre (Bureau administratif intéressé), dans les premiers jours de l'année, un état (modèle n° 13) faisant connaître la quantité et la valeur des vieilles matières cédées, dont les produits de transformation n'ont pas encore été livrés aux établissements réceptionnaires à la date du 31 décembre de l'année précédente. Ces vieilles matières sont décomptées au prix prévu pour elles dans les marchés de conversion.

Les quantités en cours de transformation qui figurent sur les états sont reportées dans les résumés généraux sous la rubrique : *Existant dans les ateliers.*

Artillerie. — Dans le cas où les marchés sont passés par le service des forges, les sous-directeurs des forges font connaître le prix de remboursement des vieilles matières aux établissements livranciers; ceux-ci leur adressent après livraison les trois factures modèle n° 9 (original, duplicata, copie); les sous-directeurs font apposer par les fournisseurs leur récépissé sur les deux premières, puis ils renvoient les originaux aux établissements livranciers. Ils communiquent ensuite à ces établissements la date et le numéro du mandat sur lequel la retenue de la valeur des vieilles matières a été opérée. Ils adressent les expéditions et les copies des factures aux ordonnateurs.

§ VIII *bis. Matières et objets délivrés à des entrepreneurs pour être employés à la confection de matériel neuf.* — Les dispositions du § VIII peuvent être appliquées dans tous les cas où des matières et objets sont délivrés à des entrepreneurs pour être employés dans la confection du matériel neuf, par exemple quand des étoffes sont délivrées à des entrepreneurs contre remboursement pour être converties en effets d'habillement ou de campement.

Le Ministre peut toutefois ne comprendre dans les marchés que le prix de la façon, comme cela a lieu pour les moutures par l'industrie civile.

Pour les moutures, les opérations d'entrée et de sortie ont lieu en fin de mois ou de marché.

Les marchés passés avec l'industrie pour la réparation ou la transformation du matériel ne donnent lieu à aucun mouvement dans les comptes-matières. La délivrance du matériel aux entrepreneurs et la remise faite par eux ne figurent que sur les livres auxiliaires. Si, après transformation, le matériel doit être classé sous un autre numéro de la nomenclature, cette opération donne lieu à l'établissement de certificats administratifs (modèles n°s 6 et 10, 7 et 11).

§ IX. *Achats sans marché payés directement par les comptables.* — Les agents spéciaux des services régis par économie (art. 169 du règlement du 3 avril 1869) sont autorisés à acquitter, au moyen de leurs avances, les achats effectués sur place, sans marché, et qui ont pour conséquence une entrée dans les comptes-matières, lorsque la facture n'excède pas 100 francs. Ils font usage d'une quittance établie en double expédition (modèle n° 2 A) pour les dépenses de 10 francs et au-dessous, et d'une facture (modèle n° 2 B) lorsque le montant de la facture est supérieur à 10 francs.

En fin de mois, le comptable récapitule les livraisons par unité dans un bordereau à talon (modèle n° 4) et il en prend charge comme *reçu de divers*. Il inscrit au même bordereau le montant des payements effectués.

Le bordereau, appuyé des factures et des quittances, est produit au payeur pour justifier de l'emploi des avances ; le talon appuie l'entrée dans les comptes-matières.

La deuxième expédition des pièces de dépense appuie la liquidation.

§ X. *Dispositions spéciales aux achats de chevaux.* — Les paiements de chevaux peuvent être effectués au moyen d'avances. (Décret du 23 septembre 1888.)

Les entrées sont justifiées au moyen des talons des factures d'achat spéciales au service de la remonte.

On y mentionne, s'il y a lieu, la date et le numéro des mandats d'avances sur lesquels les achats sont imputés. ainsi que le numéro du bordereau des pièces et quittances dans lequel la dépense a été comprise.

§ XI. *Versement de pièces d'armes par les corps de troupe.* — Quand le Ministre autorise les corps de troupe à verser les pièces d'armes inutiles, l'opération est justifiée par des factures décomptées (modèles n°s 5 et 9), comme il est indiqué au paragraphe XXI ci-après.

Le corps livrancier est remboursé conformément aux prescriptions du règlement du 30 août 1884.

§ XII. *Appels ou réquisitions à charge de payement.* — Les

Art. 48.

entrées résultant de réquisitions ou d'appels faits à charge de payement sont justifiées par les talons des factures (modèle n° 2) ou, à défaut, par des certificats administratifs (modèle n° 6).

Ces pièces portent décompte de la valeur du matériel et indiquent le mode qui a été adopté pour le payement.

§ XIII. *Réintégration d'un matériel précédemment imputé.* — Quand le Ministre autorise la réintégration en magasin d'un matériel perdu, dont la valeur avait été remboursée par ceux qui en étaient responsables, l'entrée est justifiée par un certificat administratif (modèle n° 6), qui est décompté et sur lequel on mentionne la date et le mode du payement.

Si la réintégration a donné lieu à l'établissement d'un procès-verbal, un extrait en est annexé au certificat administratif.

§ XIV. *Produit des polygones, des jardins et terrains militaires utilisés dans le service.*

a) Pour ceux des terrains de cette nature qui sont cultivés, il est tenu un carnet dont la forme est appropriée à la nature des produits recueillis et sur lequel on en inscrit journellement la quantité et la valeur. Ce carnet est totalisé à la fin de chaque trimestre et l'entrée dans les comptes est justifiée par un certificat administratif (modèle n° 6) portant décompte de la valeur des produits.

Au 31 décembre, il est adressé au Ministre un relevé des certificats trimestriels, pour lui permettre d'en ordonnancer le montant au profit du Trésor.

Le relevé des certificats trimestriels fait connaître, en même temps que la valeur des produits, le montant des frais de culture et de récolte; l'ordonnancement n'est effectué que pour la différence entre ces deux sommes.

b) Quant aux bois et autres produits naturels des terrains militaires, ils ne peuvent être utilisés dans le service qu'en vertu d'une décision spéciale du Ministre qui donne les ordres nécessaires pour assurer l'ordonnancement de la valeur au profit du Trésor.

§ XV. *Versements à titre gratuit ou onéreux, soit entre les services du département de la guerre, soit entre les comptables du même service.* — Tout comptable qui reçoit l'ordre de délivrer ou d'expédier du matériel à un comptable du même service ou d'un autre service établit deux factures de livraison ou d'expédition (modèles n°s 5 et 9).

Quand le comptable réceptionnaire a porté sa prise en charge sur ces deux factures, il met la première à l'appui de ses comptes pour justifier l'entrée et il renvoie la seconde à l'expéditeur pour justifier la sortie.

Si certaines parties du matériel à expédier ont besoin de réparations ou si l'expédition comprend des unités collectives incomplètes, mention en est faite par l'expéditeur dans la colonne d'observations des factures.

Quand le versement du matériel est fait à charge de paiement, les factures sont décomptées d'après les prix fixés par le Ministre ou, à défaut, d'après les prix de nomenclature et l'on y mentionne le mode de remboursement du matériel.

En cas de versement d'un service à un autre, le destinataire doit indiquer, en regard de chaque article, le numéro de la nomenclature sous lequel il figurera dans ses comptes.

Les factures de livraison ou d'expédition du matériel doivent être adressées aux destinataires dans un délai de deux jours au plus après leur date.

Le récépissé de matériel doit être envoyé au comptable livrancier ou expéditeur au plus tard dans un délai de dix jours après la réception du matériel soit en gare, soit en magasin.

§ XVI. *Versements de la réserve de guerre au service courant.* — Les versements faits par la réserve de guerre au service courant par suite de réduction dans la fixation de la réserve de guerre sont appuyés par une facture unique (modèle n° 9 A, couleur chamois) pour *la sortie* à la réserve de guerre et *l'entrée* au service courant.

Cette facture mentionne l'ordonnancement, au profit du Trésor, de la valeur du matériel versé au service courant.

Dans le cas où le matériel ainsi versé a subi une dépréciation, on opère comme il est dit aux articles 8 et 9 de l'instruction.

§ XVII. *Versements entre la réserve de guerre et le service courant ou entre le service courant et la réserve de guerre compensés par des opérations inverses et équivalentes effectuées, par ailleurs, corrélativement.* — Ces versements, effectués en conformité de l'article 9 du décret, sont justifiés par des certificats administratifs, modèles n°s 6 A et 6 B (couleur verte).

§ XVII *bis. Versements du service courant à la réserve de guerre et de la réserve de guerre au service courant pour le renouvellement des approvisionnements.* — L'opération doit se réduire à un simple échange, poids pour poids ou nombre pour nombre, qui se fait sans écritures dans le compte de gestion, mais qui doit figurer sur les registres auxiliaires.

§ XVIII. *Artillerie. — Des versements entre établissements d'une même place.* — On opère comme au paragraphe XV, en cas de versements entre des établissements existant dans la même place.

Toutefois, quand les mouvements ont pour objet une réparation ou une transformation, il n'en est fait écriture que dans des livres auxiliaires.

A cet effet, il est tenu, dans chaque établissement qui ne possède pas d'ateliers, un *carnet des demandes à réparer* (modèle n° 35). Il est ouvert dans les ateliers un *registre des mouvements journaliers* (modèle n° 36); ces registres sont tenus comme il est indiqué à l'article 74.

§ XIX. *Hôpitaux militaires. — Récolte de plantes. — Versements entre le magasin et la pharmacie ou la chirurgie.* — Les récoltes de plantes faites par les soins du pharmacien d'un hôpital ne figurent pas dans les comptes du comptable. Elles sont constatées périodiquement par des certificats administratifs (modèle n° 6) mis à l'appui de la comptabilité du pharmacien.

En ce qui concerne le matériel compris dans les comptes de gestion, les versements faits par le comptable à la chirurgie ou à la pharmacie, et *vice versa*, donnent lieu à des sorties ou à des entrées dans les comptes du comptable. Aux époques fixées par le règlement sur le service de santé, le comptable établit, pour les sorties, des factures (modèles n°ˢ 9 et 5) qui sont revêtues du récépissé du médecin-chef ou du pharmacien et, pour les entrées, un récépissé comptable (modèle n° 1).

Les mouvements entre le magasin, la pharmacie et la chirurgie des matières et objets non compris dans les comptes de gestion sont justifiés conformément aux prescriptions du règlement sur le service de santé.

§ XX. *Versements entre les établissements militaires et les corps de troupe ou les parties prenantes individuelles.* — Les mouvements entre les établissements et les corps de troupe sont justifiés par les mêmes pièces que les versements entre comptables du même service (§ XV).

La livraison du matériel aux parties prenantes individuelles est justifiée par des factures (modèles n°s 5 et 9), et sa réintégration par le talon du récépissé comptable (modèle n° 1) qui leur est remis.

La valeur du matériel non représenté ou mis hors de service est décomptée suivant les règles posées dans l'article 4, § III, ci-dessus.

Le montant des détériorations est évalué d'après les tarifs ministériels ou, à défaut, à prix débattu.

Les imputations sont détaillées dans un état (modèle n° 14), qui est remis à la partie intéressée et qui lui sert à effectuer le versement au Trésor du montant de ces imputations. Le talon dudit état, donnant la preuve du versement, est annexé à la pièce d'entrée mise à l'appui de la comptabilité de l'établissement réceptionnaire.

Artillerie. — Les mouvements entre les établissements et les corps de troupe de l'artillerie et du train des équipages militaires, en ce qui concerne le matériel d'artillerie proprement dit, s'effectuent conformément aux dispositions de l'instruction du 24 octobre 1890.

On se conforme, pour les réparations à faire à ce matériel, aux règles posées au paragraphe précédent, et il est tenu dans chaque corps un carnet modèle n° 35.

Génie. — Les fournitures d'outils et d'objets d'ameublement ou autres faites par le service du génie ont pour objet, soit de pourvoir aux besoins militaires des corps de troupe (art. 75), soit d'assurer l'ameublement et le service des établissements du casernement (art. 76, § III).

Dans le premier cas, les mouvements entre les magasins du génie et les corps de troupe donnent lieu à des *entrées* et à des *sorties* qui sont justifiées par les pièces indiquées au § XV.

Dans le second cas, les mouvements entre les magasins du génie et les établissements du casernement donnent lieu, en fin de trimestre, à des *entrées* et à des *sorties*, qui sont justifiées par des certificats administratifs (modèles n°s 6 et 10).

Habillement et campement. — Lorsque les échanges entre les magasins de campement et les corps de troupe sont assez fréquents pour justifier cette mesure, le comptable est autorisé à délivrer les effets sur bons provisoires des parties prenantes et à en effectuer la réintégration en échange de récépissés provisoires détachés du carnet à souche (modèle n° 3). En fin de mois ou en cas de départ, ces bons et récépissés provisoires sont remplacés par les pièces comptables indiquées ci-dessus.

Remonte. — Quand il s'agit de chevaux cédés à titre onéreux, les officiers qui les reçoivent ayant la faculté de se libérer en deux paiements, la pièce de sortie doit indiquer le deuxième terme assigné pour le paiement.

Le commandant du dépôt ou le corps livrancier réclame, en temps utile, la preuve du deuxième versement qui est inscrite sur la pièce de sortie. Si elle ne lui est pas parvenue au moment de l'arrêté de son compte de gestion, il mentionne la pièce de sortie sur l'état des pièces incomplètes (modèle n° 16).

Service de santé. — Les versements faits par les établissements du service de santé aux corps de troupe, pour les infirmeries régimentaires et vétérinaires, donnent lieu à l'établissement de factures (modèles nᵒˢ 5 et 9). Le matériel qui doit entrer dans leur compte de gestion figure toujours sur des factures distinctes.

Il est passé écritures de ces sorties suivant la forme et aux époques déterminées par le règlement sur le service de santé.

En cas de réintégration, par les corps de troupe, ou autres parties prenantes, de bocaux, fioles et autres récipients réglementaires, la valeur de ce matériel n'est pas remboursée par le service de santé.

Subsistances. — La sortie résultant des distributions de denrées, liquides, combustibles, etc., est justifiée trimestriellement par une facture (modèle n° 9) collective, appuyée des bordereaux de distribution. Le fonctionnaire qui arrête ces bordereaux certifie leur conformité aux bons totaux et bons partiels, quittancés par les parties prenantes.

La sortie résultant des distributions à titre onéreux est justifiée par une facture trimestrielle décomptée qui doit porter la preuve du remboursement du montant de toutes les distributions faites pendant le trimestre.

§ XXI. *Prêts de matériel.* — La délivrance du matériel à titre de prêt, dans les conditions déterminées aux articles 15 et 77 du décret, est une sortie. Elle donne lieu à l'établissement d'une facture (modèle nº 5), qui est remise à la partie prenante, et d'une facture (modèle nº 9), qui appuie la sortie dans les écritures du comptable. Ces deux factures sont décomptées d'après les prix fixés par le Ministre, ou, à défaut, d'après les prix de la nomenclature. La partie prenante y appose son récépissé, auquel elle ajoute la mention suivante : « *Je reconnais en outre que la valeur du matériel dont j'ai pris charge s'élève à la somme de.....* »

Les réintégrations sont justifiées par les talons des récépissés comptables (modèle nº 1) remis aux intéressés. En cas d'imputations, on opère comme il a été spécifié pour les corps de troupe au paragraphe XX, mais en prenant pour base des décomptes les prix indiqués dans la facture de livraison.

Le montant des détériorations est évalué d'après les tarifs ministériels, ou, à défaut, à prix débattu.

Le versement au Trésor est effectué comme il est indiqué au paragraphe précédent.

Si la réintégration n'a pas lieu dans l'établissement livrancier, la partie prenante doit présenter au comptable réceptionnaire la facture de livraison qui lui a été remise. Ce dernier avise immédiatement le comptable qui a fait la délivrance, et cet avis est annexé au registre dont la tenue est prescrite par l'article 15 ci-dessus.

Remonte. — La délivrance de juments poulinières aux cultivateurs et leur réintégration sont justifiées dans la même forme que les prêts.

§ **XXII.** *Matériaux d'emballage.* — On entend par matériaux d'emballage les caisses pleines ou à claire-voie, la toile, la ficelle, le papier. les clous, l'étoupe, etc., à l'exclusion des caisses d'armes, caisses à poudre ou à pain de guerre, couronnes en cordages, sacs ou autres récipients réglementaires, auxquels toutes les dispositions générales concernant le matériel doivent être appliquées.

Les matériaux d'emballage employés à la confection des colis sont inscrits par l'expéditeur au verso des factures (modèles nºˢ 5 et 9).

Il est tenu, dans chaque gestion et dans chaque corps de troupe, un *registre des matériaux d'emballage* (modèle nº 15). L'expéditeur y inscrit les quantités employées pour confectionner les colis ; le réceptionnaire y porte les quantités de matériaux trouvées lors de leur démolition, suivant leur état (bon ou hors de service).

Le livre auxiliaire est totalisé et balancé en fin de trimestre, certifié par le comptable et vérifié par l'autorité chargée de la surveillance. Les résultats de la balance sont reportés sur des certificats administratifs (modèle n° 6 ou modèle n° 10 suivant le cas) qui justifient l'entrée ou la sortie dans les comptes.

L'inscription des entrées au registre des matériaux d'emballage n'a lieu qu'après que les colis ont été démolis et que ces matériaux sont devenus susceptibles de remploi. Ainsi, les étoupes que contiennent les caisses à munitions n'y sont portées que lorsque ces caisses ont été vidées.

Les frais d'emballage entrent dans les dépenses d'exploitation du service livrancier. En conséquence, dans le cas de cession de matériel à charge de paiement entre les services du département de la guerre, la valeur des matériaux d'emballage n'est pas décomptée sur les factures.

Dispositions spéciales aux corps de troupe. — Dans les corps de troupe il n'est tenu qu'un seul registre, sur lequel sont inscrits à leur date, et *sans distinction de service* (1), tous les mouvements des matériaux d'emballage.

En fin de trimestre, les résultats de la balance des entrées et des sorties sont reportés sur des certificats administratifs (modèle n° 6 pour les entrées ou modèle n° 10 pour les sorties). Les quantités que font ressortir ces certificats sont inscrites sur le registre des entrées et des sorties du matériel appartenant au corps dans le compte ouvert à la deuxième portion de l'approvisionnement de la masse d'habillement.

A moins d'ordres contraires, les caisses qui ont servi à l'expédition des effets par les magasins administratifs aux corps de troupe ou qui ont été mises temporairement à la disposition de ces derniers pour des besoins extraordinaires, sont réintégrées sans délai dans les magasins qui les ont fournies. Il est néanmoins passé écri-

---

(1) Les matériaux d'emballage portés sur les factures d'expédition des hôpitaux qui font des envois aux infirmeries ne doivent pas être portés sur la feuille annexée au registre des médicaments et du matériel de ces infirmeries. Les prescriptions du *nota* de la décision du 16 avril 1887 sont abrogées en ce qui concerne les matériaux d'emballage.

ture au registre (modèle n° 15) des entrées et des sorties de ces caisses.

§ XXIII. *Des confections, transformations, démolitions et réparations.* — Toute opération de confection, transformation ou démolition exécutée par les soins des comptables dans les gestions individuelles, donne lieu à une sortie et à une entrée.

Le comptable demeurant responsable du matériel jusqu'à ce qu'il ait justifié de son emploi, l'entrée dans les écritures des produits de l'opération doit coïncider avec la sortie du matériel employé. Les pièces justificatives de l'entrée et de la sortie doivent porter la même date qui est celle de la prise en charge des produits.

L'entrée en magasin du matériel obtenu par les confections, transformations et démolitions et des résidus et issues provenant de ces opérations est justifiée par un certificat administratif (modèle n° 6). La sortie des matières employées pour ces opérations et du matériel à transformer ou à démolir est justifiée par un certificat administratif (modèle n° 10).

Les consommations faites pour réparations sont justifiées mensuellement par un certificat administratif (modèle n° 10). L'entrée en magasin des résidus provenant des réparations est également justifiée en fin de mois par un certificat administratif (modèle n° 6).

Pour être à même de connaître exactement la situation des magasins, tous les mouvements de denrées, matières et objets entre ces magasins et les services, entrepreneurs ou ateliers chargés des confections, transformations, démolitions ou réparations sont immédiatement inscrits sur des livres auxiliaires. Ces livres, dont le nombre et la forme sont déterminés par les règlements spéciaux à chaque service, doivent faire ressortir les quantités employées, les produits obtenus, les issues et résidus, ainsi que le déchet de confection ou transformation.

Dans les services où les règlements ne prescrivent pas de modèle spécial, on fait usage du livre auxiliaire (modèle n° 21).

§ XXIV. *Versements entre les magasins et les ateliers ou autres services chargés de l'emploi du matériel.* — Dans les établissements des services de l'artillerie, du génie et des poudres et salpêtres, les mouvements de toute nature entre le magasin et les ateliers donnent lieu à des entrées ou à des sorties qui sont justifiées conformément aux dispositions de l'article 74 de la présente instruction.

Les sorties de matériaux délivrés pour la construction et la réparation des immeubles et les entrées de matériaux provenant de leur démolition sont justifiées par des certificats administratifs (modèles n° 10 ou n° 6, suivant le cas).

Les certificats de sortie doivent porter la mention de l'ordre ministériel qui a autorisé la délivrance des matériaux ou approuvé le devis sur lequel les matériaux figurent pour mémoire.

Dans les chefferies du génie, les sorties et les entrées auxquelles donne lieu l'emploi, dans les travaux, des matériaux appartenant à l'Etat, sont justifiées par la mention de la décision qui a approuvé le marché ou ordonné l'exécution des travaux en régie.

§ XXV. *Excédents, bonis, déficits, avaries.* — Les excédents et bonis de toute nature, les issues et résidus recueillis dans l'exécution du service, les naissances de bestiaux dans les parcs, les naissances de poulains, donnent lieu à des entrées qui sont justifiées par des certificats administratifs non décomptés (modèle n° 6) mentionnant, le cas échéant, la date des procès-verbaux dans lesquels ils ont été constatés.

Les pertes, avaries, déficits reconnus soit à l'arrivée à destination, soit en magasin, les déchets de conservation, la destruction du matériel sont constatés par un procès-verbal et donnent lieu à des sorties qui sont justifiées par un extrait de procès-verbal (modèle n° 12).

Ces entrées et ces sorties sont passées en écritures immédiatement après la clôture du procès-verbal, sans attendre qu'il ait été statué sur les responsabilités engagées. Quand le chef du service a reçu avis de la décision de l'autorité compétente, il inscrit cette décision sur l'extrait du procès-verbal qui, en cas d'imputation, est complété par la mention du versement au Trésor.

Artillerie, génie et poudres et salpêtres. — Dans le cas de perte des matières et objets dont les ateliers sont détenteurs, le comptable remplace immédiatement, sur l'ordre de l'autorité qui a dressé le procès-verbal, les matières et objets perdus. La sortie dans ses comptes est justifiée par l'extrait du procès-verbal. Le payement des imputations, quand il y a lieu, est poursuivi contre qui de droit.

Si le comptable n'a pas en magasin les ressources nécessaires pour effectuer le remplacement, les matières et objets perdus sont réintégrés *pour ordre* en magasin au moyen d'un bulletin de remise, et le comptable s'en porte immédiatement en sortie au moyen d'un extrait du procès-verbal.

Remonte. — L'abatage des chevaux ordonné par l'autorité militaire est constaté par procès-verbal. La sortie est justifiée par un extrait de procès-verbal (modèle n° 12). En cas d'imputation, cet extrait est complété par la preuve du versement au Trésor de la somme imputée.

Subsistances. — La sortie des denrées employées pour échantillons, dégustation, distributions gratuites aux ouvriers boulangers, la nourriture des chats et chiens de garde est justifiée trimestriellement par un certificat administratif (modèle n° 10).

§ XXVI. *Remises au domaine.* — La sortie du matériel qui est remis au domaine comme n'étant pas susceptible d'être utilisé ou réemployé par conversion est une sortie justifiée par un extrait du procès-verbal de vente (modèle n° 12 *bis*). Les extraits sont établis par service et ils sont certifiés par l'agent des domaines qui a procédé à la vente.

§ XXVII. *Changements dans le classement du matériel. Dislocation d'unités collectives.* — Quand, par suite de mise hors de service ou pour toute autre cause, un matériel doit être classé sous un autre numéro de la nomenclature que celui sous lequel il figure dans les comptes, ce changement de classement donne lieu à l'établissement de certificats administratifs (modèles n°s 7 et 11).

Ces deux pièces doivent porter la même date.

On opère de même quand il s'agit de composer ou de disloquer une unité collective.

§ XXVIII. *Remise de chevaux aux vendeurs pour vices rédhibitoires.* — La sortie est justifiée, dans ce cas, par un certificat administratif (modèle n° 26) revêtu du récépissé du vendeur.

Art. 49 et 50. (Sans observations.)

Emmagasinement du matériel (1).

Art. 51. L'arrangement du matériel est d'une haute importance pour permettre d'en constater l'état et la quantité.

Les autorités chargées de la surveillance des magasins doi-

____

(1) Voir aux annexes la circulaire du 12 avril 1907 relative à l'emmagasinement du matériel de la réserve de guerre.

vent particulièrement porter leur attention sur cette partie du service.

A moins d'impossibilité, la réserve de guerre doit être placée dans des magasins spéciaux.

On doit disposer séparément le matériel détérioré qui ne serait pas immédiatement utilisable, celui qu'on veut proposer pour la réforme, celui qui est hors de service.

Sur chaque groupe, sur chaque pile ou sur chaque travée, il est placé une étiquette qui indique le numéro de la nomenclature, la désignation du matériel et, à tout instant, l'existant dans le groupe, la pile ou la travée.

Les étiquettes concernant le matériel de la réserve de guerre sont de couleur rouge, celles qui se rapportent au matériel du service courant sont de couleur blanche.

Dans les magasins de harnachement, quand les pièces de harnachement ne font pas partie d'unités collectives, on doit arrimer séparément celles qui sont neuves et celles qui ont déjà servi.

Artillerie. — Lorsque, conformément à la nomenclature, l'existant est indiqué au poids ou au volume, on ajoute sur l'étiquette le nombre (1) des objets toutes les fois qu'il doit en résulter plus de facilité pour la constatation des existants.

Il est tenu, en outre, dans tous les établissements, des écritures auxiliaires faisant connaître la répartition et la quantité du matériel par magasin et par emplacement. (Instruction du 31 mai 1891.)

Génie. — Dans les places et dans les établissements du service du génie où le matériel est réparti entre plusieurs magasins ou groupes de magasins séparés, il est tenu un carnet (modèle n° 49) faisant connaître la répartition et la quantité, par magasin et par emplacement, du matériel compris au compte de gestion.

Recensement du matériel.

Art. 52. Toutes les opérations de comptage, métrage, cubage, etc., auxquelles donnent lieu les recensements sont exécutées, sous la direction et la surveillance de l'autorité qui procède aux

---

(1) Quand le matériel pourvu des étiquettes donnant ces indications est livré aux ateliers, les bons provisoires, les relevés (modèle n° 32) et les feuilles d'ouvrage font également connaître le nombre, en même temps que le poids ou le volume.

recensements, par les détenteurs responsables aidés du personnel sous leurs ordres.

Les constatations ainsi effectuées sont définitives.

Quand les recensements sont faits par des commissions d'officiers, les écritures élémentaires relatives à ces opérations sont certifiées par les officiers qui y ont procédé, chacun en ce qui le concerne, et conservées dans les archives de l'établissement.

Différence entre les écritures et les existants.

Art. 53. Si la comparaison entre les résultats de la balance des écritures et ceux du recensement fait ressortir des différences, elles sont constatées dans un procès-verbal rapporté par le chef de service, signé de lui et du comptable (modèle n° 29).

Les excédents ou les déficits sont immédiatement portés en entrée ou en sortie, sans attendre qu'il ait été statué sur les responsabilités encourues.

Le procès-verbal fait connaître les causes présumées des différences, les explications du comptable et les conclusions du rapporteur; il est adressé en deux expéditions au directeur. Celui-ci y joint son avis, s'il n'a pas été lui-même le rapporteur du procès-verbal.

a) Dans les gestions individuelles, quand les manquants à mettre à la charge de l'Etat sont inférieurs à 1.000 francs, et que les conclusions du rapporteur et du directeur sont concordantes, le procès-verbal est approuvé par le directeur. Celui-ci renvoie une expédition à l'autorité qui a rapporté le procès-verbal.

Au commencement du premier mois de chaque trimestre, le directeur envoie au Ministre une expédition des procès-verbaux sur lesquels il a statué pendant le trimestre écoulé. Dans le cas où le Ministre n'approuve pas les décisions prises, il prescrit les modifications qu'il juge utile d'y apporter.

Quand la somme à mettre à la charge de l'Etat atteint 1.000 francs ou quand un des avis tend à une imputation quelconque au comptable, le procès-verbal est transmis en double expédition au Ministre, qui renvoie une des expéditions revêtue de sa décision (1).

b) Dans les gestions collectives, le procès-verbal est toujours soumis en double expédition au Ministre, qui renvoie une des expéditions revêtue de sa décision (1).

---

(1) Quand la somme à mettre à la charge de l'Etat atteint 1.000 francs

c) Quand les recensements sont faits par un officier général ou par les directeurs de l'artillerie ou du génie, les procès-verbaux sont rapportés sur leur invitation par le chef du service ou le chef de l'établissement.

Si les procès-verbaux sont établis par les fonctionnaires du corps du contrôle de l'administration de l'armée, il en est adressé une expédition au Ministre; une autre est remise au chef de service (pour les corps de troupe, au sous-intendant chargé de la vérification des comptes) qui en transcrit les résultats sur un procès-verbal ainsi formulé : « Nous......, vu le procès-verbal rapporté le...... par M......, contrôleur...... de l'administration de l'armée, duquel il résulte, etc., etc. ».

Le chef de service (ou le sous-intendant) se conforme, pour l'établissement de cet acte et pour la suite à y donner, aux prescriptions des premiers alinéas du présent article; il fait porter immédiatement en entrée ou en sortie les différences constatées par le fonctionnaire du contrôle.

Art. 54, 55, 56. (Sans observations.)

Mode de comptabilité.

Art. 57. Les prêts d'un service à l'autre n'étant pas autorisés, tout comptable qui est détenteur du matériel appartenant à d'autres services devient, en principe, comptable de ces services. En conséquence, il tient des écritures distinctes et produit un compte de gestion au titre de chacun d'eux.

Il en est toujours ainsi pour le matériel qui est utilisé par le service détenteur pour ses propres besoins. Dans ce cas, ce service supporte les frais d'entretien du matériel dont il dispose (1). Si un service a fait emploi du matériel mis à sa disposition pour satisfaire à des besoins autres que ceux auxquels le service livrancier

---

ou que l'un des avis émis tend à une imputation, la question est soumise à l'examen de la direction du contrôle et à la décision personnelle du Ministre. Pour des pertes inférieures à 1.000 francs, dans les gestions collectives, il est statué par le directeur du service, à l'administration centrale, lorsqu'aucune autorité n'a conclu à une imputation du comptable.

(1) Cette disposition ne s'applique ni aux corps de troupe, ni aux établissements considérés comme tels, ni aux bureaux de recrutement en ce qui concerne le matériel du service de santé, ni au matériel cédé au service du génie d'une manière définitive par d'autres services, comme les explosifs livrés par le service de l'artillerie, etc.

doit normalement pourvoir, il supporte, outre les frais d'entretien, le montant de la perte ou de la moins-value, quelle qu'en soit la cause, même dans le cas de force majeure (1).

La surveillance, ainsi que la vérification et l'arrêté des écritures et des comptes sont assurés par les mêmes autorités que pour le matériel appartenant au service détenteur.

Quand ce dernier n'utilise pas pour ses besoins le matériel et qu'il l'a simplement en dépôt, ce matériel est maintenu dans les comptes des comptables des services auxquels il appartient (2). Les détenteurs sont constitués gérants d'annexe au titre de chacun d'eux.

Il en est ainsi notamment :

1° Pour les denrées et les objets mobiliers du service des subsistances confiés à la garde d'entrepreneurs ou de corps de troupe;

2° Pour les effets d'équipement, objets de campement et accessoires divers (étuis de revolver, caisses, cantines, brassards, livrets de peloton, de section, d'escouade, etc.) entreposés dans les établissements de l'artillerie, du génie, du service de santé, des subsistances, ainsi que dans les bureaux du recrutement ;

3° Pour les effets d'habillement ou de campement délivrés, dès le temps de paix, aux services des douanes, des télégraphes et des forêts. Des agents de ces administrations, désignés à cet effet, sont constitués gérants d'annexes du magasin d'habillement de la région.

La surveillance du matériel en dépôt, la vérification et l'arrêté des écritures sont assurés par les autorités chargées de la direction des services auxquels le matériel appartient. Les représentants locaux des services intéressés se concertent, quand il y a lieu, pour l'exécution des opérations que peut exiger la surveillance.

Les armes délivrées au service du génie pour être remises à certains employés de ce service continuent à figurer dans le

---

(1) Exemple : Emploi de tentes délivrées par le service du campement aux services de l'artillerie et du génie, pour abriter des outils, des matériaux, etc. Les pertes et moins-values sont supportées par ces derniers services.

(2) Cette disposition n'est pas applicable aux établissements des poudres. Dans ces établissements, les comptables, détenteurs du matériel appartenant à d'autres services, doivent tenir et produire des comptes de gestion distincts au titre de chacun d'eux.

compte de gestion de la place comptable d'artillerie la plus voisine de la chefferie à laquelle les employés appartiennent. L'officier d'administration comptable de cette chefferie est considéré comme gérant d'une annexe de la place comptable d'artillerie.

Les effets d'équipement délivrés aux services de l'artillerie et du génie pour être remis à certains employés de ces services continuent à figurer dans le compte de gestion du magasin de l'habillement de la région. L'officier d'administration de l'artillerie et du génie comptable de la place à laquelle appartiennent les employés est considéré comme gérant d'une annexe de ce magasin.

Registres à tenir.

Art. 58. § I. a) *Registre-journal.* — Les pièces justificatives des entrées et des sorties sont enregistrées au registre-journal modèle A suivant l'ordre chronologique des dates auxquelles elles sont établies. Elles reçoivent un numéro d'ordre d'après leur rang d'inscription sur ce registre. La série des numéros d'ordre est unique pour les opérations à charge et à décharge du service courant et de la réserve de guerre; elle se continue du 1er janvier au 31 décembre.

En ce qui concerne les sorties, dès que le comptable a reçu le récépissé délivré par le réceptionnaire, il en inscrit la date dans une colonne ouverte à cet effet et c'est sous cette date que l'opération est portée au compte de gestion. Il inscrit, pour mémoire, dans la colonne d'observations, la date à laquelle le récépissé lui est parvenu.

Si le récépissé d'une expédition ou d'une livraison faite avant le 31 décembre n'est donné que l'année suivante, l'expéditeur en porte la date comme il est prescrit ci-dessus. Mais il inscrit, en outre, sommairement l'expédition sous un nouveau numéro dans le journal de l'année dans laquelle le récépissé a été délivré.

Si, à l'arrivée à destination d'un matériel expédié, il est constaté entre la facture d'expédition et les quantités reconnues une différence imputable à l'expéditeur, et si, par suite, le récépissé délivré ne concorde pas avec les factures, les inscriptions relatives aux quantités sont rectifiées à l'encre rouge et mention est faite dans la colonne d'observations de la date du procès-verbal qui a motivé la rectification. Cette mention est signée par l'autorité chargée de la surveillance de la gestion.

Le registre-journal est certifié par le gestionnaire le 31 décembre de chaque année et visé par le chef du service.

Il est passé un trait à l'encre au-dessous du certifié de fin d'année ou de gestion, et les écritures de la nouvelle gestion commencent immédiatement au-dessous de ce trait sur le même registre jusqu'à ce qu'il soit achevé, de telle sorte qu'il n'y ait jamais de ligne en blanc entre les écritures de deux années ou de deux gestions.

b) Compte de gestion. — Le compte de gestion modèle B (pour les corps de troupe modèle B[1]) est tenu en simple expédition.

Les opérations relatives au service courant et à la réserve de guerre y sont inscrites distinctement.

Un compte spécial y est ouvert pour chaque unité détaillée, en suivant l'ordre des numéros de la nomenclature. On réserve, pour chacun de ces comptes, un nombre de lignes proportionné au nombre présumé des inscriptions à faire.

Tous les articles inscrits au registre-journal doivent être immédiatement reportés au compte de gestion, à l'exception des sorties pour cause de livraison ou d'expédition de matériel. Ces sorties ne sont inscrites au compte de gestion qu'après que le comptable a reçu le récépissé du réceptionnaire. Elles y sont portées sous la date de ce récépissé, à la suite de la dernière inscription faite et sans qu'on doive se préoccuper des interversions qui peuvent se produire au compte de gestion soit dans les dates, soit dans les numéros des pièces justificatives.

Le libellé des écritures doit être clair et précis, sans grattages ni surcharges ; en cas de rature, la partie biffée doit demeurer lisible.

Le compte de gestion est ouvert au 1er janvier de chaque année et il est clos le 31 décembre.

Le 1er janvier, le comptable y inscrit dans les colonnes « d'entrée » du service courant, d'une part, et de la réserve de guerre, d'autre part, la reprise de l'inventaire au 31 décembre précédent. Ces inscriptions sont provisoirement faites au crayon et elles ne sont passées à l'encre qu'après que le compte de gestion de l'année précédente a été arrêté par l'autorité chargée de la surveillance locale.

Après inscription de toutes les opérations terminées au 31 décembre, le compte de gestion est totalisé par unité détaillée distinctement pour le service courant et la réserve de guerre.

La différence entre les totaux inscrits respectivement dans

les colonnes « entrées » et « sorties » est portée (service courant et réserve de guerre distinctement) dans la colonne « existants au 31 décembre ». Le prix de nomenclature est appliqué au total des « entrées », des « sorties » et des « existants au 31 décembre ».

Les décomptes en argent sont totalisés par chapitre de la nomenclature et récapitulés à la fin du compte de gestion.

Les décomptes sont arrondis en francs, les fractions de francs égales ou supérieures à 50 centimes étant comptées pour un franc, les autres étant négligées.

En cas de mutation de comptable dans le cours d'une année, il est procédé comme il est indiqué à l'article 59.

c) *Registre du matériel prêté* (modèle C). — Les prêts sont inscrits distinctement selon qu'ils affectent le service courant ou la réserve de guerre.

§ II. *Comptabilité des annexes.* — Quand les gérants d'annexe appartiennent au personnel du même service que le matériel confié à leur garde, les écritures à tenir sont déterminées par les règlements particuliers à ce service ou par les dispositions spéciales insérées dans la présente instruction. Dans le service du génie, il est tenu des listes de recensement (modèle n° 46).

Quand les annexes d'un corps de troupe ou d'un établissement sont gérées par des personnels n'appartenant pas au corps de troupe ou au service, le mode de comptabilité est celui qui est prescrit par les règlements spéciaux. A défaut, les gérants d'annexes tiennent les écritures suivantes :

1° Un registre-journal (modèle n° 47) des entrées et des sorties;

2° Un inventaire permanent (modèle n° 48).

Les comptables des corps ou établissements dont dépendent les annexes tiennent pour chacune d'elles un double de ces registres.

Dans les cinq premiers jours de chaque trimestre, les gérants d'annexe adressent au comptable un extrait de l'inventaire permanent indiquant, pour chacune des unités qui ont fait mouvement dans le trimestre précédent, le chiffre des existants au dernier jour de ce trimestre.

Le comptable vérifie cet extrait, s'assure de la concordance de ses écritures avec celles du gérant, demande, s'il y a lieu, des explications à ce dernier et lui renvoie l'extrait revêtu de son visa de vérification, le 15 du même mois au plus tard.

§ III. *Couchage auxiliaire.* — Dans les places annexes, il est tenu :

1° Un registre-journal des entrées et des sorties (modèle 47 A);

2° Un inventaire permanent (modèle 48).

Dans la place principale il est tenu :

A. — Pour le matériel existant dans la place même, les registres prescrits pour les annexes, savoir :

1° Un registre-journal modèle 47 A ;

2° Un inventaire permanent modèle 48.

B. — Pour le matériel existant dans les annexes :

Un registre de comptes courants modèle 47 B.

Aucune distribution n'est faite que sur la production d'un bon établi par la partie prenante portant son reçu et le visa du sous-intendant militaire chargé de la surveillance administrative du magasin distributeur.

Aucune réintégration n'a lieu qu'appuyée d'un bulletin de versement établi par la partie qui verse et visé par le même sous-intendant.

Les bons de distribution et les bulletins de versement sont conservés par les gérants d'annexe, qui établissent dans les vingt-quatre heures et font signer par les intéressés les factures d'entrée et de sortie, qu'ils envoient ensuite au comptable pour être mises à l'appui du compte de gestion du magasin principal.

Dans les deux premiers jours de chaque mois, pour le mois précédent, il est fourni, savoir :

Par les gérants d'annexes, une situation modèle 48 A en deux expéditions ;

Par le comptable du magasin principal, pour le matériel de la place, une situation modèle 48 A en une expédition ;

Par les corps de troupe, une situation modèle 48 B du matériel confié à leur garde.

Ces situations sont adressées aux sous-intendants militaires chargés de la surveillance administrative des magasins distributeurs ; les situations 48 A sont appuyées des bons de distribution et des bulletins de versement, en vue de permettre les vérifications par les sous-intendants.

Les sous-intendants vérifient les situations et s'assurent que les quantités figurant au titre de chaque corps, à la quatrième page des situations 48 A des magasins distributeurs, concordent avec celles portées sur les situations 48 B des corps. Ils provoquent, s'il y a lieu, les explications et redressements nécessaires, transmettent, le 10 de chaque mois au plus tard, les deux expéditions de chacune des situations 48 A au magasin principal, puis renvoient aux gérants d'annexes et au comptable les bons de distribution et les bulletins de versement mis à l'appui des situations; ils conservent dans leurs archives les situations 48 B des corps de troupe.

Le comptable du magasin principal s'assure que les situations 48 A des annexes sont en concordance avec ses écritures et certifie cette concordance sur l'une des expéditions qu'il renvoie aux gérants d'annexe dans un délai de huit jours.

Lorsque du matériel de campement (tentes, outils, etc.) est mis provisoirement à la disposition des corps de troupe pour leur usage (tirs de combat, écoles à feu, etc.), les comptes de ce matériel sont suivis sur les mêmes registres que ceux spéciaux au matériel de couchage auxiliaire et de la même manière; ce matériel est inscrit à la suite de celui du couchage auxiliaire, tant sur les registres que sur les situations 48 A et 48 B.

Les fonctionnaires de l'intendance chargés de la surveillance administrative des annexes et des corps de troupe doivent effectuer des recensements dans les magasins des corps et annexes; les résultats de ces opérations sont relatés en tête des registres sur lesquels le matériel est inscrit.

Les remises et les reprises de service sont effectuées d'après les prescriptions de l'article 40 et du renvoi 1 de cet article.

IV. *Livres auxiliaires*. — La présente instruction donne la nomenclature des registres fondamentaux et auxiliaires dont la tenue est obligatoire dans tous les services.

La nature et la forme des écritures intérieures destinées à permettre de suivre le matériel dans tous ses mouvements sont déterminées par les instructions spéciales à chaque service en raison de l'organisation et du fonctionnement des établissements qui en dépendent.

V. *Cote des livres*. — Les livres de la comptabilité réglementaire et auxiliaire sont cotés et paraphés par l'autorité chargée de la surveillance du service.

VI. *Durée de conservation des documents de comptabilité*. — Les registres fondamentaux et auxiliaires, ainsi que les écritures intérieures, et la comptabilité des ateliers et services d'exploitation qui fait l'objet de l'article 74 ci-après, doivent être conservés dans les archives pendant les dix années qui suivent celle pendant laquelle la dernière inscription a été faite sur ces documents.

La durée de conservation doit être prolongée dans les cas visés par la circulaire ministérielle du 13 novembre 1902 (1).

Les directeurs et chefs de service peuvent, en outre, prescrire de conserver au delà de dix ans, et même indéfiniment, les documents pour lesquels cette mesure leur paraîtrait utile.

Durée des livres.

Art. 59. L'article 59 du décret prescrit que les opérations relatives à chaque gestion doivent être décrites séparément dans les comptes. D'autre part, ce même article permet de ne pas renouveler à la fin de chaque année la minute du compte de gestion. Afin de concilier ces deux prescriptions, il importe d'entourer de garanties particulières l'arrêté du compte qui doit être fait à chaque fin d'année ainsi qu'à chaque changement de comptable.

En fin d'année, il est procédé comme il est dit à l'article 58.

En cas de changement de comptable, il est procédé comme il est dit ci-après. Après avoir inscrit toutes les opérations relatives à sa gestion, y compris les entrées et les sorties résultant des différences de quantités ou de classement, et celles prescrites lors de la remise du service, le comptable sortant totalise à l'encre rouge les colonnes d'entrées et de sorties (service courant et réserve de guerre) en regard du titre *Remise de service*. La balance est également portée à l'encre rouge dans les colonnes des existants (SC et RG).

Le comptable entrant inscrit à la suite les entrées et sorties effectuées par lui et les ajoute, en fin d'année, aux totalisations à l'encre rouge de la remise du service sans tenir compte des quantités inscrites par son prédécesseur.

Pour les numéros détaillés qui n'ont pas subi de mouvements, le comptable entrant se borne à ajouter après la reprise d'inventaire au 1er janvier précédent les mots « et de service ».

Les directeurs locaux, chefs d'établissements ou sous-intendants militaires chargés de la vérification des comptes, veillent tout particulièrement à l'exactitude des arrêtés et des reprises.

On indique, sur la première page du compte, les noms des comptables qui se sont succédé dans l'établissement, avec la date de leur entrée en fonctions. Le comptable sortant signe, à la dernière page, la mention suivante : « *Certifié véritables les inscriptions faites au présent compte du....... au....... »*

---

(1) Circulaire abrogée et remplacée par celle du 18 janvier 1908. (*B. O.*, p. 56.)

Les numéros d'ordre des pièces justificatives ne forment qu'une série du 1er janvier au 31 décembre sans distinction de comptables.

La faculté accordée par l'article 59 du décret de faire durer pendant plusieurs années la minute du compte de gestion augmente le volume de ce document, à raison du plus grand nombre d'inscriptions qui y sont faites. On peut le diviser en plusieurs registres, dont le renouvellement ne s'imposera pas, en général, simultanément.

Il est réservé, à la fin de chaque numéro sommaire et de chaque chapitre, une fraction de page, une page entière ou même plusieurs pages, pour recevoir l'inscription du matériel n'existant pas dans l'établissement et qui viendrait à y être constitué, ainsi que le report des unités détaillées pour les mouvements desquelles l'espace réservé deviendrait insuffisant dans le courant d'une année.

Le renouvellement d'un des volumes du compte de gestion peut être fait à n'importe quelle époque ; mais il est obligatoire au 1er janvier de l'année qui suit celle où, par suite de l'insuffisance des espaces réservés, les numéros sommaires et détaillés figurant dans le volume en question ne se présentent plus dans l'ordre normal de la nomenclature.

Libellé des écritures.

Art. 60. Conformément aux prescriptions de l'article 48 du décret, concernant les pièces justificatives, les grattages et les surcharges sont formellement interdits sur les registres de toute nature et, en cas de rature, les parties biffées doivent rester lisibles.

En outre, aucune rectification ne peut être faite par rature, par envoi ou en interligne sur les registres-journaux et sur les livres auxiliaires, qui sont les éléments authentiques de la comptabilité, sans être certifiée par le comptable et approuvée par le chef du service ou son délégué.

Art. 61. (Sans observations.)

Vérification et arrêté du compte de gestion.

Art. 62. Dans le but d'arriver à produire au Ministre des comptes plus exacts, le décret oblige l'autorité chargée de la surveillance du service, à vérifier l'expédition du compte de gestion destinée au Ministre.

Cette vérification locale doit être faite respectivement par les directeurs, dans l'artillerie, le génie, le service de santé et le service des poudres ou par les sous-intendants chefs de service ou chargés de la vérification des comptes.

Leur attention est appelée d'une manière spéciale sur l'importance de cette vérification, qui aura pour résultat d'éviter les nombreuses correspondances auxquelles donne lieu le redressement des erreurs par l'administration centrale.

Les observations faites à la suite des vérifications locales sont consignées dans des feuilles de vérification (n° 79 de la nomenclature des imprimés).

Après avoir été complétées par les explications du comptable (1) et les décisions des autorités administratives chargées de la vérification prescrite ci-dessus, ces pièces demeurent annexées à la minute des comptes de gestion, qui doivent être rectifiés en conséquence, pour permettre de rechercher l'origine et les causes des rectifications ainsi faites sur cette minute.

Une copie de ces feuilles de vérification est mise à l'appui de l'expédition adressée au Ministre.

Les directeurs et sous-intendants militaires sont personnellement responsables des grattages, des surcharges et de toute autre altération qui seront relevés sur les comptes de gestion et sur les pièces justificatives mises au soutien de ces comptes.

Envoi des comptes au Ministre.

Art. 63. L'expédition des comptes de gestion est adressée au Ministre par l'autorité chargée de la vérification aux dates fixées par des décisions ministérielles spéciales et, *au plus tard*, dans les délais indiqués à l'article 63 du décret.

Les pièces justificatives qui y sont annexées sont classées, suivant leur numéro d'ordre, dans des bordereaux qui indiquent seulement le nombre des pièces qu'ils renferment. Ces bordereaux sont de la même couleur que les pièces.

Cet envoi est accompagné du relevé modèle n° 50 dont

---

(1) Dans le service de santé le médecin-chef consigne son avis en regard des explications données par le comptable.

l'établissement est prescrit par le paragraphe V des articles 8 et 9 ci-dessus.

S'il y a eu mutation de comptable dans le courant de l'année, le procès-verbal d'inventaire est placé en tête des pièces justificatives.

Dans le cas où le comptable a été momentanément remplacé par un fondé de pouvoirs, copie de la procuration est également placée en tête des pièces justificatives.

L'état du matériel prêté, à joindre au compte de gestion, est conforme au modèle n° 18 (1).

Afin de permettre au Ministre de connaître la valeur des entrées faites pendant le mois de janvier au titre de l'exercice précédent, l'expédition des comptes de gestion est accompagnée d'un relevé des entrées effectuées à ce titre. Ce relevé, extrait du compte de gestion de l'année courante, est établi par le comptable et vérifié par l'autorité chargée de la surveillance du service.

Vérification ministérielle.

Art. 64. Les erreurs relevées par la vérification ministérielle sont portées à la connaissance du comptable. Quand le Ministre a reçu les explications de l'intéressé, suivies de l'avis des chefs de service et des autorités chargées de la vérification des comptes (2), il opère d'office sur le compte vérifié les rectifications nécessaires et il prescrit de les effectuer sur la minute laissée entre les mains du comptable. Sa décision demeure annexée à cette minute.

Si les rectifications ont pour résultat de modifier le chiffre des existants au 31 décembre, elles ne sont faites sur le compte vérifié qu'autant qu'elles peuvent être notifiées au comptable dans le cours de l'année qui suit celle du compte. Dans ce cas, le comptable rectifie immédiatement, sur la minute du compte de cette année, le chiffre des reprises au 1er janvier.

Mais il y aurait de graves inconvénients à opérer ainsi quand les erreurs ne sont relevées qu'après que les comptes des années suivantes ont été produits. En conséquence, si les redressements

---

(1) Un extrait de l'état du matériel prêté concernant les armes portatives est adressé au Ministre (3e Direction, 2e Bureau, 4e Section) du 1er au 5 janvier.

(2) Dans le service de santé, le médecin-chef consigne son avis en regard des explications données par le comptable.

ne peuvent être prescrits dans le courant de l'année qui suit celle du compte vérifié, il est établi par service (service courant et réserve) deux feuillets de rectification (modèle n° 55), l'une pour les entrées, l'autre pour les sorties. Elles sont transcrites sur l'expédition du compte vérifié et adressées à l'autorité chargée de la surveillance du service, qui les fait copier à la suite de la minute conservée par le comptable et qui fait inscrire dans le compte de la gestion courante les entrées et les sorties prescrites. Les feuilles de rectification sont mises, comme pièces justificatives, à l'appui de ce dernier compte.

Résumés généraux.

Art. 65. L'état récapitulatif du matériel prêté, qui doit être annexé aux résumés généraux (modèle D), est établi conformément au modèle n° 19, par les soins de l'administration centrale.

Sur les résumés généraux, après avoir inscrit et totalisé par chapitre la valeur des entrées, des sorties et des existants portés aux comptes de gestion, on porte dans la colonne des existants la valeur :

Du matériel prêté et non réintégré au 31 décembre ;

Du matériel dans les corps de troupe ;

Du matériel des armées actives ;

Du matériel existant dans les ateliers au 31 décembre.

Ces valeurs sont ajoutées au total du chapitre pour les comptes de gestion, et l'on obtient ainsi le total général de la valeur du chapitre.

Art. 66 à 73 inclus. (Sans observations.)

Comptabilité de l'emploi des matières de consommation et transformation.

Art. 74. *Objet de la comptabilité.* — La comptabilité de l'emploi des matières a pour principal objet de justifier de la bonne et économique exécution de la gestion et de permettre de comparer les résultats obtenus dans les divers établissements.

Pour atteindre ce but, il est nécessaire que les procédés de comptabilité soient partout identiques et que les comptes fassent ressortir toutes les dépenses de matières et de main-d'œuvre.

Au moyen de ces éléments et en tenant compte des charges spéciales qui entrent dans les calculs de la fabrication industrielle (frais généraux du personnel dirigeant, intérêts des capitaux, amortissement des bâtiments et machines, bénéfice, etc.), il est possible de faire, le cas échéant, les rapprochements qu'on juge utiles entre les résultats donnés par le travail en régie et les prix demandés par l'industrie.

La comptabilité de l'emploi des matières est régie dans chaque service par les dispositions suivantes :

Service de l'artillerie.

§ I. *Prix des matières et objets de consommation.* — Dans les écritures des ateliers et services d'exploitation, la valeur des matières et objets de consommation est décomptée de la manière suivante :

1º Les matières spécialement achetées pour une commande sont évaluées au prix réel d'achat ;

2º Les matières prélevées sur les approvisionnements sont évaluées à des prix fixés par le conseil d'administration, sur la proposition du sous-directeur et d'après les cours commerciaux. Ces fixations sont revisées tous les six mois et plus souvent, en cas de variations notables dans les cours ;

3º Les menus objets de consommation peuvent être décomptés aux prix de la nomenclature, quand ces prix se rapprochent assez sensiblement de ceux du commerce.

§ II. *Travaux à exécuter dans les divers établissements.* — Les travaux du service de l'artillerie consistent en travaux de confection, de fabrication, de transformation, confiés, en principe, aux établissements producteurs (ateliers de construction, manufactures d'armes, etc.) et en travaux de manutention, d'entretien et de réparation du matériel en service et en magasin, qui sont communs à tous les établissements, mais plus particulièrement spéciaux aux places comptables et aux écoles.

§ III. *Des ordres d'exécution des travaux et des états de prévision.* — L'ordre d'entreprendre un travail est donné par le Ministre aux directeurs des établissements.

Quand cet ordre se rapporte à la fabrication d'un matériel qui donne lieu, dans les essais ou épreuves, à la consommation d'une certaine partie des produits de la fabrication, les quantités indiquées dans l'ordre sont celles des matières ou objets bons pour le service qui doivent entrer définitivement en magasin en dehors des consommations faites dans les essais.

En principe, chaque établissement reçoit, avant la fin de l'année, les ordres pour les travaux à exécuter au cours de l'année suivante.

Tout ordre donne lieu, avant d'être mis à exécution, à la production d'un état de prévision qui indique séparément la valeur de la main-d'œuvre, la quantité et la valeur des matières à employer et la part des frais généraux afférents à l'exécution du travail.

Les états de prévision sont soumis à l'approbation du Ministre.

Après approbation de ces états, les établissements, sans autre autorisation et jusqu'à concurrence des sommes qui y sont portées, engagent les dépenses de main-d'œuvre et mettent en consommation les matières qui peuvent être prélevées sur les approvisionnements ou obtenues au moyen des marchés annuels. Ils se conforment aux instructions concernant les achats, pour se procurer les matières qui feraient défaut ainsi que celles qui seraient destinées à reconstituer les approvisionnements.

§ IV. *Des commandes et de leur notation.* — Pour l'exécution des ordres ministériels, les directeurs émettent des commandes, qui sont enregistrées par le sous-directeur sur un répertoire (modèle n° 30).

Les commandes se distinguent en commandes principales et en commandes partielles.

a) COMMANDES PRINCIPALES. — Les commandes principales sont de deux sortes : les commandes spéciales et les commandes annuelles.

Les commandes spéciales se rapportent à l'exécution d'un travail dont la nature et la quantité sont nettement spécifiées par l'ordre d'exécution. (Exemples : 50,000 obus à mitraille de 90 ; — 20 affûts de mortier de 220 ; — 500 roues n° 2 de campagne, etc.)

Les commandes annuelles se rapportent à des travaux dont la période d'exécution embrasse l'année entière.

Sont l'objet de commandes annuelles :

1° Les frais généraux d'établissement, comprenant les dépenses en personnel et en matières, et toutes autres occasionnées par la marche générale de l'établissement, en dehors de toute production (1) (concierges, commis, hommes de peine, charretiers; balayage des rues et cours; frais de voirie; blanchissage et raccommodage des effets de travail; transports intérieurs; fourniture d'eau et de gaz pour l'éclairage; éclairage et chauffage des bureaux (2); entretien des horloges et des instruments de pesage; entretien et remplacement des meubles, objets et outils pour le service général; nourriture, entretien et remplacement des chevaux, des chiens, des chats, etc., etc.).

Le 1er octobre de chaque année, les directeurs soumettent à l'approbation du Ministre (3e Direction, 2e Bureau, 1re Section) un état détaillé des dépenses qu'ils proposent d'imputer aux frais généraux d'établissement de l'année suivante, en tenant compte uniquement de l'objet de ces dépenses, tel qu'il est indiqué ci-dessus, et non de l'origine des crédits sur lesquels elles ont pu être imputées les années précédentes (3);

2° Les frais généraux d'usine, comprenant les dépenses en main-d'œuvre et en matières et toutes autres qui sont occasionnées par l'ensemble de la fabrication, sans pouvoir être appliquées directement à aucun atelier ou chantier (1) (primes et journées de travail des dessinateurs et surveillants généraux; salaires des mécaniciens, chauffeurs, ouvriers et manœuvres employés en dehors des ateliers pour la fabrication, ainsi que pour la conduite, le chauffage et l'entretien des machines communes à plusieurs ateliers; consommation des matières pour le même objet; entretien et remplacement des transmissions, des outils et des objets de toute nature employés au service général de la fabrication, etc., etc.).

---

(1) Les énumérations qui suivent ne sont données qu'à titre d'indication générale.

Le sous-directeur ou le commandant de l'artillerie établit, chaque fois qu'il n'en résulte pas de complication dans les écritures, une judicieuse répartition des frais de blanchissage et de raccommodage des effets, des transports intérieurs, etc., entre la commande des frais généraux d'établissement et celle de l'entretien du matériel (alinéa 4° ci-après).

(2) Autres que ceux qui, d'après les instructions en vigueur, sont à la charge des frais de service des directeurs.

(3) Cet état, établi seulement en vue de donner certains renseignements à l'administration centrale, n'a pas le caractère d'un état de prévision : l'approbation qui en est donnée ne comporte aucune autorisation de dépense et porte seulement sur la nature et la classification des dépenses qui peuvent être imputées aux frais généraux d'établissement.

Cette commande n'est émise que dans les établissements producteurs, où il existe plusieurs ateliers importants dont le travail est spécialisé;

3° Les frais généraux d'atelier, comprenant les dépenses communes en main-d'œuvre et en matières et toutes autres qui sont occasionnées par le fonctionnement de chaque atelier, sans pouvoir être avec certitude appliquées directement à aucune commande (1) (primes et journées de travail des contremaîtres, surveillants, dessinateurs et manœuvres attachés à l'atelier; consommation de charbon de forge, d'huile, etc.; conduite, chauffage et entretien des machines motrices spéciales à l'atelier; entretien et remplacement des machines-outils, outillages et outils de main d'un usage général dans l'atelier, etc., etc.);

4° La manutention, l'entretien et la réparation du matériel de l'établissement (2);

5° La réparation du matériel d'un autre établissement (3);

6° La réparation à charge de paiement du matériel entre les mains des corps de troupe ou d'autres services (4);

7° L'exécution des menues confections successivement ordonnées par le Ministre, c'est-à-dire de celles dont les états de prévision ne dépassent pas 300 francs (5);

8° La démolition du matériel, sauf dans le cas où, en raison de l'importance de l'opération, le Ministre prescrit d'en faire l'objet d'une commande spéciale;

9° La confection d'un matériel qui donne ordinairement lieu à plusieurs ordres successifs du Ministre pendant le cours de l'année (Exemples : confection de cartouches, de fusées pour obus, etc.), alors même que la dépense est imputable sur des chapitres différents du budget (6).

b) COMMANDES PARTIELLES. — Les commandes partielles sont

---

(1) Il n'est pas émis de commande pour frais d'atelier quand un atelier est spécialement chargé d'un seul travail, par exemple pour les ateliers de nettoyage des armes portatives, de graissage du harnachement, etc.

(2) Les commandes sont distinctes par nature de matériel : matériel d'artillerie et des équipages militaires; armes portatives; harnachement.

(3) Les commandes sont distinctes par établissement et par nature de matériel.

(4) Il est émis une commande annuelle au titre de chaque corps ou service.

(5) Il est émis une commande par chapitre du budget.

(6) La répartition de la dépense entre les chapitres du budget est faite dans le compte rendu (§ XXI).

faites par les directeurs, quand il est nécessaire, pour assurer l'exécution des commandes principales.

Par exemple :

1° Pour la confection d'objets finis ou la fabrication de matières intermédiaires qui doivent entrer dans la composition d'un matériel faisant l'objet d'une commande principale (débit des bois pour l'exécution d'une commande de roues ou de voitures ; fabrication de fusées pour une commande d'obus ; confection de tables pour les bureaux ; fonte d'objets en bronze (1), etc.) ;

2° Pour chaque demande de réparation du matériel ;

3° Pour chaque menue confection à exécuter, etc.

c) NOTATION DES COMMANDES. — Les commandes principales sont désignées par leur numéro d'inscription sur le répertoire (modèle n° 30).

Celles qui ne sont pas terminées au 31 décembre sont inscrites au répertoire (modèle n° 30) de l'année suivante sous le nouveau numéro d'ordre que leur fait attribuer leur tour d'inscription. Ce numéro est suivi, sur le répertoire et sur toutes les pièces relatives à la commande, de la mention suivante : (*suite de la commande n°   de 190   ).

Exemple: La commande principale n° 15, non terminée au 31 décembre 1902 et inscrite à nouveau au répertoire de 1903 sous le n° 12, a pour notation en 1903 : « *Commande n° 12 (suite de la commande n° 15 de 1902)* ».

Les commandes partielles portent le même numéro d'ordre que la commande principale à laquelle elles se rattachent. On y ajoute un chiffre indiquant le numéro d'ordre de la commande partielle.

Exemple: Pour la commande principale n° 15, les commandes partielles ont pour notation 15^1, 15^2, 15^3, 15^4, etc.

Les commandes partielles non terminées au 31 décembre sont notées pour l'année suivante sous le nouveau numéro d'ordre de la commande principale à laquelle elles se rattachent On y ajoute un indice, comme il est dit ci-dessus, et on fait suivre de la mention suivante : (*suite de la commande particlle n°   de 190   ).

---

(1) Quand il y a lieu de confectionner des objets finis ou de fabriquer des matières intermédiaires identiques pour plusieurs commandes principales, il peut n'être fait, pour l'ensemble du travail, qu'une seule commande partielle rattachée à l'une des commandes principales. Les produits non utilisés pour cette commande sont remis en magasin (§ VIII) et leur valeur est défalquée du compte de la commande (tableau D des feuilles d'ouvrage).

Exemple : si, parmi les commandes partielles 15^1, 15^2, 15^3, 15^4, les commandes 15^2 et 15^3 ne sont pas terminées au 31 décembre 1902, et que la commande principale porte au répertoire de 1903 le n° 12, elles ont pour notation en 1903 : « *Commande partielle n° 12^1 (suite de la commande partielle n° 15^2 de 1902), et Commande partielle n° 12^2 (suite de la commande partielle n° 15^3 de 1902)* ».

d) Transmission des commandes. — Les commandes sont notifiées aux officiers ou employés militaires chargés de la direction des travaux, qui en tiennent enregistrement.

§ V. *Des comptes de commandes.* — Chaque commande principale donne lieu à l'établissement d'un compte distinct dans lequel sont relevées toutes les dépenses qui résultent de son exécution, savoir :

1° Les frais de main-d'œuvre ;

2° La valeur des matières et objets employés ;

3° Une part proportionnelle des frais généraux d'établissement, d'usine et d'atelier ;

4° Toutes les dépenses autres que celles indiquées ci-dessus, qui peuvent être avec certitude appliquées à la commande.

On ne comprend pas dans le compte les frais de premier établissement, savoir :

1° La construction et l'entretien des bâtiments ;

2° La première mise des machines motrices, ainsi que celle des objets mobiliers, machines-outils, outillages et outils de main d'un usage général.

Chaque compte de commande est suivi, au cours des travaux, sur une ou plusieurs feuilles d'ouvrage (§ XVIII). Il est résumé dans un compte rendu qui est établi conformément aux prescriptions du paragraphe XXI ci-après.

§ VI. *Organisation du service pour l'exécution des travaux.* — Les directeurs organisent le nombre d'ateliers nécessaires pour l'exécution des travaux.

Dans chaque atelier est placé un surveillant ou un chef d'atelier qui est sous les ordres d'un officier ou d'un officier d'administration, ou d'un employé militaire désigné par le directeur pour diriger les travaux.

En principe, les écritures de la comptabilité des travaux tenues dans les ateliers sont distinctes par atelier et par commande. Cependant, quand plusieurs ateliers sont placés sous les ordres d'un même officier ou employé militaire et concourent à l'exécution des mêmes commandes, le directeur peut, dans un but de simplification, autoriser la réunion des écritures de ces ateliers.

§ VII. *Délivrance des matières et objets par le magasin.* — *a*) Les matières, outils et objets nécessaires à l'exécution des commandes sont, au fur et à mesure des besoins, mis par l'officier d'administration d'artillerie comptable à la disposition des ateliers ou des services sur bons provisoires détachés d'un carnet à souche (modèle n° 31), signés par les chefs d'ateliers ou surveillants, visés par les officiers ou employés militaires chargés de la conduite des travaux (1).

Le sous-directeur tient la main à ce que, en dehors des cas exceptionnels, les livraisons par chaque magasin ne soient faites qu'une fois au plus par jour.

Les bons ne doivent comprendre que les matières et objets qui sont immédiatement applicables au travail à exécuter. Ils sont distincts par commande (2).

Si, pendant le cours d'un mois, on s'aperçoit qu'il a été perçu plus de matières qu'il est nécessaire, l'excédent est réintégré au magasin. Mention de cette réintégration est faite sur le bon provisoire et sur la souche ; elle est signée par le chef d'atelier ou surveillant.

Si, en fin de commande, il se trouve des matières non employées, elles sont reversées au magasin suivant le mode indiqué au paragraphe VIII.

Chaque jour, l'officier d'administration comptable procède au dépouillement des bons provisoires ; il les classe par atelier ou par groupe d'ateliers placés sous la direction d'un même officier, officier d'administration ou employé militaire et par commande.

En fin de mois, il établit, par atelier ou par groupe d'ateliers, un

---

(1) Dans aucun cas. le matériel confectionné livré aux ateliers pour être réparé ou transformé ne doit être compris sur les bons. (Voir §§ XV et XVI).

(2) Dans certains cas exceptionnels, on est obligé de prendre en magasin des matières à employer pour diverses commandes sans pouvoir préciser la quantité qui sera affectée à chacune d'elles. (Exemple : un cuir dans lequel on aurait à couper des pièces.) Dans ce cas, sur autorisation du directeur, la mention de la commande est remplacée par les mots : « *A régulariser* ». En fin de mois au plus tard, il est remis à l'officier d'administration comptable des bons par commande. Les numéros de ces derniers sont inscrits sur le bon primitif, qui se trouve ainsi annulé.

relevé (modèle n° 32) indiquant, par commande, les matières et objets délivrés.

L'officier d'administration comptable remet ce relevé à l'officier, officier d'administration ou employé militaire signataire des bons provisoires, avec une facture de livraison (modèle n° 9) indiquant seulement, par numéro de la nomenclature, le total des quantités délivrées et leur valeur.

Après avoir vérifié l'exactitude de ces pièces, l'officier, l'officier d'administration ou l'employé militaire y appose son récépissé, renvoie la facture au comptable et conserve le relevé.

La facture de livraison est mise à l'appui du compte de gestion pour justifier les sorties.

Quand il y a plusieurs factures et que leur totalisation permet de diminuer les inscriptions à faire au registre-journal, l'officier d'administration comptable récapitule ces factures dans un bordereau (modèle n° 42 A), auquel les factures demeurent annexées. Ce bordereau sert de pièce justificative de la sortie ; son numéro est reporté sur toutes les factures qu'il renferme.

Des colonnes y sont ouvertes dans le but de permettre la récapitulation des factures en quantités et en valeurs.

b) Disposition spéciale aux places secondaires. — Dans les places d'importance secondaire où l'officier d'administration est à la fois comptable du magasin et chargé de la surveillance des travaux d'entretien et de réparations légères, il n'est pas établi de bons provisoires.

L'officier d'administration enregistre journellement et par commande sur un carnet auxiliaire les quantités de matières et objets délivrés pour les travaux. Les relevés (modèle n° 32) ne sont établis et les inscriptions aux feuilles d'ouvrage ne sont faites que trimestriellement. La sortie dans les comptes-matières est justifiée par un certificat administratif (modèle n° 10) décompté, au bas duquel l'officier d'administration comptable signe la mention suivante : « *Certifié l'exécution du présent ordre et l'inscription sur les feuilles d'ouvrage des quantités ci-dessus.* »

§ VIII a) Remises faites au magasin par les ateliers (1). Ces remises donnent lieu à la production d'un bulletin (modèle n° 33), qui est détaché d'un carnet à souche signé par le chef d'atelier et visé par l'officier, l'officier d'administration ou l'employé militaire chargé de la conduite des travaux.

---

(1) Voir aux annexes la circulaire du 18 septembre 1903, relative à la prise en charge des matières premières et du matériel confectionné destinés à augmenter les approvisionnements de la réserve de guerre du service de l'artillerie.

En fin de mois, l'officier d'administration comptable remet à l'officier, à l'officier d'administration ou à l'employé signataire des bulletins un relevé (modèle n° 33 A) indiquant, par commande, les matières et objets versés en magasin, avec un certificat administratif (modèle n° 6) portant, par numéro de la nomenclature, les totaux du relevé.

Après vérification, l'officier, l'officier d'administration ou l'employé militaire porte et signe sur le certificat administratif la mention suivante : « Certifié conforme aux remises faites au magasin pendant le mois de... »; il le renvoie au comptable pour permettre à ce dernier de justifier l'entrée dans les comptes-matières, et conserve le relevé (modèle n° 33 A) pour sa propre décharge.

Quand il y a plusieurs certificats administratifs et que leur totalisation permet de diminuer les inscriptions au registre-journal, l'officier d'administration comptable récapitule ces certificats dans un bordereau (modèle n° 43 A) auquel ils demeurent annexés. Ce bordereau sert de pièce justificative de l'entrée, son numéro est reporté sur tous les certificats qu'il renferme. Des colonnes y sont ouvertes dans le but de permettre la récapitulation des certificats en quantités et en valeurs.

Les bulletins de remise (modèle n° 33), les relevés (modèle n° 33 A) et les certificats administratifs (modèle n° 6) sont *distincts* pour chacune des cinq catégories de matériel ci-après, et on y inscrit en tête la mention de la catégorie à laquelle ils se rapportent, savoir :

1° Matériel confectionné (tableau B des feuilles d'ouvrage) (1);

2° Matériel qui se trouve en excédent à la fin d'une commande (tableaux C des feuilles d'ouvrage et 1re partie de l'état modèle n° 32 A);

3° Outils et objets mobiliers livrés aux ateliers au cours de l'année à titre d'augmentation d'inventaire et reversés au magasin avant le 31 décembre (1re partie de l'état modèle n° 32 A) (2);

---

(1) Lorsque les confections exigent le concours de plusieurs ateliers, le matériel confectionné est versé au magasin par l'atelier qui a achevé la commande.

(2) Ces outils et objets mobiliers ne figurent pas sur les inventaires modèle n° 40 A de l'année précédente; mais ils ont été facturés avec décompte aux ateliers; il est donc nécessaire, s'ils sont réintégrés en magasin, de porter les certificats administratifs décomptés, qui constatent ces versements, à la 1re partie de l'état modèle n° 32 A, au même titre que les excédents en fin de commande.

4° Outils et objets mobiliers ayant figuré sur l'inventaire modèle n° 40 de l'année précédente et versés au magasin pendant l'année courante (2° partie de l'état modèle n° 32 A) (1);

5° Produits intermédiaires (2) qui ne sont pas utilisés pour la commande au titre de laquelle ils ont été fabriqués, produits de démolition, vieilles matières (3), résidus (tableaux D des feuilles d'ouvrage et 2° partie de l'état modèle n° 32 A).

Sauf pour le matériel confectionné, les certificats administratifs (modèle n° 6) sont toujours décomptés, et, en fin d'année, le montant de ces décomptes est reporté à la 1re ou à la 2° partie, selon le cas de l'état comparatif annuel modèle n° 32 A (§ IX).

b) MATÉRIEL DÉPOSÉ EN MAGASIN AVANT LA RÉCEPTION DÉFINI-TIVE. — Lorsque du matériel confectionné est déposé en magasin avant d'avoir été définitivement reçu par la commission de réception, on n'établit pas de bulletin de remise (modèle n° 33), et on l'inscrit sur un carnet du matériel en dépôt dans le magasin (modèle n° 34) Ce carnet est tenu contradictoirement en double par l'officier d'administration comptable et le chef d'atelier. Après la réception définitive, il est établi un bulletin de remise (modèle n° 33) et mention en est faite au carnet (modèle n° 34).

---

(1) Les certificats administratifs concernant cette catégorie de matériel peuvent être établis en fin de mois, en fin de trimestre, ou en fin d'année, selon les avantages locaux qui peuvent en résulter pour les ateliers; dans ces deux derniers cas, des écritures auxiliaires simples sont tenues par l'officier d'administration comptable pour permettre de suivre la situation de ces outils et objets mobiliers jusqu'à la production de la pièce comptable.

Le prix attribué à chaque outil ou objet mobilier est celui qui lui correspond sur l'inventaire modèle n° 40 A de l'année précédente. Ces certificats administratifs décomptés sont reportés à la 2e partie de l'état modèle n° 32 A et leur montant ajouté au montant de l'inventaire au 31 décembre de l'année courante.

(2) Les outils confectionnés dans les ateliers pour l'exécution d'une commande, au cours de l'année, puis versés en magasin avant le 31 décembre, soit comme outils proprement dits, soit comme vieilles matières, n'ayant pas figuré sur l'inventaire (modèle n° 40 A) de l'année précédente et ne devant pas être portés sur celui de l'année courante, il y a lieu, au moment de leur versement en magasin, de les considérer comme produits intermédiaires ou comme vieilles matières, suivant les circonstances.

(3) Lorsque des outils ou objets mobiliers, ayant figuré sur l'inventaire (modèle n° 40 A) de l'année précédente, sont devenus inutilisables et comme tels versés au magasin comme vieilles matières, on indique sur le bulletin de remise leur énumération exacte.

Cette énumération est intégralement reproduite dans la colonne « Observations » du certificat administratif correspondant, avec décompte aux prix qui leur étaient attribués sur l'inventaire précité. Mais, dans ce cas, les vieilles matières qui les représentent ne sont pas décomptées dans la colonne 7 du certificat administratif.

c) Dispositions spéciales aux places secondaires. — Dans les places secondaires mentionnées à la fin du paragraphe VII, il n'est pas établi de bulletins de remise (modèle nº 33). L'officier d'administration comptable enregistre journellement sur un carnet auxiliaire, en les distinguant par commande, les remises qui peuvent être faites au magasin par les ateliers. Les relevés (modèle nº 33 A) et les certificats (modèle nº 6) ne sont établis que trimestriellement. Ils sont d'ailleurs distincts pour chacune des catégories de matériel mentionnées au sous-§ *a* du paragraphe VIII ci-dessus.

§ IX. *État comparatif annuel.* — En fin d'année, il est établi dans chaque gestion un état comparatif (modèle nº 32 A) de la valeur des matières et objets délivrés aux ateliers et services d'exploitation pendant l'année et de celle des matières et objets imputés aux comptes des commandes.

Cet état a pour but de fournir la justification de l'emploi des matières et objets délivrés aux ateliers, et de dégager ainsi la responsabilité des officiers, officiers d'administration et employés militaires chargés de la conduite des travaux. Il importe donc qu'il soit établi et vérifié avec le plus grand soin.

Il est adressé au Ministre avec les comptes rendus annuels (§ XXI) (1).

§ X. *Matériel non admis par les commissions de réception ou rebuté dans les ateliers.* — Si le matériel est définitivement refusé par les commissions de réception ou si, en cours de fabrication, il est rebuté dans les ateliers après être arrivé déjà à un degré d'avancement qui a nécessité des dépenses relativement importantes, le sous-directeur dresse un procès-verbal qui relate les quantités rebutées, les motifs du rejet, la destination donnée au matériel, et, s'il y a lieu, les responsabilités encourues. Ce procès-verbal est adressé au Ministre ; les dépenses effectuées demeurent imputées à la commande.

§ XI. *Des mobiliers d'atelier, instruments, outillages et outils de main.* — Chaque atelier est pourvu, à titre de première mise, du

___

(1) Il est *essentiel* d'observer que la valeur des produits intermédiaires et des résidus ne figure pas à la 1ʳᵉ partie de cet état (modèle nº 32 A), sur laquelle ne trouvent place que le montant de tous les objets ou matières sans distinction délivrés aux ateliers, ainsi que celui des versements au magasin énumérés sur le modèle dudit état.

mobilier, des machines, des machines-outils, outillages et outils de main d'un usage général qui sont nécessaires à son fonctionnement. La valeur d'achat, de transformation et de réparation des machines-outils, outillages et outils de main spéciaux à l'exécution d'une commande est imputée au compte de cette commande.

La nature et la quantité des objets à mettre à la disposition des ateliers sont déterminées par le directeur, sur la proposition des officiers chargés des travaux, appuyée de l'avis du sous-directeur.

Il ne peut être rien changé à la fixation sans une autorisation motivée du directeur.

Le chef d'atelier est responsable du mobilier et de l'outillage de son atelier; il en tient un inventaire général.

Il remet à chaque ouvrier les outils d'un usage courant qui lui sont nécessaires et les inscrit sur un inventaire en deux expéditions; il en remet une à l'ouvrier et il conserve l'autre signée par ce dernier.

Il tient enfermés les instruments et outils d'un usage peu fréquent, note les ouvriers auxquels il les délivre, et les fait rentrer aussitôt qu'ils ne sont plus nécessaires.

Chaque ouvrier est pécuniairement responsable de tous les outils qui lui ont été confiés.

Le chef d'atelier fait le recensement de ces outils toutes les fois qu'il le juge utile pour couvrir sa responsabilité; il constate cette opération sur les inventaires par un visa daté. Il rend compte des différences à l'officier, l'officier d'administration ou à l'employé militaire chargé de la conduite des travaux. En cas de départ d'un ouvrier, il est toujours procédé au recensement de ses outils. L'inobservation de ces prescriptions engage la responsabilité du chef d'atelier.

Les objets mobiliers, instruments, outillages et outils jugés hors de service sont versés en magasin comme vieilles matières, mais le bulletin de remise en indique le nombre. Ils sont immédiatement remplacés, sur la production de bons provisoires établis soit au titre des frais généraux d'atelier, s'ils sont d'un usage général, soit au titre d'une commande, s'ils sont spéciaux à cette commande.

Si le prix de nomenclature des objets remplacés dépasse dix francs, les bulletins de remise doivent être visés par le directeur.

Si le prix de nomenclature de ces objets dépasse cent francs, ils sont réintégrés en magasin au nombre et proposés pour la réforme.

Dans certains cas, le remplacement peut être fait par confection dans les ateliers (§ XII).

§ XII. *Des outils et objets confectionnés et conservés par les ateliers.* — Il ne doit être confectionné aucun outil ou objet destiné à l'usage des ateliers sans un ordre du sous-directeur, quand il s'agit de remplacer ceux qui sont usés, ou du directeur, s'il s'agit d'une augmentation d'outillage.

La confection de ces objets est faite au titre des frais généraux de l'atelier auquel ils sont destinés, s'ils sont d'un usage général, et au titre d'une commande, s'ils sont spéciaux à son exécution.

Dans le cas où ils seraient fabriqués dans un autre atelier, le versement d'un atelier à l'autre serait constaté comme il est indiqué ci-après (§ XVII).

Si les outils et objets confectionnés augmentent la fixation de l'atelier, ils sont immédiatement ajoutés sur l'inventaire du chef d'atelier; s'ils sont fabriqués à titre de remplacement, les outils et objets remplacés sont versés en magasin (§ XI).

Les outils et objets mobiliers confectionnés dans les ateliers doivent être versés en magasin, comme produits intermédiaires, au moyen d'un bulletin de remise (modèle n° 33) (§ VIII), et inscrits au tableau D de la feuille d'ouvrage de la commande au titre de laquelle ils ont été confectionnés. Le décompte en est établi au prix de la nomenclature, ou, à défaut, au prix fixé par le directeur. S'ils doivent être conservés dans l'atelier pour en augmenter la fixation, ils sont d'abord versés en magasin, comme il vient d'être dit, puis délivrés par le magasin sur bon (modèle n° 31) et inscrits sur l'inventaire de l'atelier.

§ XIII. *Des résidus de la fabrication et des bois rebutés.* — Les résidus provenant des confections, transformations, réparations et démolitions sont réunis chaque jour par les soins du chef d'atelier, qui est responsable de leur conservation.

Ils sont versés en magasin au moins une fois par mois, ou plus souvent si l'officier qui dirige l'atelier le juge utile.

Les bois rebutés sont échangés immédiatement au magasin. Cette opération ne donne pas lieu à écritures. S'ils ont déjà subi un commencement de façon, il est immédiatement adressé au Ministre un rapport faisant connaître les causes du rebut et l'emploi qui pourrait encore être fait de ces bois.

S'ils sont utilisables, le Ministre prononce les changements de classification à opérer dans les écritures du comptable; s'ils sont jugés hors de service, le Ministre prescrit de les proposer pour la réforme.

§ XIV. *Des objets mobiliers en service dans les ateliers.* — Les objets mobiliers mis à la disposition des ateliers (tables, bureaux, bancs, etc.) sont portés sur les inventaires des chefs d'atelier auxquels ils sont remis (voir § XI). Ils cessent de figurer dans les comptes du comptable.

§ XV. *Du matériel à réparer.* — *a*) Tout corps de troupe et tout établissement qui, faute d'ateliers suffisants, doit conduire son matériel dans un établissement de la place ou d'une place voisine pour être réparé, tient un *Carnet à souche des bulletins de demandes à réparer* (modèle n° 35) (1).

Le matériel n'est reçu dans l'établissement qui doit le réparer que sur la présentation d'un bulletin de demande portant la nature et la quantité du matériel, ainsi que l'indication sommaire des réparations demandées.

Cette demande fait l'objet d'une commande partielle que le sous-directeur enregistre sur le répertoire (modèle n° 30), où il porte seulement, sans autres détails, le corps ou l'établissement livrancier et le numéro de série du bulletin de demande.

Le matériel est remis à l'atelier désigné par le sous-directeur, accompagné du bulletin de demande et du carnet du corps ou établissement livrancier. Le chef d'atelier donne reçu sur le carnet et inscrit immédiatement les quantités reçues, sans aucun détail des réparations demandées, sur le *registre des mouvements journaliers du matériel* (modèle n° 36). Le représentant du corps ou de l'établissement signe en regard de cette inscription pour en certifier l'exactitude.

Après visite du matériel dans l'atelier, le détail des réparations à effectuer est inscrit dans la colonne d'observations du registre n° 36 et est signé par l'officier, l'officier d'administration ou l'employé chargé de la conduite des travaux.

Le matériel réparé est présenté avant l'application des peintures au sous-directeur ou au commandant de l'artillerie de la place qui

---

(1) Dans les corps de troupe, les dépenses d'achat résultant de la tenue du carnet susvisé sont supportées par les officiers d'habillement sur leurs frais de bureau. (Note ministérielle du 5 novembre 1889, *B. O.*, P. R., p. 970.)

constate la bonne exécution du travail sur le registre n° 36 (col. 14).

Le matériel est remis aux intéressés par l'atelier qui a achevé la réparation. Le représentant du corps ou de l'établissement en donne reçu sur le registre n° 36 et le chef d'atelier certifie la remise en apposant sa signature sur le carnet n° 35 du corps ou de l'établissement auquel appartient le matériel.

Si les réparations ne sont pas terminées en fin d'année, elles font l'objet d'une nouvelle commande au titre de l'année suivante.

b) Le matériel dépendant du magasin de l'établissement où se trouvent les ateliers est envoyé en réparation par les soins de l'officier d'administration comptable conformément aux dispositions qui précèdent.

c) Quand les réparations ont lieu à charge de payement, il est établi trimestriellement en double expédition, pour les réparations qui sont terminées, un relevé (modèle n° 35 A) des dépenses afférentes à chaque corps de troupe ou service.

Les deux expéditions sont adressées au corps ou service intéressé. L'une est remise à l'agent du Trésor au moment du versement; l'autre, revêtue de la déclaration de versement, est renvoyée avec le récépissé à l'établissement qui a fait les réparations.

Le récépissé est adressé immédiatement au Ministre et le relevé est annexé au compte rendu annuel (modèle n° 41 B).

d) Dans les places secondaires mentionnées aux paragraphes VII*b* et VIII*c*, il n'est pas établi de bulletin de demande à réparer pour le matériel en magasin. Le comptable se borne à inscrire au registre n° 36 la nature et la quantité du matériel remis aux ateliers et le détail des réparations à effectuer.

La constatation de la bonne exécution des réparations est faite au registre (modèle n° 36) comme il est indiqué ci-dessus (alinéa *a*).

§XVI. *Du matériel à transformer.* — Quand le matériel confectionné doit subir une modification ou une transformation, les mouvements entre le magasin et les ateliers sont constatés dans la même forme que s'il s'agissait de réparations. On se borne à modifier les titres du bulletin et de la souche du modèle n° 35.

Dans le cas où l'opération s'appliquerait à un grand nombre d'objets devant donner lieu à des mouvements successifs de délivrance et de remise entre le magasin et les ateliers, le comptable suit ces mouvements sur un registre (modèle n° 36).

Si les objets transformés doivent être classés sous un autre numéro de la nomenclature, le déclassement est effectué (art. 48, § XXVII) après leur réintégration en magasin. Les matières et résidus qui pourraient en provenir sont versés en magasin par bulletin de remise et inscrits au tableau D de la feuille d'ouvrage.

§ XVII. *Des mouvements du matériel entre les ateliers.* — Le registre (modèle n° 36) étant destiné à permettre de déterminer la responsabilité de chaque atelier ou groupe d'ateliers en ce qui concerne le matériel confectionné, on y inscrit tous les mouvements du matériel en cours de confection, réparation et transformation qui ont lieu entre les ateliers ou groupes d'ateliers (1).

§ XVIII. *Des feuilles d'ouvrage.* — Chaque atelier ou chaque groupe d'ateliers (§ VI) appelé à participer à l'exécution d'une commande principale en suit le compte sur une feuille d'ouvrage (modèle n° 37). Il comprend sur cette feuille les opérations relatives à toutes les commandes partielles successivement émises pour l'exécution de la commande principale.

Les comptes des frais généraux sont suivis sur une feuille d'ouvrage (modèle n° 38).

a) OBJET DE LA FEUILLE D'OUVRAGE. — La feuille d'ouvrage est destinée à l'enregistrement de toutes les dépenses et consommations occasionnées par l'exécution de chaque commande. Elle fournit ainsi les éléments authentiques du compte à produire pour justifier de l'emploi des ressources mises à la disposition des ateliers et services d'exploitation.

b) TENUE DE LA FEUILLE D'OUVRAGE. — Les feuilles d'ouvrage sont tenues conformément aux instructions portées sur les modèles n°s 37 et 38. L'officier, l'officier d'administration ou l'employé militaire chargé de la direction d'un atelier ou d'un groupe d'ateliers fait tenir sous sa surveillance, par le chef d'atelier ou par un agent qu'il désigne, les feuilles d'ouvrage relatives aux travaux et celle des frais généraux d'atelier.

Les feuilles d'ouvrage des frais généraux d'établissement et d'usine sont tenues par le capitaine en second de la compagnie d'ouvriers ou, à défaut, par un officier, un officier d'adminis-

---

(1) Le registre (modèle 36) est divisé en deux fascicules séparés, dont l'un est exclusivement affecté aux mouvements du matériel à réparer.

tration ou un employé militaire désigné à cet effet, sous la direction et la surveillance du sous-directeur.

La tenue de la feuille d'ouvrage relative aux travaux intérieurs des magasins dépendant de chaque gestion est confiée à l'officier d'administration d'artillerie comptable. Il fait tenir, à cet effet, par les gardes-magasins de chaque subdivision, les écritures élémentaires nécessaires (§ XXII).

Les grattages et les surcharges sur les feuilles d'ouvrage sont interdits. Toute rectification doit être datée et approuvée.

c) RÉPARTITION DES FRAIS GÉNÉRAUX (1). — La base de la répartition des frais généraux d'établissement, d'usine et d'atelier est le *nombre d'heures de travail* (salarié ou non) employées à l'exécution des diverses commandes.

A cet effet, toutes les dépenses (main-d'œuvre, frais divers et matières), qui sont portées sur les tableaux E des feuilles d'ouvrage des frais généraux, sont récapitulées mensuellement, et la répartition en est faite, *à la fin de chaque année*, entre les commandes, par le sous-directeur, pour les frais généraux d'établissement et d'usine, et par les officiers chargés de la direction des ateliers (ou groupes d'ateliers) pour les frais généraux d'atelier.

A la fin de chaque mois, le nombre d'heures de travail (salarié ou non) appliquées pendant le mois à l'exécution des diverses commandes, est inscrit sur les tableaux E de leurs feuilles d'ouvrage respectives; le total de ces heures de travail est arrêté, soit en fin de commande, soit en fin d'année (commandes non terminées au 31 décembre).

Le 8 janvier au plus tard de chaque année, les officiers chargés de la direction des ateliers (ou groupes d'ateliers) remettent au sous-directeur un relevé général du nombre d'heures de travail (salarié ou non) qui ont été appliquées pendant chacun des mois de l'année écoulée à chacune des commandes, terminées ou non, qu'ils ont dirigées.

Un relevé semblable est fourni par le comptable pour les travaux intérieurs de l'ensemble des magasins de l'établissement (ou de la place).

----

(1) Pour la répartition des frais généraux, on ne tient pas compte des commandes pour réparations à charge de paiement. Pour ces commandes, on se borne, lors de l'établissement du relevé des dépenses, dont le montant doit être versé au Trésor, à porter, sous le titre de frais généraux, cinq pour cent de la valeur des matières. (Voir modèle n° 35 A.)

Au moyen de ces éléments, le sous-directeur détermine les sommes à inscrire, tant pour main-d'œuvre et frais divers que pour matières, au titre des frais généraux d'établissement, sur les feuilles d'ouvrage de chaque commande. Il les notifie aux intéressés.

Il opère de la même manière pour les frais généraux d'usine, dans les établissements où il en existe ; mais, pour la bonne détermination des prix de revient, il est essentiel de ne pas faire participer à cette répartition les commandes qui par leur nature ne doivent supporter aucune dépense de ce chef. Exemple : les commandes relatives à l'entretien des armes, du harnachement, etc., ne doivent pas en général supporter de dépenses du fait des frais généraux d'usine.

Quant aux frais généraux d'atelier, les officiers chargés des ateliers (ou groupes d'ateliers) en font, chacun pour leurs ateliers, la répartition d'après les mêmes bases que ci-dessus entre les diverses commandes terminées ou non à l'exécution desquelles ils ont participé.

Dans les établissements (directions ou écoles) dont la mission principale consiste à assurer l'entretien du matériel et le service de la défense, les frais généraux d'établissement ne font l'objet d'aucune répartition.

Toutefois, dans les établissements de cette nature où fonctionnent des ateliers de confection et de fabrication, le directeur détermine chaque année, d'après l'importance relative du service territorial et de celui des ateliers, la fraction des frais généraux d'établissement qu'il y a lieu de répartir entre les diverses commandes de ces ateliers ; le reste ne fait l'objet d'aucune répartition.

d) Cloture et arrêté des feuilles d'ouvrage. — Les feuilles d'ouvrage sont arrêtées, à la fin de chaque mois pour les commandes terminées dans le mois, et à la fin de chaque année pour toutes les autres commandes. Les inscriptions résultant de la répartition des frais généraux ne sont portées qu'en fin d'année.

Si la feuille d'ouvrage concerne des réparations à charge de paiement, elle n'est arrêtée qu'en fin d'année, mais il est fait en fin de trimestre une récapitulation indiquant les sommes à rembourser. A cet effet, il est ajouté à la feuille d'ouvrage le nombre de feuillets nécessaires.

§ XIX. *Des recensements et de l'inventaire annuel.* — Le directeur, le sous-directeur et les officiers chargés des ateliers procèdent, aussi souvent qu'ils le jugent utile, au recensement des matières et objets de toute nature mis à la disposition des ateliers.

Au 31 décembre, il en est fait un inventaire de rigueur sous la direction et la surveillance du sous-directeur. Quand il y a lieu, il est formé des commissions d'officiers, d'officiers d'administration et d'employés militaires pour concourir à cette opération.

Pour la rendre plus prompte, les ateliers évitent de percevoir des matières au magasin, au delà de leurs besoins immédiats ; ils s'efforcent d'achever complètement le plus grand nombre possible de confections et de réparations, de manière à pouvoir faire à qui de droit la remise du matériel confectionné ou réparé et à ne conserver qu'une petite quantité de matières en cours de transformation.

Ces matières sont inventoriées sous le numéro de la nomenclature et sous la dénomination qu'elles portaient au moment de la livraison par le magasin. On en évalue aussi exactement que possible la quantité réelle. La valeur en est décomptée d'après les prix de livraison par le magasin (1).

L'inventaire particulier (modèle n° 39) de chaque atelier fait ressortir les existants au titre de chaque commande ainsi que leur valeur, par unité détaillée. Il est signé par l'officier qui dirige l'atelier et par le sous-directeur.

Dès que les inventaires particuliers (modèle n° 39) sont arrêtés, le sous-directeur fait établir l'inventaire général (modèle n° 40 A) des matières et objets existant dans les ateliers et services d'exploitation (2).

L'inventaire général, certifié par le sous-directeur et vérifié par le directeur, est adressé, en même temps que le compte de gestion du comptable, au Ministre qui fait reporter sur un état général

---

(1) Lorsque, par suite d'estimations provisoires, ou de variations dans les prix, il devient nécessaire pour certains objets de modifier les valeurs portées sur l'inventaire, il y a lieu d'opérer comme il suit : 1° effectuer la remise en magasin (en écritures) des objets en question, à une époque quelconque et au plus tard le 31 décembre ; 2° les reprendre en charge au compte de gestion au moyen d'un certificat administratif (modèle n° 6) décompté aux anciens prix ; 3° les facturer à la même date aux ateliers avec les nouveaux prix.

Dans l'état modèle 32 A la facture figurera à la 1re partie, et le certificat administratif à la 2e partie.

(2) Dans les places principales, l'officier d'administration comptable ne doit pas participer à l'établissement de l'inventaire modèle n° 40 A (Décision du 10 juin 1900).

(modèle n° 57), les totaux des inventaires généraux. Cet état est produit à l'appui des résumés généraux.

Le décompte en argent est porté sur les inventaires particuliers et généraux en francs et centimes et sur l'état (modèle n° 57) en francs seulement; les fractions de francs supérieures à 50 centimes sont comptées pour un franc, les autres sont négligées.

§ XX. *Des matières et objets de consommation existant dans les ateliers au 31 décembre.* — Dès que l'inventaire (modèle n° 39) de l'atelier est arrêté, on en reporte les résultats sur la feuille d'ouvrage de chaque commande (tableau C) sur la ligne : inventaire au 31 décembre. La différence avec les totaux des livraisons de matières fait ressortir les quantités qui ont été consommées jusqu'au 31 décembre pour les confections dont la remise a été faite au magasin et pour les réparations effectuées.

Les chiffres de l'inventaire (modèle n° 39) sont reportés, comme premier article d'entrée, sur la feuille d'ouvrage ouverte le 1er janvier au titre de la même commande. Si aucune remise de matériel confectionné n'a été faite avant le 31 décembre ou si aucune réparation n'est terminée à cette date, les quantités inventoriées doivent être égales à celles des livraisons faites par le magasin. Dans le cas contraire, procès-verbal est dressé et le Ministre statue sur les responsabilités encourues.

§ XXI. *Compte rendu d'exécution de commande.* — Les comptes rendus d'exécution de commande prévus au paragraphe V ci-dessus sont le résumé des feuilles d'ouvrage. Ils comprennent toutes les dépenses imputables à la commande depuis le commencement du travail, alors même qu'il aurait été poursuivi pendant plusieurs années. Ils font ressortir les déchets subis, ainsi que la quantité et le prix de revient des produits obtenus; ils se terminent par la comparaison de la dépense avec le montant des états de prévision.

Les comptes rendus sont établis par le sous-directeur de la manière suivante :

a) COMMANDES SPÉCIALES. — Aussitôt que les feuilles d'ouvrage concernant une commande spéciale sont arrêtées, elles sont remises au sous-directeur qui les vérifie.

Si la commande s'élève à une somme supérieure à 3.000 francs, le sous-directeur récapitule les totaux des feuilles d'ouvrage dans un compte rendu d'exécution (modèle n° 41).

Si la commande ne dépasse pas 3.000 francs, il enregistre ces totaux sur un compte rendu (modèle n° 41 A) qui est annuel et unique pour toutes les commandes de cette nature.

Pour les commandes dont l'exécution se poursuit pendant plusieurs années il y a lieu de faire ressortir distinctement, sur les tableaux C et E des comptes rendus, les dépenses afférentes à chaque exercice.

b) COMMANDES ANNUELLES. — La forme des comptes rendus varie suivant la nature des commandes :

1° Une copie des feuilles d'ouvrage des *frais généraux* d'établissement et d'usine tient lieu de compte rendu.

Dans les directions territoriales, les directeurs réunissent dans un bordereau (modèle n° 41 E) les feuilles d'ouvrage des frais généraux d'établissement de toutes les places comptables et adressent le tout au Ministre.

Il n'est pas produit de compte rendu pour les frais généraux d'atelier.

2° Les résultats des feuilles d'ouvrage relatives à la *manutention, l'entretien et la réparation* du matériel d'un établissement sont enregistrés annuellement et distinctement par commande sur un compte rendu (modèle n° 41 B).

Ce compte rendu fait ressortir la dépense annuelle d'entretien par rapport à la valeur ou aux quantités du matériel existant dans l'établissement au 1er janvier de l'année expirée.

3° Les résultats des feuilles d'ouvrage pour *réparation du matériel appartenant à un autre établissement* (1), sont enregistrés annuellement, par commande, à la suite des précédents, sur le même compte rendu.

Le montant total de chaque commande (col. 17) est notifié annuellement (après répartition faite s'il y a lieu des frais généraux) à l'établissement intéressé qui l'ajoute, dans son propre compte rendu (modèle n° 41 B), dans la colonne 18, aux dépenses faites par lui au même titre.

On obtient ainsi par établissement le total de la dépense faite pour manutention, entretien et réparation du matériel, ce qui per-

---

(1) On doit considérer comme appartenant à un établissement tout le matériel qui figure dans son compte de gestion, alors même qu'une partie de ce matériel serait à la disposition des corps de l'artillerie ou des équipages militaires.

met de faire ressortir la proportion existant entre ce chiffre et celui de la valeur du matériel au 1er janvier de l'année expirée.

4° Les résultats des feuilles d'ouvrage relatives aux *réparations à charge de paiement* sont enregistrés sur un compte rendu spécial (modèle n° 41 B), auquel sont annexés les relevés (modèle n° 35 A) (§ XV).

5° Les résultats des feuilles d'ouvrage relatives aux *menues confections* sont enregistrés sur le compte rendu (modèle n° 41 A). Ce compte rendu ne fait pas ressortir le prix de revient de chaque objet confectionné, mais indique seulement la différence entre la dépense totale et le montant des divers états de prévision (1).

6° Les résultats des feuilles d'ouvrage relatives à la *démolition du matériel* sont enregistrés sur un compte rendu (modèle n° 41 C), qui fait ressortir la valeur du matériel mis en démolition, la dépense résultant de l'opération et la valeur des produits obtenus.

Dans le cas où la démolition fait l'objet d'une commande spéciale, le compte rendu de l'opération est établi sur le modèle n° 41 C, en remplaçant dans l'en-tête le mot *annuel* par *spécial;*

7° Les résultats des feuilles d'ouvrage annuelles relatives à la confection de matériel dont les commandes successives sont réunies dans une commande annuelle sont inscrits sur un compte rendu (modèle n° 41) si la dépense totale dépasse 3.000 francs et sur le compte rendu (modèle n° 41 A) si la dépense totale est égale ou inférieure à cette somme.

Les feuilles d'ouvrage remises par les ateliers sont conservées dans les archives du sous-directeur à l'appui des minutes des comptes rendus d'exécution des commandes.

c) ÉTAT RÉCAPITULATIF DÉS DÉPENSES. — En fin d'année, les directeurs d'artillerie (établissements et directions territoriales) récapitulent dans un état (modèle n° 41 D) les dépenses en argent et en matières de toutes les commandes autres que celles des frais généraux et ils adressent cet état au Ministre en même temps que les comptes rendus annuels.

---

(1) On ouvre (§ IV *a*, 9°, renvoi 5 du présent article) autant de feuilles d'ouvrage annuelles qu'il y a eu de chapitres budgétaires au titre desquels les menues confections ont été faites. Sous cette dernière réserve, quel qu'ait été le nombre de ces menues confections et à quelque somme qu'ait monté la dépense totale, une seule feuille d'ouvrage est établie.

Le compte rendu n° 41 A contient par conséquent autant de commandes annuelles de menues confections qu'il a été ouvert, sous cette rubrique, de feuilles d'ouvrage établies dans les conditions ci-dessus.

d) Délai de production et vérification des comptes rendus.
— Les comptes rendus des commandes spéciales sont établis définitivement à l'encre dans le mois qui suit celui pendant lequel elles ont été terminées, sauf à n'y porter qu'en fin d'année les inscriptions résultant de la répartition des frais généraux.

Tous les comptes rendus (commandes annuelles et commandes spéciales) sont adressés au Ministre au plus tard le 1er mars qui suit l'année à laquelle ils se rapportent.

Les comptes rendus sont vérifiés par les directeurs. Ils sont, au ministère de la guerre, l'objet d'une nouvelle vérification. Toutes les fois que le Ministre le juge utile, il se fait adresser, pour les commandes qu'il désigne, les feuilles d'ouvrage, carnets, bons, bulletins et autres pièces élémentaires.

§ XXII. *Écritures intérieures des ateliers.* — Indépendamment des écritures ci-dessus, il est tenu, dans l'intérieur de chaque atelier, des écritures auxiliaires dont la forme varie suivant la nature du travail et suivant les procédés de fabrication. Elles doivent permettre de se rendre compte à tout instant des diverses transformations des matières, des déchets, etc.

La nature et la forme de ces écritures sont déterminées par le directeur, sur la proposition des officiers qui dirigent les ateliers et sur l'avis du sous-directeur. On ne doit pas perdre de vue l'importance que présentent ces écritures élémentaires et la simplicité avec laquelle elles doivent être établies.

§ XXIII. *Durée de conservation de la comptabilité.* — Les feuilles d'ouvrage, les carnets, les bons provisoires, les bulletins de remise et toutes autres pièces appartenant à la comptabilité des ateliers et services d'exploitation sont conservés pendant les dix années qui suivent celle à laquelle ces documents se rapportent.

Les directeurs des établissements sont laissés libres de désigner ceux de ces documents qu'il y aurait intérêt à conserver définitivement dans les archives.

Service du génie.

§ I. *Prix des matières et objets de consommation.* — Dans les écritures des ateliers et services d'exploitation, la valeur des matières et objets de consommation est décomptée de la manière suivante :

1° Les matières spécialement achetées pour une commande sont évaluées au prix réel d'achat.

2° Les matières prélevées sur les approvisionnements sont évaluées à des prix fixés par le directeur d'après les cours commerciaux. Ces fixations sont revisées tous les six mois, et plus souvent en cas de variations notables dans les cours.

3° Les menus objets de consommation peuvent être décomptés aux prix de la nomenclature quand ces prix se rapprochent assez sensiblement de ceux du commerce.

§ II. *Travaux à exécuter dans les divers établissements.* — Les travaux qui font l'objet du présent article consistent en travaux de confection, de fabrication, de transformation, confiés, en principe, aux établissements producteurs, et en travaux de manutention, d'entretien et de réparation du matériel en service ou en magasin, qui sont communs à tous les établissements, mais plus particulièrement spéciaux aux écoles du génie et aux places comptables où il existerait de petits ateliers.

Les paragraphes III à XVIII ci-après s'appliquent aux établissements producteurs et aux écoles; le paragraphe XIX est spécial aux places comptables.

§ III. *Des ordres d'exécution des travaux et des états de prévision.* — L'ordre d'entreprendre un travail est donné par le Ministre aux directeurs des établissements.

Tout ordre donne lieu, avant d'être mis à exécution, à la production d'un état de prévision qui indique séparément la valeur de la main-d'œuvre, la quantité et la valeur des matières à employer et la part des frais généraux afférents à l'exécution du travail.

Les états de prévision sont soumis à l'approbation du Ministre.

Après approbation des états de prévision, les établissements, sans autre autorisation et jusqu'à concurrence des sommes qui y sont portées, engagent les dépenses de main-d'œuvre et mettent en consommation les matières qui peuvent être prélevées sur les approvisionnements ou obtenues au moyen des marchés annuels. Ils se conforment aux instructions concernant les achats, pour se procurer les matières qui feraient défaut ainsi que celles qui seraient destinées à reconstituer les approvisionnements.

§ IV. *Des commandes et de leur notation.* — Pour l'exécution des ordres ministériels, les directeurs émettent des commandes qui sont enregistrées par le sous-directeur sur un répertoire (modèle n° 30).

Les commandes se distinguent en commandes principales et en commandes partielles.

a) Commandes principales. — Les commandes principales sont de deux sortes : les commandes spéciales et les commandes annuelles (1).

Les commandes spéciales se rapportent à l'exécution d'un travail dont la nature et la quantité sont nettement spécifiées par l'ordre d'exécution.

Les commandes annuelles se rapportent à des travaux dont la période d'exécution embrasse l'année entière.

Sont l'objet de commandes annuelles :

1° Les frais généraux d'établissement, comprenant les dépenses en personnel et en matières, et toutes autres occasionnées par la marche générale de l'établissement, en dehors de toute production (concierges, commis, hommes de peine, charretiers, balayage des rues et cours ; frais de voirie ; blanchissage et raccommodage des effets de travail ; transports intérieurs ; fourniture d'eau et de gaz pour l'éclairage ; éclairage et chauffage des bureaux ; entretien des horloges et des instruments de pesage ; entretien et remplacement des meubles, objets et outils pour le service général ; nourriture, entretien et remplacement des chevaux, des chiens, des chats, etc., etc.) ;

2° Les frais généraux d'usine, comprenant les dépenses en main-d'œuvre et en matières et toutes autres qui sont occasionnées par l'ensemble de la fabrication, sans pouvoir être appliquées directement à aucun atelier ou chantier (primes et journées de travail des dessinateurs et surveillants généraux ; salaires des mécaniciens, chauffeurs, ouvriers et manœuvres employés en dehors des ateliers pour la fabrication, ainsi que pour la conduite, le chauffage et l'entretien des machines communes à plusieurs ateliers ; consommation des matières pour le même objet ; entretien et remplacement des transmissions, des outils et des objets de

---

(1) Dans les écoles du génie où les travaux ne consistent habituellement que dans l'entretien et la réparation du matériel, on distingue :

1° Les commandes spéciales qui sont toujours la conséquence d'un ordre particulier du Ministre ;

2° Les commandes annuelles qui résultent de la dotation annuelle de l'école.

Il n'y a ordinairement qu'une commande annuelle qui comprend les frais généraux, la manutention, l'entretien et la réparation du matériel.

Cette commande donne lieu à l'ouverture de plusieurs feuilles d'ouvrage, savoir : une par l'officier d'administration comptable pour les dépenses et consommations relatives aux magasins et une pour chacun des ateliers ou groupes d'ateliers dirigés par des officiers différents.

toute nature employés au service général de la fabrication, etc., etc.);

3° Les frais généraux d'atelier, comprenant les dépenses communes en main-d'œuvre et en matières et toutes autres qui sont occasionnées par le fonctionnement de chaque atelier, sans pouvoir être avec certitude appliquées directement à aucune commande (primes et journées de travail des contremaîtres, surveillants, dessinateurs et manœuvres attachés à l'atelier ; consommation de charbon de forge, d'huile, etc. ; conduite, chauffage et entretien des machines motrices spéciales à l'atelier ; entretien et remplacement des machines-outils, outillages et outils de main d'un usage général dans l'atelier, etc., etc.);

4° La manutention, l'entretien et la réparation du matériel de l'établissement ;

5° La réparation du matériel d'un autre établissement ;

6° L'exécution des menues confections successivement ordonnées par le Ministre, c'est-à-dire de celles dont les états de prévision ne dépassent pas 300 francs ;

7° La démolition du matériel, sauf dans le cas où, en raison de l'importance de l'opération, le Ministre prescrit d'en faire l'objet d'une commande spéciale ;

8° La confection d'un matériel qui donne ordinairement lieu à plusieurs ordres successifs du Ministre pendant le cours de l'année.

b) COMMANDES PARTIELLES. — Les commandes partielles sont faites par les directeurs, quand il est nécessaire, pour assurer l'exécution des commandes principales.

Par exemple :

1° Pour la confection d'objets finis ou la fabrication de matières intermédiaires qui doivent entrer dans la composition d'un matériel faisant l'objet d'une commande principale (débit des bois pour l'exécution d'une commande de voitures; confection de tables pour les bureaux : fonte d'accessoires en bronze, etc. (1);

---

(1) Quand il y a lieu de confectionner des objets finis ou de fabriquer des matières intermédiaires identiques pour plusieurs commandes principales, il peut n'être fait, pour l'ensemble du travail, qu'une seule commande partielle rattachée à l'une des commandes principales. Les produits non utilisés pour cette commande sont remis en magasin (§ VIII) et leur valeur est défalquée du compte de la commande (tableau D des feuilles d'ouvrage).

2° Pour chaque demande de réparation du matériel ;

3° Pour chaque menue confection à exécuter, etc.

c) NOTATION DES COMMANDES. — Toutes les commandes principales sont désignées par leur numéro d'inscription sur le répertoire (modèle n° 30).

Les commandes partielles portent le même numéro que la commande principale à laquelle elles se rattachent. On y ajoute un chiffre indiquant le numéro d'ordre de la commande partielle. (Exemple pour la commande principale n° 10 : 10^1, 10^2, 10^3, etc.).

d) TRANSMISSION DES COMMANDES. — Les commandes sont notifiées aux officiers, officiers d'administration ou employés militaires chargés de la direction des travaux, qui en tiennent enregistrement.

§ V. *Des comptes de commandes.* — Chaque commande principale donne lieu à l'établissement d'un compte distinct dans lequel sont relevées toutes les dépenses qui résultent de son exécution, savoir :

1° Les frais de main-d'œuvre ;

2° La valeur des matières et objets employés ;

3° Une part proportionnelle des frais généraux d'établissement, d'usine et d'atelier ;

4° Toutes les dépenses autres que celles indiquées ci-dessus, qui peuvent être avec certitude appliquées à la commande.

On ne comprend pas dans le compte les frais de premier établissement, savoir :

1° La construction et l'entretien des bâtiments ;

2° La première mise des machines motrices, ainsi que celle des objets mobiliers, machines-outils, outillages et outils de main d'un usage général.

Chaque compte de commande est suivi, au cours des travaux, sur une ou plusieurs feuilles d'ouvrage (§ XV). Il est résumé dans un compte rendu qui est établi conformément aux prescriptions du paragraphe XVIII ci-après.

§ VI. *Organisation du service pour l'exécution des travaux.* — Les directeurs organisent le nombre d'ateliers nécessaires pour l'exécution des travaux.

Dans chaque atelier est placé un surveillant ou un chef d'atelier qui est sous les ordres d'un officier ou d'un employé militaire désigné par le directeur pour diriger les travaux.

En principe, les écritures de la comptabilité des travaux, tenues dans les ateliers, sont distinctes par atelier et par commande. Cependant, quand plusieurs ateliers sont placés sous les ordres d'un même officier, officier d'administration ou employé militaire et concourent à l'exécution des mêmes commandes, le directeur peut, dans un but de simplification, autoriser la réunion des écritures de ces ateliers.

§ VII. *Délivrance des matières et objets par le magasin.* — Les matières, outils et objets nécessaires à l'exécution des commandes sont, au fur et à mesure des besoins, mis par l'officier d'administration comptable à la disposition des ateliers ou des services sur bons provisoires détachés d'un carnet à souche (modèle n° 31), signés par les chefs d'atelier ou surveillants et visés par les officiers, officiers d'administration ou employés militaires chargés de la conduite des travaux.

Le chef de l'établissement tient la main à ce que, en dehors des cas exceptionnels, les livraisons par chaque magasin ne soient faites qu'une fois au plus par jour.

Les bons ne doivent comprendre que les matières et objets qui sont immédiatement applicables au travail à exécuter. Ils sont distincts par commande (1).

Si, pendant le cours d'un mois, on s'aperçoit qu'il a été perçu plus de matières qu'il n'est nécessaire, l'excédent est réintégré au magasin. Mention de cette réintégration est faite sur le bon provisoire et sur la souche ; elle est signée par le chef d'atelier ou surveillant.

Si, en fin de commande, il se trouve des matières non employées, elles sont reversées au magasin suivant le mode indiqué au paragraphe VIII.

Chaque jour, l'officier d'administration comptable procède au dépouillement des bons provisoires ; il les classe par atelier

---

(1) Dans certains cas exceptionnels, on est obligé de prendre en magasin des matières à employer pour diverses commandes sans pouvoir préciser la quantité qui sera affectée à chacune d'elles. (Exemple : un cuir dans lequel on aurait à couper des pièces.) Dans ce cas, sur autorisation du directeur, la mention de la commande est remplacée par les mots : « A *régulariser.* » En fin de mois au plus tard, il est remis à l'officier d'administration comptable des bons par commande. Les numéros de ces derniers sont inscrits sur le bon primitif qui se trouve ainsi annulé.

ou par groupe d'ateliers placés sous la direction d'un même officier, officier d'administration ou employé militaire et par commande.

En fin de mois (1), il établit, par atelier ou par groupe d'ateliers, un relevé (modèle n° 32) indiquant, par commande, les matières et objets délivrés.

L'officier d'administration comptable remet ce relevé à l'officier, à l'officier d'administration ou à l'employé militaire signataire des bons provisoires, avec une facture de livraison (modèle n° 9) indiquant seulement, par numéro de la nomenclature, le total des quantités délivrées et leur valeur.

Après avoir vérifié l'exactitude de ces pièces, l'officier, l'officier d'administration ou l'employé militaire y appose son récépissé, renvoie les factures au comptable et conserve le relevé.

La facture de livraison est mise à l'appui du compte de gestion pour justifier les sorties.

Quand il y a plusieurs factures et que leur totalisation permet de diminuer les inscriptions à faire au registre-journal, l'officier d'administration comptable récapitule ces factures dans un bordereau (modèle n° 42), auquel les factures demeurent annexées. Ce bordereau sert de pièce justificative de la sortie ; son numéro est reporté sur toutes les factures qu'il renferme.

En fin d'année, il est établi dans chaque établissement producteur et dans chaque école un état comparatif (modèle n° 32 B) de la valeur des matières et objets délivrés aux ateliers et services d'exploitation pendant l'année et de celle des matières et objets imputés aux comptes des commandes. Cet état a pour but de fournir la justification de l'emploi des matières et objets délivrés aux ateliers et de dégager ainsi la responsabilité des officiers, officiers d'administration et employés militaires chargés de la conduite des travaux. Il importe donc qu'il soit établi et vérifié avec le plus grand soin.

Il est adressé au Ministre avec les comptes rendus annuels (§ XVIII).

§ VIII. *Des remises faites aux magasins par les ateliers.* — Les produits définitifs des confections, transformations et démolitions,

---

(1) Dans les écoles où les consommations de matières sont peu importantes et où il n'y a ordinairement que des commandes annuelles, les relevés (modèle n° 32) et les factures peuvent n'être établis qu'en fin de trimestre.

les produits intermédiaires qui ne sont pas utilisés pour la commande au titre de laquelle ils ont été fabriqués, les résidus, les meubles, limes et outils hors de service ou devenus inutiles, et les matières qui se trouvent en excédent à la fin d'une commande sont versés en magasin sur la production d'un bulletin de remise (modèle n° 33), qui est détaché d'un carnet à souche signé par le chef d'atelier et visé par l'officier, l'officier d'administration ou l'employé militaire chargé de la conduite des travaux.

En fin de mois (1), l'officier d'administration comptable remet à l'officier, officier d'administration ou employé militaire signataire des bons un relevé (2) (modèle n° 33 A) indiquant, par commande, les matières et objets versés en magasin, avec un certificat administratif (2) (modèle n° 6) portant, par numéro de la nomenclature, les totaux du relevé.

Après vérification, l'officier, l'officier d'administration ou l'employé militaire signe sur le certificat n° 6 la mention suivante : *Certifié conforme aux remises faites au magasin pendant le mois d......;* il le renvoie à l'officier d'administration comptable, pour justifier l'entrée dans les comptes-matières, et il conserve le relevé 33 A pour sa décharge.

Quand il y a plusieurs certificats administratifs et que leur totalisation permet de diminuer les inscriptions au registre-journal, l'officier d'administration comptable récapitule ces certificats dans un bordereau (modèle n° 43), auquel ils demeurent annexés. Ce bordereau sert de pièce justificative de l'entrée; son numéro est reporté sur tous les certificats qu'il renferme.

Les produits de la fabrication sont versés en magasin par l'atelier qui a achevé la commande.

Les matières qui se trouvent en excédent à la fin d'une commande sont versées en magasin par bulletin de remise *distinct*, portant en tête les mots : *Excédent en fin de commande.*

Ces bulletins sont récapitulés dans un relevé (modèle n° 33 A) et dans un certificat administratif (modèle n° 6), distincts et décomptés. En fin d'année, le montant en argent de ces certificats

---

(1) Dans les écoles du génie, le relevé (modèle n° 33 A) et le certificat administratif peuvent n'être établis qu'en fin de trimestre.

(2) Le relevé et le certificat administratif ne sont décomptés que pour les produits intermédiaires, les vieilles matières et les résidus à inscrire au tableau D des feuilles d'ouvrage.

est reporté sur l'état (modèle n° 32 A), pour établir la valeur des matières réellement sorties du magasin.

Quand le matériel est déposé en magasin avant d'avoir été définitivement reçu, on n'établit pas de bulletin de remise; il est inscrit sur un *carnet du matériel en dépôt dans le magasin* (modèle n° 34). Ce carnet est tenu contradictoirement en double par le comptable et le chef d'atelier. Le bulletin de remise n'est établi qu'après la réception définitive et mention en est faite au carnet n° 34.

§ IX. *Matériel non admis par les commissions de réception ou rebuté dans les ateliers.* — Si le matériel est définitivement refusé ou si, en cours de fabrication, il est rebuté dans les ateliers après être arrivé déjà à un degré d'avancement qui a nécessité des dépenses relativement importantes, le sous-directeur ou le commandant de l'école dresse un procès-verbal qui relate les quantités rebutées, les motifs du rejet, la destination donnée au matériel et, s'il y a lieu, les responsabilités encourues. Ce procès-verbal est adressé au Ministre. Les dépenses effectuées demeurent imputées à la commande.

§ X. *Des mobiliers d'atelier, instruments, outillages et outils de main.* — Chaque atelier est pourvu, à titre de première mise, du mobilier, des machines, des machines-outils, outillages et outils de main d'un usage général qui sont nécessaires à son fonctionnement. La valeur des outillages spéciaux à l'exécution d'une commande est imputée au compte de cette commande.

La nature et la quantité des objets à mettre à la disposition des ateliers sont déterminées par le directeur, sur la proposition des officiers chargés des travaux, appuyée de l'avis du sous-directeur.

Il ne peut être rien changé à la fixation sans une autorisation motivée du directeur.

Le chef d'atelier est responsable du mobilier et de l'outillage de son atelier; il en tient un inventaire général.

Il délivre à chaque ouvrier les outils d'un usage courant qui lui sont nécessaires et les inscrit sur un inventaire en deux expéditions; il en remet une à l'ouvrier et il conserve l'autre signée par ce dernier.

Il tient renfermés les instruments et les outils d'un usage peu fréquent, note les ouvriers auxquels il les délivre et les fait rentrer aussitôt qu'ils ne sont plus nécessaires.

Chaque ouvrier est pécuniairement responsable de tous les outils qui lui sont confiés.

Le chef d'atelier fait le recensement de ces outils toutes les fois qu'il le juge utile pour couvrir sa responsabilité ; il constate cette opération sur les inventaires par un visa daté. Il rend compte des différences à l'officier chargé de la conduite des travaux. En cas de départ d'un ouvrier, il est toujours procédé au recensement de ses outils. L'inobservation de ces prescriptions engage la responsabilité du chef d'atelier.

Les objets mobiliers, instruments, outillages et outils jugés hors de service sont versés en magasin comme vieilles matières, mais le bulletin de remise en indique le nombre. Ils sont immédiatement remplacés, sur la production de bons provisoires établis soit au titre des frais généraux d'atelier, s'ils sont d'un usage général, soit au titre d'une commande, s'ils sont spéciaux à cette commande.

Si le prix de nomenclature de ces objets dépasse cent francs, ils sont réintégrés en magasin au nombre et proposés pour la réforme.

Dans certains cas, le remplacement peut être fait par confection dans les ateliers (§ XI).

§ XI. *Des outils et objets confectionnés et conservés par les ateliers.* — Il ne doit être confectionné aucun outil ou objet destiné à l'usage des ateliers sans un ordre du sous-directeur, quand il s'agit de remplacer ceux qui sont usés, ou du directeur, s'il s'agit d'une augmentation d'outillage.

La confection de ces objets est faite au titre des frais généraux de l'atelier auquel ils sont destinés, s'ils sont d'un usage général, et au titre d'une commande, s'ils sont spéciaux à son exécution.

Dans le cas où ils seraient fabriqués dans un autre atelier, le versement d'un atelier à l'autre sera constaté comme il est indiqué ci-après (§ XV).

Si les outils et objets confectionnés augmentent la fixation de l'atelier, ils sont immédiatement ajoutés sur l'inventaire du chef d'atelier ; s'ils sont fabriqués à titre de remplacement, les outils et objets remplacés sont versés en magasin (§ X).

§ XII. *Des résidus de la fabrication et des bois rebutés.* — Les résidus provenant des confections, transformations, réparations et démolitions sont réunis chaque jour par les soins du chef d'atelier, qui est responsable de leur conservation.

Ils sont versés en magasin au moins une fois par mois ou plus souvent, si l'officier qui dirige l'atelier le juge utile.

Les bois rebutés sont échangés immédiatement au magasin. Cette opération ne donne pas lieu à écritures. S'ils ont déjà subi un commencement de façon, les changements de classification nécessaires sont opérés dans les écritures du comptable. S'ils sont jugés hors de service, ils sont proposés pour la réforme à l'inspection générale.

§ XIII. *Des objets mobiliers en service.* — Les objets mobiliers mis à la disposition des ateliers et des services d'exploitation (tables, bureaux, bancs, etc.) sont portés sur les inventaires des chefs d'atelier auxquels ils sont remis (voir § X) et cessent de figurer dans les comptes de l'officier d'administration comptable.

§ XIV. *Des mouvements du matériel à réparer.* — Tout corps ou établissement qui ne possède pas d'atelier et qui doit faire réparer son matériel dans un autre établissement de la même place, tient un *carnet à souche des bulletins de demande à réparer* (modèle n° 35).

Toute demande à réparer est adressée au directeur de l'établissement, qui y mentionne l'atelier chargé de la réparation. Le matériel remis à cet atelier est accompagné du bulletin de demande et du carnet du corps ou de l'établissement livrancier ; le chef d'atelier porte son reçu sur le carnet et inscrit immédiatement les quantités livrées sur *le registre des mouvements journaliers du matériel* (modèle n° 36). Cette inscription est signée par le représentant du corps ou de l'établissement.

Quand, après réparation, ce dernier reprend le matériel, il appose son reçu sur le registre de l'atelier qui lui fait la remise, et le chef de cet atelier certifie la remise sur le carnet du corps ou de l'établissement. Le matériel réparé est remis aux intéressés par l'atelier qui a achevé la réparation.

Quand les réparations ne sont pas terminées en fin d'année, le matériel qui n'a pu être remis à cette date fait l'objet d'une nouvelle commande partielle au titre de l'année suivante.

On opère de la même manière pour le matériel mis en réparation par le magasin ou les services généraux de l'établissement et pour celui qui est envoyé aux ateliers dans le but d'y subir une transformation. Si, par suite de cette transformation, le matériel doit être classé sous un autre numéro de la nomenclature, le déclassement est fait après sa réintégration en magasin.

§ XV. *Des feuilles d'ouvrage.* — Chaque atelier ou groupe d'ateliers appelé à participer à l'exécution d'une commande principale en suit le compte sur une feuille d'ouvrage (modèle n° 37). Ce compte comprend les opérations relatives à toutes les commandes partielles successivement émises pour l'exécution de la commande principale. Les comptes des frais généraux sont suivis sur une feuille d'ouvrage (modèle n° 38).

a) OBJET ET FORME DE LA FEUILLE D'OUVRAGE. — La feuille d'ouvrage est destinée à l'enregistrement, au fur et à mesure qu'elles se produisent, de toutes les dépenses et consommations occasionnées par l'exécution de chaque commande. Elle fournit ainsi des éléments authentiques du compte à produire pour justifier de l'emploi des ressources mises à la disposition des ateliers et services d'exploitation.

b) TENUE DE LA FEUILLE D'OUVRAGE. — Les feuilles d'ouvrage sont tenues conformément aux instructions portées sur les modèles n°ˢ 37 et 38. L'officier, l'officier d'administration ou l'employé militaire chargé de la direction d'un atelier ou d'un groupe d'ateliers fait tenir sous sa surveillance, par le chef d'atelier ou par un agent qu'il désigne, les feuilles d'ouvrage relatives aux travaux et celles des frais généraux d'atelier.

Les feuilles d'ouvrage des frais généraux d'établissement et d'usine sont tenues par un officier, un officier d'administration ou un employé militaire désigné à cet effet, sous la direction et la surveillance du sous-directeur.

La tenue de la feuille d'ouvrage relative aux travaux intérieurs des magasins dépendant de chaque gestion est confiée à l'officier d'administration comptable. Il fait tenir, à cet effet, par les surveillants de chaque subdivision les écritures élémentaires nécessaires (§ XX).

c) RÉPARTITION DES FRAIS GÉNÉRAUX. — Toutes les dépenses (main-d'œuvre, frais divers, matières) qui sont portées sur les feuilles d'ouvrage des frais généraux sont récapitulées mensuellement.

Le montant des frais généraux de chaque atelier ou groupe d'ateliers est réparti par l'officier, l'officier d'administration ou l'employé militaire qui le dirige entre toutes les commandes.

Cette répartition est faite au prorata de la dépense en main-d'œuvre appliquée directement à chaque commande, sauf dans les cas où, en raison de la nature et du mode d'exécution des travaux, il serait préférable d'adopter d'autres bases de répartition.

Le directeur de l'atelier ou du groupe d'ateliers produit, en outre, au sous-directeur un relevé de la main-d'œuvre qui a été appliquée directement à chaque commande pendant le mois. Pareil relevé est produit par l'officier d'administration comptable pour les travaux intérieurs du magasin.

De leur côté, les officiers ou agents chargés de la tenue des feuilles d'ouvrage des frais généraux d'établissement et d'usine font connaître au sous-directeur le montant des dépenses en argent et en matières faites pendant le mois précédent.

Au moyen de ces éléments, le sous-directeur détermine, d'après les bases indiquées ci-dessus, les sommes à inscrire, au titre des frais généraux d'établissement et d'usine, sur les feuilles d'ouvrage tenues, pour chaque commande, dans les divers ateliers ou groupes d'ateliers. Il les notifie aux intéressés.

Dans les établissements où il n'a été émis que des commandes annuelles, l'arrêté des feuilles d'ouvrage des frais généraux et la répartition de ces frais entre les commandes n'ont lieu qu'en fin d'année.

d) CLOTURE ET ARRÊTÉ DES FEUILLES D'OUVRAGE. — Les feuilles d'ouvrage sont arrêtées, savoir : pour les commandes spéciales qui sont achevées dans le courant de l'année, à la fin du mois pendant lequel elles ont été terminées, après inscription de la part des frais généraux qui leur incombe; dans tous les autres cas, en fin d'année.

§ XVI. *Des recensements et de l'inventaire annuel.* — Le directeur, le sous-directeur, le commandant de l'école et les officiers chargés des ateliers procèdent aussi souvent qu'ils le jugent utile au recensement des matières et objets de toute nature mis à la disposition des ateliers.

Au 31 décembre, il est fait un inventaire de rigueur, sous la direction et la surveillance du sous-directeur ou du commandant de l'école. Quand il y a lieu, il est formé des commissions d'officiers, d'officiers d'administration et d'employés militaires pour concourir à cette opération.

Pour la rendre plus prompte. les ateliers évitent de percevoir des matières au magasin, au delà de leurs besoins immédiats; ils s'efforcent d'achever complètement le plus grand nombre possible de confections et de réparations, de manière à pouvoir faire à qui de droit la remise du matériel confectionné ou réparé, et à ne conserver qu'une petite quantité de matières en cours de transformation. Ces matières sont inventoriées, sous le numéro de la nomenclature, sous la dénomination et d'après les prix qui leur avaient été attribués au moment de la livraison par le magasin. On en évalue aussi exactement que possible la quantité réelle.

L'inventaire de l'atelier (modèle n° 39) fait ressortir les existants au titre de chaque commande. Il est signé par l'officier qui dirige l'atelier et par le sous-directeur.

Tous ces inventaires particuliers sont remis à l'officier d'administration comptable, pour établir l'inventaire général (modèle n° 40) des matières et objets existant dans les ateliers et services d'exploitation.

L'inventaire général, certifié par le sous-directeur ou le commandant de l'école et vérifié par le directeur, est adressé, en même temps que le compte de gestion du comptable, au Ministre, qui fait reporter sur un état général (modèle n° 57) par établissement et par unité sommaire, les totaux des inventaires généraux. Le décompte en argent est porté sur cet état en francs seulement; les fractions de franc égales ou supérieures à 50 centimes sont comptées pour 1 franc; les autres sont négligées.

L'état n° 57 est produit à l'appui des résumés généraux.

§ XVII. *Des matières et objets de consommation existant dans les ateliers au* 31 *décembre.* — Dès que l'inventaire de l'atelier est arrêté, on en reporte les résultats sur la feuille d'ouvrage de chaque commande (tableau C) et la différence avec les totaux des livraisons de matières fait ressortir les quantités qui ont été consommées jusqu'au 31 décembre pour les confections dont la remise a été faite en magasin et pour les réparations effectuées.

Les chiffres de l'inventaire sont reportés, comme premier article d'entrée, sur la feuille d'ouvrage ouverte le 1er janvier au titre de la même commande.

Si aucune remise de matériel confectionné n'a été faite avant le

31 décembre ou si aucune réparation n'est terminée à cette date, les quantités inventoriées doivent être égales à celles des livraisons faites par le magasin ; dans le cas contraire, procès-verbal est dressé et le Ministre statue sur les responsabilités encourues.

§ XVIII. *Comptes rendus d'exécution des commandes.* — Les comptes rendus d'exécution de commande prévus au paragraphe V ci-dessus sont le résumé de toutes les feuilles d'ouvrage : ils comprennent toutes les dépenses imputables à la commande depuis le commencement du travail, alors même qu'il aurait été poursuivi pendant plusieurs années. Ils font ressortir les déchets subis, ainsi que la quantité et le prix de revient des produits obtenus; ils se terminent par la comparaison de la dépense avec le montant des états de prévision.

Les comptes rendus sont établis par le sous-directeur de la manière suivante :

a) COMMANDES SPÉCIALES. — Aussitôt que les feuilles d'ouvrage concernant une commande spéciale sont arrêtées, elles sont remises au sous-directeur, qui les vérifie.

Si la commande s'élève à une somme supérieure à 3.000 francs, le sous-directeur récapitule les totaux des feuilles d'ouvrage dans un compte rendu d'exécution (modèle n° 41).

Si la commande ne dépasse pas 3.000 francs, il enregistre ces totaux sur un compte rendu (modèle n° 41 A).

b) COMMANDES ANNUELLES. — La forme des comptes rendus varie suivant la nature des commandes :

1° Une copie des feuilles d'ouvrage des *frais généraux* d'établissement et d'usine tient lieu de compte rendu.

Il n'est pas produit de compte rendu pour les frais généraux d'atelier.

2° Les résultats des feuilles d'ouvrage relatives à la *manutention, l'entretien et la réparation* du matériel d'un établissement sont enregistrés annuellement et distinctement par commande sur un compte rendu (modèle n° 41 B).

Ce compte rendu fait ressortir la dépense annuelle d'entretien par rapport à la valeur ou aux quantités du matériel existant dans l'établissement au 1er janvier de l'année expirée.

3° Les résultats des feuilles d'ouvrage pour *réparation du matériel appartenant à un autre établissement* sont enregistrés annuellement, par commande, à la suite des précédents, sur le même compte rendu.

Le montant total de chaque commande (col. 17) est immédiatement notifié à l'établissement intéressé, qui l'ajoute, dans son propre compte rendu (modèle n° 41 B) dans la colonne 18, aux dépenses faites par lui au même titre.

On obtient ainsi par établissement le total de la dépense faite pour manutention, entretien et réparation du matériel, ce qui permet de faire ressortir la proportion existant entre ce chiffre et celui de la valeur du matériel au 1er janvier de l'année expirée.

4° Les résultats des feuilles d'ouvrage relatives aux *menues confections* sont enregistrés sur le compte rendu (modèle n° 41 A). Ce compte rendu ne fait pas ressortir le prix de revient de chaque objet confectionné, mais indique seulement la différence entre la dépense totale et le montant des divers états de prévision. .

5° Les résultats des feuilles d'ouvrage relatives à la *démolition du matériel* sont enregistrés sur un compte rendu (modèle n° 41 C), qui fait ressortir la valeur du matériel mis en démolition, la dépense résultant de l'opération et la valeur des produits obtenus.

Dans le cas où la démolition fait l'objet d'une commande spéciale, le compte rendu de l'opération est établi sur le modèle n° 41.

6° Les résultats des feuilles d'ouvrage annuelles relatives à la confection de matériel dont les commandes successives sont réunies dans une commande annuelle, sont inscrits sur un compte rendu (modèle n° 41) si la dépense totale dépasse 3.000 francs et sur le compte rendu (modèle 41 A) si la dépense totale est égale ou inférieure à cette somme.

Les feuilles d'ouvrage remises par les ateliers sont conservées dans les archives du sous-directeur à l'appui des minutes des comptes rendus d'exécution des commandes.

c) Délai de production et vérification des comptes rendus. — Les comptes rendus des commandes spéciales sont adressés au Ministre dans le mois qui suit celui pendant lequel elles ont été terminées.

Les comptes rendus des commandes annuelles sont adressés au Ministre, au plus tard à la fin du deuxième mois qui suit l'année à laquelle ils se rapportent.

Les comptes rendus sont vérifiés par les directeurs. Ils sont, au ministère de la guerre, l'objet d'une nouvelle vérification. Toutes les fois que le Ministre le juge utile, il se fait adresser, pour les commandes qu'il désigne, les feuilles d'ouvrage, carnets, bons, bulletins et autres pièces élémentaires.

§ XIX. *Dispositions spéciales aux places comptables.* — Dans les places comptables où l'on a organisé de petits ateliers pour les menues réparations et les remplacements d'objets de peu d'importance, l'officier d'administration comptable ouvre, au 1er janvier, une feuille d'ouvrage où l'on inscrit toutes les dépenses en main-d'œuvre et les consommations de matières occasionnées par la manutention, l'entretien et la réparation du matériel existant dans la place.

Il ne tient aucun des registres et carnets mentionnés aux paragraphes précédents. Il se borne à enregistrer journellement, sur un carnet auxiliaire, les mouvements entre le magasin et les ateliers et les consommations de matières.

En fin de trimestre, il porte sur une feuille d'ouvrage (modèle n° 37) (1) les quantités de matières consommées, les résidus versés en magasin, la dépense en main-d'œuvre.

Les quantités de matières et objets consommés pendant le trimestre sont portées sur un certificat administratif (modèle n° 10), au bas duquel l'officier d'administration signe la mention suivante : *Certifié l'exécution du présent ordre et l'inscription des quantités ci-dessus sur la feuille d'ouvrage.* »

Les résidus versés en magasin sont portés sur un certificat administratif (modèle n° 6) (2).

Ces certificats justifient la sortie ou l'entrée.

En fin d'année, il est produit une copie de la feuille d'ouvrage qui tient lieu de compte rendu.

§ XX. *Ecritures intérieures des ateliers.* — Indépendamment des

---

(1) L'objet de la commande est *Entretien, réparation du matériel et menues confections.*

Les tableaux A et B ne sont remplis qu'en cas de confection d'objets neufs.

Au tableau E toutes les dépenses de main-d'œuvre sont portées dans la colonne 3. Il n'est pas fait d'inscription dans les autres, sauf, le cas échéant, dans les colonnes 4 et 5.

(2) Dans le cas où, par exception, il aurait été confectionné des objets destinés à être versés au magasin et pris en charge, ils devraient être portés sur le même certificat.

écritures ci-dessus, il est tenu, dans l'intérieur de chaque atelier, des écritures auxiliaires dont la forme varie suivant la nature du travail et suivant les procédés de fabrication. Elles doivent permettre de se rendre compte à tout instant des diverses transformations des matières, des déchets, etc.

La nature et la forme de ces écritures sont déterminées par le directeur, sur la proposition des officiers qui dirigent les ateliers et sur l'avis du sous-directeur. On ne doit pas perdre de vue l'importance que présentent ces écritures élémentaires et la simplicité avec laquelle elles doivent être établies.

§ XXI. *Durée de conservation de la comptabilité.* — Les feuilles d'ouvrage, les carnets, les bons provisoires, les bulletins de remise et toutes autres pièces appartenant à la comptabilité des ateliers et services d'exploitation sont conservés pendant les dix années qui suivent celle à laquelle ces documents se rapportent.

Les directeurs des établissements sont laissés libres de désigner ceux de ces documents qu'il y aurait intérêt à conserver définitivement dans les archives.

Service des poudres et salpêtres.

§ I. *Prix des matières et objets de consommation.* — Pour les matières livrées directement à l'établissement, le prix est fixé par le directeur à la fin de l'année, d'après la moyenne du prix d'achat pendant le cours de l'année ou, à défaut, d'après les prix des années antérieures.

Pour les matières envoyées par un établissement à un autre après fabrication (salpêtre raffiné, soufre raffiné, éther, coton-poudre, etc., etc.), le Ministre fixe les prix à appliquer, d'après les prix de revient des établissements expéditeurs, auxquels on ajoute les frais de transport.

§ II. *Division, par nature, des travaux à exécuter.* — Les travaux à exécuter dans les établissements des poudres et salpêtres se distinguent en travaux de fabrication ou confection et en travaux de réparation ou remaniement.

§ III. *Des ordres d'exécution des travaux et des états de prévision.* — L'ordre d'entreprendre un travail est donné par le Ministre et prend le nom de commande ministerielle.

Ces commandes sont spéciales ou annuelles.

Art. 74. Poudres et salpêtres.

Sont l'objet d'ordres spéciaux : les travaux de remaniement des poudres et explosifs ; les confections et réparations autres que celles qui ont pour objet l'entretien du matériel des établissements.

Sont l'objet d'ordres annuels : les commandes afférentes à la fabrication des poudres et explosifs pour les services consommateurs : Finances, Marine, Artillerie. A moins d'indication contraire, sont comprises dans la commande annuelle de chaque service consommateur, en addition à la commande primitive, les quantités de poudres et explosifs demandées pendant le cours de l'année pour le même service.

Chaque commande ministérielle donne lieu à l'établissement d'états de prévision qui sont soumis au Ministre. Des états distincts sont établis par section du budget suivant l'imputation de la commande.

Après approbation des états de prévision, les établissements peuvent faire, sans autre autorisation, les dépenses de main-d'œuvre et les consommations de matières nécessaires, jusqu'à concurrence des sommes portées auxdits états. S'il y a lieu d'acheter des matières, ils se conforment aux instructions relatives aux achats. Certaines commandes annuelles et, en particulier, celles des poudres de vente pour les finances, n'étant qu'approximatives et se trouvant susceptibles de variations suivant les demandes des entrepôts, les dépenses pour achats d'objets de consommation ne doivent être engagées que suivant les besoins. A la fin du 3e trimestre, lorsque la marche des livraisons permet d'apprécier l'importance effective de la fabrication de l'année, des états de prévision rectificatifs ou complémentaires sont soumis au Ministre.

§ IV. *De l'émission des commandes dans les établissements.* — La notification des commandes ministérielles est suivie, dans chaque établissement, de l'émission par le directeur des commandes intérieures que comporte leur exécution.

L'objet et la dénomination des diverses commandes intérieures sont déterminés comme il suit :

a) SERVICE GÉNÉRAL.

Commande F. G. : relative aux frais généraux de l'établissement et comprenant les dépenses en personnel, matières et objets afférentes à la marche générale de l'établissement indépendamment de toute production.

Commande F G U : relative aux frais généraux d'usine et comprenant les dépenses en main-d'œuvre, matières et objets afférentes à l'ensemble des travaux, sans pouvoir être appliquées spécialement à aucune fabrication.

b) SERVICE DES MATIÈRES PREMIÈRES.

Commande C : relative à la fabrication des charbons.
Commande S F : relative à la fabrication du salpêtre.
Commande S R : relative au raffinage du salpêtre.
Commande S O R : relative au raffinage du soufre.
Commande C P : fabrication des cotons-poudres.
Commande A N : fabrication de l'acide nitrique.
Commande E : fabrication de l'éther.

c) SERVICE DE LA FABRICATION DES POUDRES.

Commande P : fabrication des poudres noires ou brunes.
Commande M : fabrication des mélinites, crésylites et explosifs analogues.
Commande B : fabrication des poudres de l'espèce dite B.

Remaniement (P ou B ou M, etc.). Remaniement des explosifs de l'espèce P ou B ou M, etc.

d) 1. SERVICE DE L'EMBALLAGE DES POUDRES ET MATIÈRES PREMIÈRES.

Une commande à ce service correspond à chacune des commandes des services *b* et *c* et porte la même désignation suivie de l'indice *e*.

d) 2. SERVICE DE L'EMBALLAGE. ENVELOPPES.

Commande C X : confection des enveloppes, barils, caisses, chapes, barillets, etc.
Commande R X : Réparation et radoub des enveloppes.

e) SERVICE DU MAGASIN.

Commande C M : Confection des outils, ustensiles, appareils, parties de machines, destinés à former approvisionnement en magasin ou devant être conservés par les ateliers ; entretien et conservation du matériel en magasin.

f) SERVICES SPÉCIAUX.

Les commandes spéciales pour réparations d'objets n'appartenant pas au service sont distinctes et reçoivent un numéro d'ordre précédé de la lettre O ou E, suivant la section du budget à laquelle elles sont imputables.

Les commandes ministérielles sont inscrites par le directeur sur un registre (modèle 30), avec l'indication des commandes intérieures émises pour leur exécution et de la notation qui a été attribuée à ces dernières.

§ V. *Des comptes des commandes.* — Chaque commande intérieure donne lieu à un compte distinct dans lequel sont relatées toutes les dépenses qui résultent de son exécution.

Les comptes des commandes comprennent les frais de main-d'œuvre, la valeur des matières et objets employés et les dépenses d'entretien ou de remplacement qui peuvent être avec certitude rattachées au travail exécuté.

On défalque du total la valeur des vieilles matières et résidus versés en magasin et la balance fait ressortir la dépense effective.

Au moyen du compte des commandes intérieures, on établit le compte rendu des commandes ministérielles et le prix de revient des divers produits compris dans ces commandes.

A cet effet, les dépenses tant en main-d'œuvre qu'en matières et objets comprises dans les diverses commandes *b, c, d* 1 ci-dessus, qui peuvent être appliquées avec certitude à un produit déterminé, sont inscrites au prix de revient de ce produit; les frais indivis de main-d'œuvre sont répartis entre les diverses sortes de produits fabriqués d'après les coefficients arrêtés par le Ministre sur la proposition du directeur de chaque établissement; les dépenses en matières et objets qui sont communes à plusieurs produits, sans pouvoir être spécialement affectées à l'un d'eux, sont réparties au prorata de la main-d'œuvre déterminée pour chacun de ces produits; enfin, le total des dépenses faites au titre des commandes intérieures *FG* et *FGU* est réparti entre tous les produits fabriqués, proportionnellement à la main-d'œuvre totale afférente à chacun d'eux.

Dans les établissements comportant plusieurs fabrications distinctes, une feuille d'ouvrage distincte F G est établie pour chacune des commandes P, B, C P, etc..., elle reçoit la désignation de F G P, F G B, F G C P, etc... Elle comprend les frais généraux qui peuvent être imputés à chacune de ces commandes P, B, C P, etc., et notamment les fournitures et ustensiles indivis entre les divers types de poudres appartenant à la même commande P, B, C P, etc.

La feuille F G U ne doit, en ce cas, contenir que les dépenses qui ne peuvent reéllement pas être appliquées à l'une ou à l'autre fabrication, et doivent être réparties entre les commandes proprotionnellement à la main-d'œuvre totale afférente à chacune d'elles.

D'après le même principe, les dépenses de réparations de bâtiments, machines, matériel, etc., incorporées dans les frais généraux des établissements, doivent être imputées aussi exactement que possible à la commande qui les a motivées. A cet effet, un état de ces réparations exécutées dans l'année et à comprendre dans les frais généraux, est préalablement soumis, chaque année, à l'approbation ministérielle. Il indique celles afférentes aux diverses commandes P, B, C P, etc., et celles qui, étant afférentes à l'ensemble des commandes, doivent être ajoutées aux frais généraux d'usine proprement dits.

Pour faciliter la comparaison entre les prix de revient des divers établissements, les sections V et VI des comptes rendus d'exécution indiquent séparément les dépenses pour :

Frais généraux d'établissement;

Frais généraux d'usine, y compris les frais généraux F G P, F G B, F G C P, etc.

Toutefois, les commandes *d 2, e, f,* ci-dessus, dont les comptes servent à déterminer la valeur des enveloppes et celle des objets confectionnés et entrés en magasin, ne sont grevées d'aucune part des frais généraux d'établissement ou d'usine.

§ VI. *Exécution des commandes.* — Les ingénieurs chargés du service des ateliers prennent les mesures nécessaires pour l'exécution des commandes en se conformant aux règles ci-après.

§ VII. *Délivrance des matières et objets par le magasin.* — Les matières, outils et objets nécessaires à l'exécution des commandes sont, au fur et à mesure des besoins, mis par le comptable à la disposition des ateliers ou services sur bons provisoires, détachés d'un carnet à souche (modèle n° 31), signés par les chefs d'atelier et visés par les ingénieurs chargés de la conduite des travaux. En dehors des cas exceptionnels, les livraisons aux ateliers ne s'effectuent dans chaque magasin qu'une fois au plus par jour.

Les bons ne doivent comprendre que les matières et objets qui sont immédiatement applicables au travail à exécuter. Ils sont distincts par commande.

En fin de mois, le comptable en matières établit un relevé par commande et par atelier des matières et objets délivrés (modèle n° 32). Il le remet à l'ingénieur qui a visé les bons provisoires, avec une facture de livraison (modèle n° 9) indiquant, par numéro de la nomenclature, le total des quantités délivrées.

L'ingénieur fait vérifier l'exactitude du relevé et de la facture par le chef d'atelier signataire des bons, la vérifie lui-même, remet la facture au comptable, revêtue du récépissé du chef ouvrier et de son visa et conserve le relevé.

En fin d'année, il est établi un état comparatif (modèle n° 32 B) de la valeur des matières et objets délivrés aux ateliers et services d'exploitation pendant l'année et de celle des matières et objets imputés aux comptes des commandes. Cet état a pour but de fournir la justification de l'emploi des matières et objets délivrés par le magasin et de dégager ainsi la responsabilité des ingénieurs et employés qui les ont reçus. Il importe donc qu'il soit établi et vérifié avec le plus grand soin.

Il est adressé au Ministre avec le compte rendu (modèle n° 41 F).

§ VIII. *Des remises faites au magasin par les ateliers.* — Les produits des confections, transformations et démolitions, les résidus en provenant ainsi que les limes et outils hors de service, et les matières qui se trouvent en excédent à la fin d'une commande, sont versés en magasin sur la production d'un bulletin de remise (modèle n° 33), détaché d'un carnet à souche, signé par le chef d'atelier et visé par l'ingénieur chargé de la conduite des travaux.

En fin de mois, le comptable remet à ce dernier un relevé (modèle n° 33 A) indiquant, par commande, les matières et objets versés en magasin, avec un certificat administratif (modèle n° 6) portant, par numéro de la nomenclature, les totaux du relevé.

Après vérification, l'ingénieur signe sur le certificat n° 6 la mention suivante : « Certifié conforme aux remises faites au magasin pendant le mois de..... », il le renvoie au comptable, pour justifier l'entrée dans les comptes-matières, et il conserve le relevé 33 A pour sa décharge.

Les produits des confections et transformations sont versés au magasin par l'atelier qui a achevé la commande.

Les matières qui se trouvent en excédent à la fin d'une commande sont versées en magasin par bulletin de remise distinct portant en tête les mots : *Excédent en fin de commande.*

Ces bulletins sont récapitulés dans un relevé (modèle n° 33 A) et dans un certificat administratif (modèle n° 6) distincts et décomptés. En fin d'année, le montant en argent de ces certificats est reporté sur l'état (modèle n° 32 B), pour établir la valeur des matières réellement sorties du magasin.

Quand du matériel est déposé en magasin avant d'avoir été définitivement reçu, il n'est pas établi de bulletin de remise. Il est inscrit sur un *carnet du matériel en dépôt dans le magasin* (modèle n° 34). Le bulletin de remise n'est établi qu'après admission définitive. Mention de la délivrance de ce bulletin est faite au carnet n° 34.

Toutefois, afin de faire figurer les quantités ainsi fabriquées et non définitivement reçues dans les comptes de fabrication et de gestion de l'année où la dépense a été effectuée, il est fait remise au magasin, au 31 décembre, des quantités restées en dépôt. En cas de rejet d'un lot, le magasin en fait livraison à l'atelier dans le cours de l'année suivante; le total des poudres ainsi livrées pour remaniement est déduit, à la fin de cette seconde année, de celui des remises faites au magasin, pour avoir le chiffre des quantités réellement fabriquées.

§ IX. *Matériel non admis par les commissions de réception.* — Si les produits fabriqués ne sont pas admis par la commission de réception, ils sont repris par le chef d'atelier. La mention de cette reprise est faite sur le carnet n° 34 et émargée par le chef d'atelier.

§ X. *Des outillages, instruments et outils de main.* — Chaque atelier est pourvu, à titre de première mise, de tous les outillages, instruments et outils qui sont nécessaires à son fonctionnement et dont la nature et le nombre sont fixés par le directeur, sur la proposition des ingénieurs chargés des travaux.

Il ne peut être rien changé à la fixation adoptée sans une autorisation du directeur.

La délivrance de tout l'outillage aux ateliers et les remises à faire au magasin s'opèrent conformément aux dispositions des paragraphes VII et VIII.

Le chef d'atelier est responsable de tout l'outillage de son atelier; il en tient un inventaire général.

Il remet à chaque ouvrier les outils d'un usage courant qui lui sont nécessaires et les inscrit sur un inventaire en deux expédi-

Art. 74. — Poudres et salpêtres.

tions ; il en remet une à l'ouvrier et il conserve l'autre signée par ce dernier.

Il tient enfermés les instruments et outils d'un usage peu fréquent, note les ouvriers auxquels il les délivre et les fait rentrer aussitôt qu'ils ne sont plus nécessaires.

Chaque ouvrier est pécuniairement responsable de tous les outils qui lui ont été confiés.

Le chef d'atelier fait le recensement de ces outils toutes les fois qu'il le juge utile pour couvrir sa responsabilité ; il constate cette opération sur les inventaires par un visa daté. Il rend compte des différences à l'ingénieur ou à l'employé chargé de la conduite des travaux. En cas de départ d'un ouvrier, il est toujours procédé au recensement de ses outils. L'inobservation de ces prescriptions engage la responsabilité du chef d'atelier.

Les instruments et outils jugés hors de service sont versés en magasin comme vieilles matières, mais le bulletin de remise en indique le nombre. Ils sont immédiatement remplacés sur la production de bons provisoires.

Si le remplacement est fait au moyen de confections dans les ateliers, on se conforme au paragraphe suivant.

§ XI. *Des outils et objets confectionnés et conservés par les ateliers.* — Les ateliers ne doivent confectionner d'outils ou d'objets pour leur usage que d'après les ordres du directeur.

Immédiatement après leur achèvement, les chefs d'atelier remettent au comptable un bulletin de remise et un bon provisoire qui portent la même date.

§ XII. *Des résidus de la fabrication.* — Les résidus provenant des confections, transformations, réparations et démolitions sont réunis chaque jour par les soins du chef d'atelier, qui est responsable de leur conservation.

Ils sont versés en magasin au moins une fois par mois et plus souvent si l'ingénieur qui dirige l'atelier le juge utile.

§ XIII. *Des objets mobiliers en service.* — Les objets mobiliers mis à la disposition des ateliers et des services d'exploitation (tables, bureaux, bancs, appareils, instruments, matériel du laboratoire, etc., etc.) sont portés sur les inventaires des chefs d'atelier auxquels ils sont remis. (Voir § X.)

§ XIV. *Des mouvements du matériel entre les ateliers.* — L'exécu-

-tion des travaux donne lieu à de fréquents mouvements de matériel d'un atelier à l'autre.

Ces mouvements sont inscrits chaque jour sur les registres (modèle n° 36) tenus dans les ateliers intéressés, après reconnaissance contradictoire faite par les chefs d'atelier qui émargent réciproquement sur les registres.

§ XV. *Des feuilles d'ouvrage.* — Toute commande intérieure donne lieu à l'ouverture d'une feuille d'ouvrage (modèles n°s 37 *bis* et 38) cotée et paraphée par le directeur, qui la timbre, s'il y a lieu, du numéro de la commande ministérielle.

a) Objet et forme de la feuille d'ouvrage. — La feuille d'ouvrage est destinée à l'enregistrement, au fur et à mesure qu'elles se produisent, de toutes les dépenses et consommations occasionnées par l'exécution de chaque commande et à fournir ainsi des éléments authentiques du compte à produire pour justifier de l'emploi des ressources mises à la disposition des ateliers et services d'exploitation.

b) Tenue de la feuille d'ouvrage (1). — Les feuilles d'ouvrage relatives à l'exécution d'un travail dans un atelier sont tenues par le chef d'atelier sous la direction et la surveillance de l'ingénieur chargé de la conduite des travaux.

Les feuilles d'ouvrage concernant les frais généraux d'établissement et d'usine (*commande FG* et *FGU*) sont tenues par les chefs d'ateliers ou agents désignés à cet effet.

Les grattages et les surcharges sur les feuilles d'ouvrage sont interdits. Toute rectification doit être datée, signée par le chef ouvrier et visée par l'ingénieur ou l'employé chargé du service.

c) Ouverture de la feuille d'ouvrage. — La feuille d'ouvrage est, pour toutes les commandes annuelles, ouverte au 1er janvier ou dès la réception de la commande.

En cas de commande spéciale, elle est ouverte à la réception de la commande.

L'instruction placée en tête des modèles de feuille d'ouvrage fait connaître le mode suivant lequel les écritures y sont passées.

d) Répartition des frais généraux. — Les dépenses en

---

(1) Ces dispositions ne sont pas absolues et peuvent être modifiées par les directeurs, en raison de la composition du personnel dont ils disposent.

main-d'œuvre et en matières qui sont portées sur les feuilles d'ouvrage relatives aux frais généraux sont réparties annuellement.

Cette répartition en est faite d'après les bases indiquées au § V ci-dessus ;

e) Clôture et arrêté des feuilles d'ouvrage. — Les feuilles d'ouvrage sont arrêtées : pour les commandes annuelles, au 31 décembre de chaque année ; pour les commandes spéciales, à la fin du trimestre pendant lequel elles ont été terminées.

§ XVI. *Des recensements et de l'inventaire annuel.* — Le directeur et les ingénieurs chargés des ateliers procèdent aussi souvent qu'ils le jugent utile au recensement des matières et objets de toute nature mis à la disposition des ateliers.

Au 31 décembre, il en est fait un inventaire de rigueur, sous la direction et la surveillance du directeur.

Pour rendre cette opération plus prompte, les ateliers évitent de percevoir des matières en magasin au delà de leurs besoins immédiats ; ils s'efforcent d'achever le plus grand nombre possible de confections et de réparations, de manière à pouvoir remettre au magasin le matériel confectionné et à ne conserver qu'une petite quantité de matières en cours de transformation. Ces matières sont inventoriées sous le numéro de la nomenclature et sous la dénomination qu'elles portaient au moment de la livraison par le magasin. On en évalue aussi exactement que possible la quantité réelle.

L'inventaire de l'atelier (modèle n° 39) fait ressortir les existants au titre de chaque commande. Il est signé par l'ingénieur qui dirige l'atelier et par le directeur. Tous ces inventaires particuliers sont remis au comptable pour établir l'inventaire général (modèle n° 40) des matières et objets existant dans les ateliers et services d'exploitation.

L'inventaire général est certifié par le conseil de l'établissement, vérifié par le directeur et adressé, en même temps que le compte de gestion du comptable, au Ministre, qui fait reporter sur un état général (modèle n° 57), par établissement et par unité sommaire, les totaux des inventaires généraux. Cet état est produit à l'appui des résumés généraux.

Le décompte en argent est porté sur l'état n° 57 en francs seulement; les fractions de franc égales ou supérieures à 50 centimes sont comptées pour 1 franc; les autres sont négligées.

§ XVII. *Des matières et objets de consommation existant dans les ateliers au 31 décembre.* — Dès que l'inventaire de l'atelier est arrêté, on en reporte les résultats sur la feuille d'ouvrage de chaque commande (tableau C) et la différence avec les totaux des livraisons de matières fait ressortir les quantités qui ont été consommées jusqu'au 31 décembre pour les confections dont la remise a été faite au magasin et pour les réparations effectuées.

Les résultats de l'inventaire sont reportés, comme premier article d'entrée, sur la feuille d'ouvrage ouverte le 1er janvier au titre de la même commande.

§ XVIII. *Compte rendu d'exécution des commandes.* — Les commandes principales de fabrication donnent lieu, en fin d'année, à la production des comptes rendus d'exécution (modèle 41 F).

Ces comptes rendus remplacent les travaux de prix de revient; ils comprennent, pour chaque espèce de poudres ou d'explosifs fabriqués ou remaniés, les dépenses de fabrication proprement dite, celle correspondant à l'emballage des produits fabriqués et à la production des matières servant à leur fabrication dans l'établissement, ainsi que la part de frais généraux incombant à chacune des opérations.

Des comptes rendus particuliers (modèle 41 G) sont établis, en fin d'année, pour les confections et réparations d'enveloppes et, à la terminaison de la commande, pour la confection des appareils et ustensiles qui ont donné lieu à une commande spéciale.

Pour les commandes de réparations d'emballage, qui donnent lieu de la part des services consommateurs à des remboursements distincts, il est adressé, en outre, au Ministre, à la fin de chaque semestre, un relevé des dépenses, d'après les inscriptions faites aux feuilles d'ouvrage pendant cette période.

Une copie des feuilles d'ouvrage relatives aux frais généraux d'établissement et d'usine est adressée annuellement au Ministre et tient lieu de compte rendu d'exécution.

Les feuilles d'ouvrage remises par les ateliers sont conservées dans les archives du directeur à l'appui des comptes rendus d'exécution de commande.

§ XIX. *Ecritures intérieures des ateliers.* — Indépendamment des écritures ci-dessus, il doit être tenu, dans l'intérieur de chaque ate-

Art. 74. — Autres services.

lier, des écritures auxiliaires dont la forme varie suivant la nature du travail à exécuter et suivant les procédés de fabrication. Elles doivent permettre de se rendre compte à tout instant des diverses transformations des matières, des déchets, etc.

La nature et la forme de ces écritures sont déterminées par le directeur, sur la proposition des ingénieurs qui dirigent les ateliers.

§ XX. *Durée de conservation de la comptabilité.* — Les feuilles d'ouvrage, les carnets, les bons provisoires, les bulletins de renvoi et toutes autres pièces appartenant à la comptabilité des ateliers et services d'exploitation sont conservés pendant les dix années qui suivent celle à laquelle ces documents se rapportent.

Les directeurs des établissements sont laissés libres de désigner ceux de ces documents qu'il y aurait intérêt à conserver définitivement dans les archives.

Autres services.

Pour les services autres que ceux de l'artillerie, du génie et des poudres et salpêtres, les officiers d'administration comptables établissent des comptes rendus périodiques conformément aux instructions particulières à chaque service.

Matériel appartenant à l'Etat dans les corps de troupe.

Art. 75. Les matières, effets et objets mobiliers de toute nature mis à la disposition des corps de troupe forment deux catégories distinctes :

1º Les uns sont délivrés gratuitement par l'État ;

2º Les autres sont achetés ou remboursés par les corps au moyen des fonds d'abonnement qui leur sont alloués.

La première catégorie se divise en service courant et en réserve de guerre.

Pour le matériel appartenant à l'Etat, il est produit, en fin d'année, par service, un compte de gestion modèle B^1. Dans le compte de gestion, tenu au titre du génie, ne doivent pas figurer certains objets mobiliers spécialement désignés à l'annexe nº 2 du décret du 3 mars 1899, dont l'entretien et le remplacement incombent à ce service et qui figurent à l'inventaire estimatif annuel prévu par l'article 76 ci-après.

Ne figure pas non plus au compte de gestion le matériel fixe visé à l'article 1er de la présente instruction qui doit être pris en compte sur les états descriptifs des lieux.

La valeur des existants au 31 décembre, que fait ressortir le compte de gestion, est reportée par chapitre dans les états récapitulatifs (modèle n° 23) établis en double expédition et au titre de chaque service par le directeur du service de l'intendance. Ces états sont adressés au Ministre avec les comptes de gestion des corps de troupe.

Les résultats en sont totalisés, au ministère de la guerre, dans un état général (modèle n° 56) qui est adressé à la Cour des comptes avec une expédition des états récapitulatifs.

Matériel appartenant aux corps de troupe. — Il est dressé, en fin d'année, au titre de chaque masse d'abonnement, un inventaire (modèle n° 24) présentant, par chapitre de la nomenclature, la valeur des matières, effets et objets existant au 31 décembre.

Cet inventaire est annexé au compte annuel de la masse.

Dans chaque corps d'armée, le directeur du service de l'intendance reporte les existants, tant en argent qu'en matériel, dans des états récapitulatifs (modèle n° 25) établis par arme et par service, et il adresse ces états au Ministre avec les comptes annuels des masses.

Le résumé de ces états récapitulatifs forme une annexe du compte général annuel du matériel de la guerre.

Ameublements, musées, bibliothèques et collections diverses.

Art. 76. Les ameublements mis à la disposition des officiers et de la troupe se divisent en diverses catégories :

Ameublements affectés à l'usage personnel des officiers et fonctionnaires ;

Ameublements mis à la disposition des officiers et fonctionnaires pour le service ;

Ameublements des casernes ;

Couchettes et châlits pour les corps de troupe.

§ I. *Ameublements pour l'usage personnel.* — En exécution de l'article 188 du décret du 31 mai 1862, les officiers et fonctionnaires à qui l'État remet des objets mobiliers pour leur usage personnel doivent en dresser un inventaire descriptif, et le récolement en est fait, chaque année ou à chaque mutation du détenteur responsable, par un agent de l'administration des domaines.

Pour l'exécution de cette disposition, il sera dressé, dans le 4e trimestre de chaque année, par les soins des commissions d'ameublement pour les hôtels des officiers généraux, un inventaire (modèle n° 27) qui est signé par les détenteurs, par l'agent des Domaines et par les membres de la commission (1).

Cet inventaire ne comprend pas les objets appartenant au service du génie.

En fin d'année, les commissions d'ameublement établissent et signent un compte de gestion suivant la forme du modèle B¹.

Ce compte, appuyé des pièces justificatives d'entrée et de sortie et de l'inventaire signé par l'agent des domaines, est adressé au Ministre avant le 1er mai. Il est transmis à la Cour des comptes.

§ II. *Ameublements remis aux officiers pour le service.* — Les objets mobiliers (autres que ceux appartenant au service du génie), mis à la disposition, soit des bureaux des états-majors et de l'intendance, soit des établissements de la justice militaire, donnent lieu à la production, en fin d'année, d'un compte de gestion portant inventaire, établi en simple expédition suivant la forme du modèle B¹ et appuyé des pièces justificatives.

Ces comptes sont signés : pour les bureaux des états-majors et de l'intendance, par les chefs de service ; pour les établissements pénitentiaires, par le conseil d'administration ; pour les prisons militaires, par l'agent principal, et, pour les parquets, par le commissaire du gouvernement.

Ils sont adressés au directeur du service de l'intendance, qui les vérifie et procède à leur égard comme il est indiqué pour ceux des corps de troupe (art. 75).

Les directeurs du service de santé produisent en fin d'année, pour les objets mobiliers mis à leur disposition, des comptes de gestion (modèle B¹), comme il est indiqué ci-dessus ; ils les adressent, avec les pièces justificatives, au ministère de la guerre où il en est fait une récapitulation (modèle n° 56).

Les objets mobiliers remis aux officiers et fonctionnaires des services de l'artillerie, du génie et des poudres et salpêtres

---

(1) Les fonctions de la commission d'ameublement sont dévolues aux conseils d'administration des écoles militaires pour les mobiliers mis à la disposition des commandants de ces écoles.

et ceux qui garnissent les bureaux des établissements militaires continuent à figurer dans les comptes des établissements.

Les détenteurs de ces ameublements en tiennent l'inventaire descriptif dans la forme du modèle n° 4 de l'instruction du 31 mai 1891. Ils en donnent reçu au comptable et en deviennent responsables.

§ III. *Ameublements des hôtels et des établissements ressortissant au service du casernement.* — Les objets fournis par le service du génie pour l'ameublement des hôtels et des établissements ressortissant au service du casernement, à l'exception de ceux qui sont considérés comme partie intégrante des bâtiments (voir article 1er), sont portés sur un inventaire estimatif (modèle n° 44).

Cet inventaire comprend tout le matériel en service dans chaque place comptable et ses annexes. La minute est ouverte le 1er janvier de chaque année par le report de l'existant au 31 décembre précédent. Les mouvements entre les magasins du génie et les établissements du casernement y sont inscrits à la fin de chaque trimestre ; ils donnent lieu, à la même époque, à des entrées ou à des sorties correspondantes au temps de gestion.

Il est produit, en fin d'année, une expédition de l'inventaire estimatif. La valeur des existants au 31 décembre est reportée, par chapitre, dans des états récapitulatifs (modèle n° 45) établis en double expédition par le directeur du génie, qui les envoie au Ministre avec les inventaires.

Les résultats en sont totalisés dans un état général (modèle n° 57) qui est adressé à la Cour des comptes avec une expédition des états récapitulatifs.

·§ IV. *Couchettes et châlits* (1). — Il est établi annuellement, dans chaque place et par les soins du préposé des lits militaires, suivant la forme du modèle B¹, une situation portant inventaire du matériel du service des lits militaires appartenant à l'Etat. Cette situation fait ressortir les augmentations et les diminutions qui ont eu lieu pendant l'année, mais sans tenir compte des entrées et des sorties de matériel résultant des remplacements effectués par l'entrepreneur, soit à sa charge, soit par suite d'imputations aux parties occupantes.

La situation est produite en deux expéditions.

Après l'avoir vérifiée, le sous-intendant militaire en conserve

___

(1) Paragraphe maintenant sans objet par suite de l'application de la réglementation sur le service du couchage et de l'ameublement. (É. M., vol. 9.)

une expédition et en adresse une au directeur du service de l'intendance de la région, qui récapitule ces situations et procède à leur égard comme il est indiqué pour les comptes de gestion des corps de troupe.

§ V. *Musées, bibliothèques, collections diverses.* — Chaque musée, chaque bibliothèque, chaque collection ne forme qu'une unité sommaire de la nomenclature.

Il est tenu des catalogues méthodiques et descriptifs de tous les objets qui les composent. Ces catalogues comportent autant de subdivisions qu'il est nécessaire de former de groupes distincts dans le musée, la bibliothèque ou la collection.

Une ou plusieurs lettres sont attribuées à chaque subdivision. Chaque objet figure au catalogue, dans la subdivision où il a été classé, sous un numéro distinct, avec indication de la valeur, de la date de l'entrée et, s'il y a lieu, de la date de sortie.

En cas de mouvements d'entrée ou de sortie, les inscriptions au compte de gestion, aux registres journaux et sur les pièces justificatives sont faites sous le numéro de l'unité sommaire; mais on doit indiquer, dans la colonne affectée aux unités détaillées, la lettre de la subdivision et le numéro du catalogue sous lesquels figuraient les objets portés en sortie ou ceux sous lesquels ils sont portés en entrée. Les pièces justificatives mentionnent en outre le prix d'achat ou la valeur d'estimation.

La valeur à inscrire dans l'inventaire de fin d'année, en regard de chaque unité sommaire, est le total des valeurs partielles sous lesquelles chacun des objets groupés dans cette unité figure au catalogue. Pour obtenir facilement cette valeur, il est tenu par unité sommaire un carnet où sont portés, avec leur décompte, les mouvements d'entrée et de sortie, au moment où ils se produisent.

En fin d'année, on totalise la valeur des entrées et celle des sorties; on en fait la balance, qui fait ressortir l'augmentation ou la diminution que doit subir le chiffre du compte de gestion précédent pour avoir la valeur de l'existant au 31 décembre.

L'entrée dans les comptes de gestion des publications périodiques n'aura lieu qu'annuellement. Cette opération sera constatée par un certificat administratif décompté (modèle n° 6) établi par le comptable de chaque établissement qui a reçu les ouvrages.

La collection du *Bulletin officiel* ne figure que dans le catalogue des archives, et, par suite, n'est pas prise en charge au compte de gestion.

Art. 77 et 78. (Sans observations.)

Art. 79. Sont abrogées les instructions du 23 décembre 1888 sur la comptabilité-matières du Département de la guerre, les circulaires des 15 mai 1891, 13 avril 1896, 22 juillet 1897 (*B. O.*, vol. 20) et celle du 8 février 1900 (artillerie).

ANNEXES.

Circulaire relative aux procès-verbaux à établir par les commissions de réception de fournitures dans les établissements de l'artillerie.

Paris, le 26 avril 1900.

L'instruction sur la comptabilité-matières dispose qu'à chaque livraison partielle d'objets on doit inscrire sur un registre spécial les résultats de chaque séance de la commission de réception.

Ce registre doit faire connaître, non seulement les acceptations de matériel, mais encore les rejets, les ajournements et, s'il y a lieu, les observations individuelles des membres de la commission et du fournisseur : il sera établi conformément aux indications données par le modèle ci-joint.

Dans les établissements où plusieurs commissions peuvent être appelées à opérer simultanément, un volume distinct sera affecté à chaque commission.

RÉPUBLIQUE FRANÇAISE.

ᵉ EXPÉDITION.

(1)

PROCÈS-VERBAL DE RÉCEPTION

*certifiant l'exécution du service et mentionnant
la prise en charge.*

(Paiement unique ou intégral. Paiement pour solde.)

L'an mil neuf cent
Nous
certifions : 1ᵒ que le Sʳ   devait livrer
dans les magasins de l'artillerie (2)
        qu'il s'est engagé à fournir par un (3)
    approuvé le
2ᵒ Qu' (à chaque réception partielle) ou (à la réception unique) la commission de réception s'est
réunie conformément aux dispositions de l'art. 28 de
l'instruction du 30 décembre 1902, et que les procès-
verbaux de cette commission ont été régulièrement
enregistrés.

Ces procès-verbaux des séances rapportent que
les objets ci-après, livrés par le Sʳ   , ont
été reconnus réunir les qualités exprimées dans
le (3)   et qu'ils ont été définitivement
reçus et pris en charge comme bons de service.

Savoir :

NUMÉROS de la classification		DATES des LIVRAI- SONS.	DÉSIGNATION des OBJETS LIVRÉS.	UNITÉ RÉGLE- MENTAIRE.	MON- TANT.	PRIX de L'UNITÉ.	MON- TANT.	OBSERVATIONS.
sommaire.	détaillée.							
				TOTAL................				

ll est dû, en conséquence, au S^r   la somme de   pour la totalité de la fourniture.

De tout quoi nous avons dressé le présent procès-verbal que nous avons signé avec le fournisseur.

Fait et clos le   19 .

Les Membres de la commission,   *Le Fournisseur,*

Les objets ci-dessus désignés ont été pris en charge aux dates indiquées au présent tableau.

L'Officier d'administration du service de l'artillerie, comptable,

A déduire de la somme de
, montant de la
totalité de la fourniture......

1° *Acompte.*

2° *Retenues diverses.*

TOTAL des acomptes et des retenues.......

RESTE à payer...........

VU et VÉRIFIÉ à la somme de

Le Directeur,

VU et APPROUVÉ, le   19   ,
à la somme de

Le

Circulaire relative à la prise en charge des matières premières et du matériel confectionné, destinés à augmenter les approvisionnements de la réserve de guerre du service de l'artillerie.

Paris, le 18 septembre 1903.

Les dispositions des articles 74 du décret du 26 décembre 1902 et de l'instruction du 30 du même mois sur la comptabilité-matières du Département de la guerre ne prévoient pas de distinction dans la comptabilité des ateliers entre les fabrications, suivant qu'elles sont destinées à pourvoir la réserve de guerre ou le service courant.

Pour la simplicité des écritures, il importe que toutes les opérations relatives à la comptabilité des ateliers soient considérées comme se rapportant uniquement au service courant : la distinction entre les produits destinés à l'un ou à l'autre service sera faite seulement au moment de la remise au magasin.

Comme conséquence de ces dispositions, toutes les matières et tous les objets achetés pour servir à l'exécution des commandes faites aux établissements devront être prises en charge par les comptables au titre du service courant et facturés à ce titre aux ateliers ; quant aux matières ou objets prélevés sur les approvisionnements de la réserve de guerre dans les conditions indiquées par l'article 7 de l'instruction susvisée, ils devront être versés au service courant avant d'être facturés aux ateliers au moyen d'un certificat administratif modèle n° 6 A.

Le classement des objets fabriqués pour la réserve de guerre se fera dans la forme indiquée ci-après :

Lorsqu'un ordre ministériel prescrivant d'entreprendre une fabrication aura indiqué que tout ou partie des produits fabriqués sont destinés à augmenter les approvisionnements de la réserve de guerre de places ou corps déterminés, ces quantités seront prises en charge par le comptable au titre de la réserve de guerre au moment de la remise au magasin par un ou plusieurs certificats administratifs modèle n° 6 de couleur jaune.

Lorsqu'il sera établi un bordereau récapitulatif modèle n° 43 A (art. 74, artillerie, § VIII *a*), les quantités portées sur les certificats administratifs d'entrée relatifs à la réserve de guerre seront inscrites à l'encre rouge dans les colonnes affectées au matériel confectionné.

La totalisation de l'avant-dernière colonne du bordereau sera effectuée pour chaque objet confectionné sur deux lignes distinctes.

Sur la première, on portera à l'encre noire et on fera suivre de l'indication S. C. la quantité qui doit être prise en charge au titre du service courant.

Sur la seconde, on inscrira à l'encre rouge et on fera suivre de l'indication R. G. la quantité qui doit être prise en charge au titre de la réserve de guerre.

Il ne sera rien changé aux inscriptions concernant le matériel en excédent, les outils et objets mobiliers, les produits intermédiaires.

La prise en charge des objets destinés à augmenter les approvisionnements de la réserve de guerre n'entraînera pas de modification aux fixations de l'établissement constructeur si ces objets doivent être expédiés, aussitôt après leur fabrication, à d'autres gestions ; mais les fixations des établissements ou corps destinataires devront être modifiées après la réception des objets.

Lorsque les objets fabriqués devront être mis en réserve dans l'établissement constructeur, la fixation de cet établissement devra être modifiée en conséquence.

Dans tous les cas, il appartiendra à l'établissement ou corps réceptionnaire d'établir l'état modificatif de la fixation modèle n° 53, et de le soumettre à l'approbation du Ministre aussitôt après la prise en charge des objets. Cet état devra être adressé à l'administration centrale en double expédition, sous le timbre de la dépêche qui a annoncé l'envoi des objets et leur affectation à la réserve de guerre.

Les achats de matières premières qui doivent être conservées dans les établissements, pour n'être utilisées qu'au moment de la mobilisation, et les achats d'objets qui doivent entrer sans avoir à subir de transformation dans la réserve de guerre, seront effectués au titre de cette réserve et entraîneront une modification de la fixation dans la gestion à laquelle ils sont destinés.

Toutes ces dispositions sont applicables aux achats effectués par le service des forges.

Les établissements devront, en conséquence, indiquer sur les états de demande des matières, outils, agrès à livrer par ce service, si ces matières ou objets doivent être achetés au titre du service courant ou à celui de la réserve de guerre.

Dans le premier cas, les certificats administratifs de réception modèle n° 28 devront être de couleur blanche, et, dans le second, de couleur jaune, quelle que soit d'ailleurs l'imputation budgétaire de la dépense.

*Circulaire rappelant les dispositions réglementaires relatives
à l'établissement des états descriptifs des locaux.*

Paris, le 15 décembre 1903.

L'article 1er de l'instruction pour l'application du décret du
26 décembre 1902 sur la comptabilité-matières, prescrit, pour
tous les services, la tenue d'états descriptifs des locaux sur
lesquels doit figurer le matériel fixe.

Dans les locaux dépendant du service du casernement, ces
états descriptifs sont distincts de ceux qui sont prévus par l'article 45 du décret du 3 mars 1899 sur le service du casernement. Tandis que ceux-ci, en effet, sont établis par les soins
du chef du génie et ne comprennent que le matériel fixe
fourni par ce service, les premiers sont dressés à la diligence
d'autres autorités (sous-intendant militaire, médecin-chef,
etc.) et le matériel qui y figure est celui dont la fourniture et
l'entretien sont à la charge d'autres services· que le service
du génie.

Il résulte de constatations faites dans les différents corps
d'armée que ces dispositions qui figuraient déjà dans les instructions du 23 décembre 1888 ont été généralement perdues
de vue dans les corps de troupe et dans les établissements des
divers services.

Dans la plupart d'entre eux, en effet, les états descriptifs
des locaux, définis par les instructions précitées, n'existent
pas, ou n'existent que sous une forme tout à fait rudimentaire,
et ne sont, dans tous les cas, jamais à jour. Il semble même
que, dans les établissements dépendant du service du casernement, on ait le plus souvent confondu les états descriptifs
dont il est question dans l'instruction sur la comptabilité des
matières (art. 1er) avec ceux prévus par le règlement sur le
service du casernement (art. 45) et qu'on ait cru pouvoir se
contenter de ces derniers.

Cette situation n'est pas sans présenter de sérieux inconvénients au point de vue de la constatation complète de l'existence du matériel fixe que possèdent les corps et les établissements, et il y a lieu d'y mettre un terme dans le plus bref
délai. En conséquence les états descriptifs des locaux seront
immédiatement établis ou complétés dans tous les corps de
troupe et dans tous les établissements conformément aux prescriptions de l'article 1er de l'instruction du 30 décembre 1902
sur la comptabilité-matières. Les chefs de service devront fréquemment s'assurer que ces états sont constamment tenus
à jour.

*Circulaire relative à l'application des dispositions de l'article 48,
§ III-B de l'instruction du 30 décembre 1902 sur la comptabilité-matières, en ce qui concerne les services ressortissant à la
direction de l'intendance de l'administration centrale.*

Paris, le 29 décembre 1903.

Aux termes des articles 26-5 du règlement du 3 avril 1869 et
48, § III-B de l'instruction du 30 décembre 1902 sur la comptabilité des matières, le remboursement du montant des avances et
des cessions entre les divers services du Département de la
guerre doit avoir lieu par voie de versement au Trésor.

Toutefois, l'article 48 de l'instruction précitée du 30 décembre
1902 prévoit que les remboursements qui n'auraient pu être
opérés dans ces conditions seront effectués par les soins de l'administration centrale à l'aide de changement d'imputation.

En ce qui concerne les services ressortissant à la direction de
l'intendance de l'administration centrale, et en dehors d'instructions spéciales qui seraient indiquées dans les ordres de cessions,
cette exception au principe du versement au Trésor ne doit avoir
lieu que dans les cas ci-après :

1° Cessions qui, en raison de leur importance, ont donné lieu
à la constitution de provisions par le service cessionnaire ; telles
sont les cessions faites par le service de l'habillement et du campement au service des troupes coloniales (8ᵉ Direction), au ministère de la marine et à celui des colonies ;

2° Avances ou cessions dont le remboursement n'aurait pas été
effectué par les services locaux avant le 31 mars de la deuxième
année de l'exercice par suite de circonstances exceptionnelles.

Pour les remboursements par versements au Trésor, un ordre
de reversement est adressé par l'ordonnateur du service créancier à celui du service débiteur.

Si le montant de l'avance ou la valeur de la cession n'excède
pas 100 francs, afin d'éviter l'émission de mandats spéciaux, le
remboursement est effectué par le comptable du service débiteur
à l'aide de ses avances.

S'il n'existe pas de gérant d'avance, la somme est mandatée
par l'ordonnateur du service débiteur ainsi qu'il est prescrit pour
les cessions dont la valeur est supérieure à 100 francs.

Circulaire relative aux prélèvements de matériel sur les approvisionnements de la réserve de guerre et au maintien de ces approvisionnements à hauteur des fixations (1).

Paris, le 5 août 1904.

Suivant la volonté exprimée par le Parlement d'être assuré de la permanence et du bon état des approvisionnements de la réserve de guerre constitués pour les besoins de la mobilisation, le décret du 26 décembre 1902 et l'instruction du 30 du même mois ont soumis à des règles très étroites les prélèvements temporaires de matériel sur la réserve de guerre.

Les approvisionnements de la réserve de guerre ne peuvent être employés, même temporairement, aux besoins du service courant et les prélèvements destinés à satisfaire à des besoins imprévus doivent être autorisés, au préalable, par le Ministre, dans des conditions déterminées.

Il est cependant des cas où le principe du maintien constant de la totalité des approvisionnements de la réserve de guerre en état d'être employés à leur destination spéciale peut être considéré comme toujours observé, malgré qu'il soit fait emploi de ces approvisionnements, c'est lorsque le matériel est délivré aux unités ou services auxquels il est affecté pour le cas de mobilisation et que sa mise en service ne l'expose pas à une usure notable, ou *a fortiori* lorsque l'emploi du matériel a pour but d'en vérifier l'état ou d'en assurer le bon fonctionnement.

En conséquence, ne seront pas soumis aux autorisations préalables de prélèvement, *sous réserve de l'observation des prescriptions restrictives contenues dans les règlements spéciaux :*

a) Les sorties de matériel ayant pour but d'en faire constater le bon fonctionnement;

b) L'emploi de matériel de tous services *(non consommable)* indispensable à l'exécution des manœuvres d'automne dans les conditions prévues par l'instruction générale sur les manœuvres, ainsi qu'à l'exécution des évolutions de brigades de cavalerie et aux manœuvres d'ensemble de la cavalerie et de l'artillerie, pourvu que les corps ou services auxquels le matériel est remis soient bien ceux auxquels il est affecté pour le cas de mobilisation;

c) L'emploi de matériel de l'artillerie, du génie et du train

---

(1) Mise à jour par l'incorporation dans le texte des modifications qui y ont été apportées par les notifications des 7 août 1907 et 22 avril 1908.

(*non consommable*) pour les écoles à feu, les instructions préparatoires, les exercices d'ensemble et les manœuvres de garnison, par les corps ou services auxquels il est destiné;

d) La distribution *d'ustensiles* de campement, caisses et cantines et d'outils portatifs pour les exercices et manœuvres par les corps auxquels ils sont affectés;

e) La distribution de l'armement aux hommes convoqués pendant les périodes d'instruction;

f) L'emploi des matériels (*non consommables*) de télégraphie électrique ou optique et des colombiers militaires ;

g) L'emploi de matériel du service de santé pendant les manœuvres spéciales et les exercices divers de ce service;

h) L'emploi du matériel nécessaire au fonctionnement des commissions de ravitaillement, de classement et de réquisitions ;

i) L'emploi du matériel (*non consommable*) d'ameublement, de chauffage et d'éclairage des forts ;

j) L'emploi du matériel des subsistances énuméré ci-dessous pour l'instruction des personnels du service :

> Série régimentaire d'outils de boucher (modèle 1896) ;
> Série d'outils de boucher pour troupeau de ravitaillement (modèle 1896) ;
> Groupe de deux travées d'étagères mobiles (modèle 1879) ;
> Groupe de deux travées d'étagères mobiles système Grasz modifié ;
> Four roulant ;
> Chariot-fournil ;
> Petit outillage à distribution ;
> Série de marche (modèle 1896) ;
> Tente de brigadier du système général ;
> Tente à distribution ;
> Tente Cauvin (petit modèle) ;
> Collections d'ustensiles d'armement du four Godelle de 200 rations ;
> Collection d'ustensiles d'armement du four à enveloppe réfractaire ou à augets ;
> Collection d'objets pour embarquement en chemin de fer.

Exceptionnellement et jusqu'à ce que les ressources budgétaires aient permis de constituer au service courant le matériel spécial d'instruction, pourront être, à titre transitoire, utilisés dans les conditions prévues par la présente circulaire, les matériels suivants :

> Four portatif en tôle système Lespinasse, ancien modèle ;
> Four portatif en tôle système Lespinasse, modèle modifié ;
> Four à enveloppe réfractaire ;

Four à augets ;
Four Godelle de 200 rations ;
Four décagonal système Godelle de 300 rations ;
Collection d'outils pour construction de fours ;
Série de pièces pour four de construction au bois ;
Tente-baraque (ancien modèle) ;
Tente-baraque (modèle 1894-1904) ;
Tente Favret (travée unique) ;
Tente Favret (travée intermédiaire).

k) L'emploi du matériel de couchage auxiliaire pour les distributions supplémentaires à faire pendant la saison froide, les convocations de réservistes et territoriaux, l'installation des camps, etc., dans la mesure nécessaire pour parer à l'insuffisance des ressources du service courant.

Il est bien entendu qu'en cas de prêt, la partie prenante devra payer les primes prévues par le règlement sur le service du couchage et de l'ameublement (art. 34 et tarif n° 2).

Les harnachements de guerre de l'effectif de paix classés dans l'artillerie, le train, etc., à la réserve de guerre sont constamment en service, conformément au règlement du 24 février 1901. Il en est de même du matériel de chemins de fer des places fortes.

Si ces divers emplois du matériel de la réserve de guerre ne sont pas soumis à l'autorisation préalable du Ministre, des garanties spéciales sont nécessaires pour le cas de perte ou dégradation.

Ces garanties seront constituées par l'inscription au carnet modèle n° 54 A, avec une mention du motif du prélèvement, de tout matériel employé dans les conditions ci-dessus spécifiées (*a* à *k*). Le matériel ne sera pas porté en sortie au journal ni au compte de gestion, l'inscription au carnet n° 54 A justifiant la différence momentanée entre les existants en magasin et les quantités portées sur l'état modèle n° 52 et figurant au compte de gestion au titre de la réserve de guerre.

Dans le cas où le matériel viendrait à être perdu ou dégradé, ou ne serait plus jugé susceptible de fournir un bon service de guerre, il sera immédiatement remplacé par le service courant ou remis en état. Si le service courant ne possède pas le matériel nécessaire au remplacement immédiat, le procès-verbal sera établi au titre de la réserve de guerre et les quantités correspondantes portées en sortie dans les comptes à la réserve de guerre. Un compte rendu sera adressé au Ministre en double expédition, sous forme d'extrait du carnet avec toutes mentions utiles dans la colonne « Observations » et l'indication de la date à laquelle le remplacement ou la mise en état pourra être effectué. Cette date sera inscrite par le directeur du service et suivie de sa signature.

Sous les mêmes garanties, les corps qui n'auront pu emmener aux écoles à feu tout le matériel nécessaire pourront recevoir sans autorisation ministérielle préalable, de l'établissement dont dépend le champ de tir, le matériel non consommable leur faisant défaut, pourvu toutefois que ce matériel reste immédiatement disponible pour les besoins de la mobilisation auxquels il est affecté.

Un cas est encore à envisager où l'emploi de matériel de la réserve de guerre n'est pas de nature à nuire à la mobilisation, c'est lorsque ce matériel est en excédent des nécessaires globaux de l'ensemble du service et se trouve en réalité disponible à la réserve de guerre.

En principe, ces excédents devraient être passés au service courant contre versement au Trésor de leur valeur calculée au prix d'utilisation, mais les ressources pour dépenses ordinaires ne permettent généralement pas d'effectuer cette opération autrement que par minimes fractions.

Il pourra être fait exceptionnellement emploi du matériel dont il s'agit pour une destination réglementaire lorsque le Ministre aura fait connaître qu'il est en excédent des nécessaires *globaux* du service. Cette notification ne devra pas remonter à une date antérieure au 1er octobre précédant celle du prélèvement.

Le matériel non réglementaire figurant dans les approvisionnements de la réserve de guerre, à défaut de matériel réglementaire et en attendant que celui-ci puisse être constitué, ne doit jamais être considéré comme disponible.

L'ordre de prélèvement sera donné par le général commandant le corps d'armée; il indiquera la date de la réintégration et sera annexé au carnet n° 54ᴬ sur lequel on inscrira le prélèvement avec la mention « prélevé sur le disponible ».

Le matériel ne sortira des comptes que pour les quantités perdues, consommées ou dégradées pendant ces prélèvements, lesquelles devront en principe donner lieu à versement de leur valeur au Trésor (facture n° 9ᴬ).

Exceptionnellement, si le matériel perdu, consommé ou dégradé n'est pas remboursé, on procédera comme il a été indiqué plus haut, et un compte rendu sera adressé au Ministre en double expédition. Ce compte rendu indiquera la date à laquelle le matériel sera remis en état ou reconstitué au moyen de versements du service courant.

Dans tous les autres cas, les prélèvements doivent faire l'objet d'autorisations spéciales suivant la forme indiquée par l'instruction du 30 décembre 1902. Cependant, lorsqu'il s'agit d'une mesure sanitaire urgente (par exemple en cas d'épidémie) ou de mouvement de troupe immédiat (par exemple en cas de grève) le prélèvement de matériel dont l'emploi est réglementairement prévu et faisant défaut au service courant

peut être effectué sous la condition qu'il en soit immédiatement rendu compte et que l'opération soit régularisée dans la
forme prévue pour les autorisations préalables.

En vue de réduire autant que possible les circonstances où
l'on se trouve obligé de provoquer des autorisations de prélèvements, MM. les généraux commandant les corps d'armée
et directeurs de service tiendront la main, en ce qui les concerne, à ce que les besoins courants soient toujours prévus,
les marchés passés et les fournitures exécutées en temps utile.
Une grande rigueur devra être montrée sous ce rapport vis-
à-vis des corps et établissements chargés d'établir les prévisions, des officiers et fonctionnaires auxquels il appartient
d'assurer les fournitures et aussi des entrepreneurs pour l'observation des délais de livraison.

Lorsque, en fin de trimestre, le carnet modèle n° 54ᴬ d'une
gestion accuse un prélèvement non suivi de restitution dans
le délai fixé, des extraits du carnet sont adressés au Ministre
dans les conditions prévues à l'article 7 de l'instruction du
30 décembre 1902. Il n'est pas produit dans les autres cas
d'extraits de ce carnet.

Le matériel de la réserve de guerre perdu ou mis hors de
service doit être immédiatement remplacé au titre du service
courant. S'il n'est pas possible de le remplacer immédiatement, le compte de gestion accuse un incomplet par rapport
à la fixation. En fin d'année, si le remplacement n'est pas
encore effectué, l'état n° 52 fait ressortir la différence entre
l'existant et la fixation. Cette différence est expliquée dans
la colonne d'observations.

Quand le matériel acquis au titre du service courant permet
de combler l'incomplet de la réserve de guerre, le versement
est justifié au moyen d'un certificat administratif modèle
n° 6ᴮ non décompté, avec toutes explications utiles dans la
colonne « Observations », par exemple « restitution de la réserve de guerre de matériel perdu ou détérioré, porté en sortie
par extrait de procès-verbal en date du   , n°   ».

---

*Circulaire sur l'application de l'instruction du
30 décembre 1902 (1).*

Paris, le 2 août 1905.

L'examen du fonctionnement de la nouvelle réglementation
sur la comptabilité-matières établie par la loi, le décret et

---

(1) Mise à jour par l'incorporation dans le texte des modifications qui y
ont été apportées par les circulaires des 22 avril et 15 juin 1910 (*B. O.*,
p. 740 et 1074.)

l'instruction des 9, 26 et 30 décembre 1902, a fait ressortir que d'assez nombreuses erreurs d'interprétation se sont produites et que certaines dispositions ont besoin d'être commentées pour éviter toute incertitude dans l'application.

Les points ayant donné lieu à erreurs ou à hésitations ont été relevés et ont fait l'objet des développements et éclaircissements rassemblés dans la circulaire ci-après.

Cette circulaire explique en outre les modifications apportées d'autre part à l'instruction du 30 décembre 1902, notamment en ce qui concerne les états modificatifs des fixations de la réserve de guerre.

Les indications qui y sont contenues sont groupées sous les numéros des articles et des paragraphes du décret et de l'instruction.

Art. 1er.

Matériel de la guerre et règlements qui s'y appliquent.

§ II. *Registre matricule des machines*. — Il est établi pour toute machine, quelle qu'elle soit, fixe ou mobile, portée sur l'état descriptif des locaux ou sur le compte de gestion, un folio matricule donnant tous les renseignements indiqués au deuxième alinéa du paragraphe II de l'article 1er.

Sont considérés comme machines, non seulement les appareils qui produisent ou transforment la force motrice, mais aussi tous ceux qui, par la combinaison des mouvements de leurs organes, sont destinés à effectuer mécaniquement un travail déterminé, quel que soit d'ailleurs le moteur. Telles sont, par exemple, les machines-outils des différents services, les pétrisseuses mécaniques, les meules de poudrerie; tels encore les appareils de criblage, les moulins, etc.

En cas de doute pour les appareils se trouvant à la limite, parfois indécise, qui sépare la machine de l'outil à main, les directeurs locaux des services ou les chefs d'établissement décident s'il y a lieu, ou non, d'ouvrir un folio matricule.

Lorsqu'une machine est expédiée d'un établissement sur un autre, le réceptionnaire affecte au folio de la machine le nouveau numéro qui lui revient d'après la série du registre matricule de l'établissement. En cas d'absence de folio, le nouveau détenteur en établit un, et y porte tous les renseignements qu'il peut se procurer.

Chaque établissement, qu'il soit le siège d'une gestion, ou simplement une annexe, tient le registre matricule des machines qui lui sont affectées. La série des numéros est unique par registre quand même les machines appartiendraient à des services différents.

Le numéro du folio est reproduit, d'une façon très apparente, sur la partie fixe la plus visible de la machine ou de son bâti, au moyen de chiffres de dimensions suffisantes, à la peinture blanche ou de couleur, selon ce qui ressort le mieux sur la couleur propre de la machine. Ce numéro est repassé à la peinture, aussitôt qu'il commence à s'effacer.

Si des corps de troupe détiennent des machines, ils se conforment aux règles tracées ci-dessus.

Art. 2.

Nomenclature du matériel.

§ I. *Emploi des nomenclatures.* — Les numéros ou les lettres affectés provisoirement aux objets non dénommés dans la nomenclature ne doivent jamais grouper ensemble, dans un même article, des objets de nature différente, ainsi que cela se fait quelquefois sous la rubrique « Divers ». Chaque espèce distincte d'objets reçoit un numéro ou une lettre provisoire spéciale.

§ II. *Modification des prix des unités détaillées.* — Lorsqu'une feuille rectificative à la nomenclature vient modifier la valeur de certains objets, ceux-ci sont repris dans le compte de gestion, où les nouveaux prix doivent être appliqués, pour la valeur accusée au 31 décembre précédent ; mais en regard de la rubrique : « Différence de valeur résultant de la feuille rectificative n°   du   » à inscrire dans la colonne n° 3 du compte, on portera la valeur de cette différence dans la colonne n° 15 ou n° 18 (entrées) lorsqu'il y a accroissement, ou dans la colonne n° 16 ou n° 19 (sorties) lorsqu'il y a diminution (1).

§ III. *Des unités collectives.* — Quand une unité collective principale comprend des unités collectives secondaires, il importe de ne pas porter en compte séparément, sous leur numéro spécial, les unités secondaires rentrant dans la composition des unités principales.

Il importe de même de ne pas faire figurer dans les comptes, sous leur numéro détaillé, les objets compris dans une unité collective.

Toute dérogation à cette règle entraîne des doubles emplois, crée des déficits apparents, et fausse le décompte de la valeur du matériel.

Les changements dans la composition des unités collectives, généralement prescrits par des feuilles rectificatives aux nomenclatures, entraînent des variations dans la valeur de l'unité collective. Si le montant de cette variation n'est pas indiqué dans la feuille rectificative, il appartient au comptable de porter, au compte de gestion, la valeur nouvelle à attri-

---

(1) Il est entendu que, dans ce cas, aucune inscription ne doit être portée dans les colonnes « Quantités ».

buer non seulement à l'unité collective modifiée, mais encore à toutes les autres unités collectives dans la composition desquelles entre l'unité modifiée.

Les feuilles rectificatives ou des instructions spéciales indiquent toujours : 1° la catégorie de matériel (R. G. ou S. C.) sur laquelle doivent être prélevés les objets à introduire dans les unités collectives de la R. G.; 2° la catégorie de matériel (R. G. ou S. C.) dans laquelle doivent être classés les objets sortant des unités collectives. S'ils doivent passer au S. C., les feuilles rectificatives ou les instructions spéciales indiquent si ce passage doit être fait contre versement au Trésor ou à charge de compensation.

Art. 3.

Base de la comptabilité-matières.

Le règlement de 1902 sur la comptabilité-matières ne laisse subsister les numéros sommaires que comme moyen de classification du matériel. Il les supprime en tant que catégories spéciales dans les comptes en quantités et en valeur. En conséquence, aucune totalisation par unité sommaire ne doit apparaître dans aucun document, aucune pièce comptable ni aucun compte, pas plus pour les évaluations en quantités que pour celles en valeur.

L'unité détaillée est la base de la comptabilité. Les totaux se font par chapitre, sauf pour les documents où un autre mode de totalisation est expressément indiqué.

Art. 4.

Classement et évaluation du matériel.

§ I. *Du matériel propre au service.* — Dans le service de l'habillement, le matériel est classé neuf, ou très bon, bon, d'instruction ou hors de service, selon son état. Les effets et objets classés neufs ou très bons doivent seuls, en principe, entrer dans les approvisionnements de la R. G. On doit donc s'efforcer de remplacer dans le plus bref délai possible, par le jeu des roulements, tous les effets en cours de durée, existant à la R. G., par des effets neufs ou très bons.

§ III. *Evaluation du matériel.* — Les effets, objets ou matières compris dans la nomenclature **H I** de l'habillement sont décomptés suivant les prescriptions du dernier alinéa de l'article 4 de l'instruction du 30 décembre 1902, suivant qu'ils sont classés neufs ou très bons, bons ou d'instruction. Le mode d'évaluation prévu par le 5e alinéa de la page 9 de ladite nomenclature n'est pas encore entré en vigueur.

Pour l'évaluation du matériel H. S. on se conforme aux règles spéciales à chaque service, ou, à défaut, aux prescriptions suivantes :

Lorsque le matériel est démoli, les matières premières prises en charge séparément, sont évaluées à un vingtième du prix de nomenclature des matières neuves. Lorsque le matériel H. S. n'est pas démoli, s'il est pris en charge au nombre, le prix à lui attribuer est encore un vingtième du prix du matériel neuf; s'il est pris en charge au poids, on lui attribue comme valeur un vingtième du prix de nomenclature au poids, si le prix est indiqué; sinon, on évalue approximativement le prix au poids, d'après le prix de l'unité réglementaire, et on décompte les matières H. S. à un vingtième du prix ainsi calculé.

Art. 5.

Division du matériel.

La répartition des approvisionnements entre la R. G. et le S. C. faite dans chaque gestion, le 1er janvier 1903,* au moyen de l'ancien carnet modèle n° 50, a déterminé la richesse de chacune de ces deux catégories de matériel. En dehors du cas de roulement des effets ou objets, ou de changement des prix des nomenclatures, aucune modification ne peut y être apportée qu'au moyen de pièces établies de façon à faire payer le matériel entrant, soit à la R. G., soit au S. C., sur les crédits spécialement affectés à chaque catégorie : 1re section du budget pour le S. C.; 3e section ou ressources spéciales pour la R. G.

Le payement peut être effectif ou résulter d'une compensation. Celle-ci s'établit par année et sur l'ensemble du territoire, pour chaque service ou subdivision de service, ainsi qu'il est indiqué ci-après (art. 8 et 9).

Lorsqu'il est reconnu, à un moment quelconque, que certains objets appartenant à une catégorie de matériel ont été pris en compte à tort au titre de l'autre catégorie, l'erreur est rectifiée par le premier état modificatif modèle n° 53, établi après qu'elle a été constatée. La pièce comptable est un certificat administratif vert 6ᴬ ou 6ᴮ non décompté, mentionnant, dans la colonne « Observations », le motif du mouvement.

Art. 6.

Fixation de la réserve de guerre.

La gestion n'a, en général, à se préoccuper que des fixations. Les fixations sont les quantités de matériel que le Ministre a constituées dans chaque place au moyen des crédits mis à sa disposition par le Parlement, et que le gestionnaire doit toujours être prêt à représenter à première réquisition, sauf les cas dont il est parlé ci-après, où les existants peuvent momentanément différer des fixations, sous réserve des justifications prévues pour ces circonstances. Ce sont les chiffres des fixations, et non ceux des nécessaires, qui doivent être portés sur les états modèle n° 52, comparativement avec ceux des existants.

Etats de la réserve de guerre modèle n° 52.

1. *Matériel qui doit figurer sur les états modèle n° 52.* — Il est produit un seul état modèle n° 52, en double expédition, par gestion et par service. Cet état peut être fractionné en plusieurs fascicules, pour la facilité des vérifications à l'administration centrale, si des instructions sont données dans ce sens par les directions intéressées du ministère.

En principe, l'état modèle n° 52 ne décompose pas les fixations et les existants en chiffres partiels correspondant aux différentes formations de mobilisation. Néanmoins, les directions du ministère peuvent prescrire cette décomposition quand elles le jugent utile. Mais, dans ce cas, l'état présente toujours à la fin, une récapitulation donnant l'ensemble des fixations et des existants de la R. G. de la gestion, et alors cette récapitulation est seule décomptée.

L'état modèle n° 52, en un ou plusieurs fascicules, mentionne tout le matériel, sans exception, figurant au titre de la R. G., sur le compte de gestion correspondant, et quel que soit le magasin où le matériel est déposé, soit à la portion centrale ou à l'établissemnt principal, soit dans les détachements et annexes, y compris le matériel non affecté, désigné ordinairement sous le nom d'excédent ou de disponible à la R. G.

Chaque corps de troupe est comptable de tout le matériel destiné, à la mobilisation, soit au corps lui-même, soit aux formations de réserve ou de l'armée territoriale qui lui sont rattachées administrativement, y compris le matériel déposé dans ses détachements et annexes en France, en Algérie ou en Tunisie.

Exception est faite pour le matériel de l'artillerie et du génie, désigné sous le nom de « matériel de la deuxième catégorie » par le règlement sur la comptabilité des corps de troupe, ainsi que pour les denrées et objets mobiliers du service des subsistances. Ces matériels restent en compte dans les établissements de ces différents services, même s'ils sont déposés dans les magasins des corps de troupe, qui, dans ce cas, sont constitués gérants d'annexes des établissements gestionnaires.

Il résulte de cette disposition qu'aucun corps ne doit avoir en compte du matériel affecté à des unités ou à des formations étrangères. Il n'y a d'exception à cette règle que pour les formations de mobilisation qui ne sont rattachées administrativement à aucun corps actif. Le matériel qui leur est destiné reste en compte dans les corps ou établissements désignés à cet effet. Mais il doit être distingué, sur les états modèle n° 52, au moyen d'une annotation placée en regard de chaque objet destiné à la formation étrangère.

D'autre part, l'état modèle n° 52 ne doit mentionner aucun matériel autre que celui de la R. G. appartenant à l'Etat, c'est-à-dire celui qui est porté au compte de gestion au titre de la R. G. Il n'y a donc lieu d'y faire figurer aucun matériel classé au S. C. au compte de gestion, ni les effets ou objets quelconques de n'importe quel service, utilisés en temps de guerre, mais achetés au compte des masses.

2. *Etablissement des états modèle n° 52.* — Les états modèle n° 52 sont établis à la date du 31 décembre et font ressortir la situation à cette date, quelle que soit d'ailleurs l'époque où ils sont produits. Ils font apparaître, comme fixations, les quantités résultant des ordres du Ministre, et comme existants, celles données par la balance du compte de gestion (R. G.) au 31 décembre.

En général, les existants sont égaux aux fixations. Ils peuvent cependant en différer dans certains cas : par exemple, en cas de prêt du matériel, ou lorsque des objets perdus ou réformés à la R. G. n'ont pas été remplacés au 31 décembre, ou bien, lorsqu'il n'a pas été possible, exceptionnellement, de restituer ou de remplacer avant la fin de l'année, du matériel régulièrement prélevé (voir ci-après art. 7), ou bien encore lorsqu'une augmentation ou une diminution dans les fixations, ordonnée dans les derniers jours de l'année, n'a pu être effectuée avant le 31 décembre. Dans ces différents cas, et autres analogues qui pourraient se présenter, on fait ressortir les différences dans les colonnes 7 ou 8, en donnant, dans la colonne 9, toutes les explications utiles, en particulier les causes des différences, les ordres, autorisations ou événements qui les ont motivées, la date où la concordance a été établie entre le 1er janvier et le jour de la production de l'état, ou bien la date, certaine ou probable, où elle sera rétablie postérieurement à l'envoi de l'état.

En ce qui concerne les mouvements de matériel de la R. G. qui sont en cours d'exécution au 31 décembre, c'est-à-dire ceux pour lesquels la facture de sortie n'a pas encore été retournée à l'expéditeur à cette date, ils ne sont considérés comme effectués, au point de vue des existants, ni par l'expéditeur ni par le destinataire, afin de conserver la concordance entre les états modèle n° 52 et les comptes de gestion, qui ne peuvent faire mention de ces mouvements qu'après le 31 décembre, c'est-à-dire dans le compte suivant.

Enfin, les états modèle n° 52, au 31 décembre, sont établis en considérant provisoirement comme approuvés les états trimestriels, modèle n° 53, de l'année écoulée qui ne seraient pas encore revenus approuvés à la date de l'envoi des états de fixations.

En principe, et sauf les menus objets qui peuvent n'y apparaître que pour leur valeur globale, les états modèle n° 52 doivent reproduire tous les numéros détaillés figurant, au titre de la R. G., au compte de gestion (1). Cependant, quand exceptionnellement, il se trouve dans les approvisionnements de la R. G. des effets ou des objets à des classements autres que « neuf » ou « bon pour le service », ces objets sont compris, dans les fixations, comme nombre, avec les effets bons pour le service. Dans les existants, ils sont signalés suivant leur classement, et décomptés d'après le prix correspondant que leur attribue la nomenclature.

On groupe également, dans les fixations, quels que soient leurs numéros de nomenclature, les effets, denrées ou objets susceptibles d'être substitués les uns aux autres dans les approvisionnements, comme, par exemple, les havresacs des différents modèles employés dans chaque arme, les chemises de flanelle avec ou sans col, à rayures ou à carreaux, les nombreux effets ou objets dont il existe un modèle ancien et un modèle nouveau, les denrées pouvant se remplacer dans la ration (potages des différentes espèces, conserves françaises ou coloniales, etc.), les différentes espèces de farine, la paille et le foin pressés ou non pressés, etc. Dans les existants, au contraire, on porte séparément le matériel par numéro détaillé de nomenclature. Par ce moyen, on peut remplacer, les uns par les autres, dans les approvisionnements de réserve, suivant les besoins des renouvellements et le jeu normal du roulement, les effets, denrées ou objets susceptibles d'être substitués les uns aux autres, sans être obligé de mentionner ces mouvements sur les états modificatifs modèle n° 53.

Il doit néanmoins être bien entendu que le groupement en question n'est effectué que pour du matériel pouvant être employé pour le même usage; ainsi, on ne pourrait pas grouper, par exemple, des effets de sous-officiers avec des effets de soldats, des culottes de cavalerie avec des culottes d'artillerie, etc.

Enfin, le groupement ne doit pas être effectué quand des raisons particulières exigent que les approvisionnements

---

(1) En cas de changement de nomenclature au 31 décembre, les états de fixations énumèrent le matériel sous les anciens numéros; les numéros nouveaux sont portés, pour chaque article, à l'encre rouge, au-dessous des numéros anciens.

soient constitués sans substitution; ainsi, s'il importe, par exemple, d'avoir, pour la mobilisation, dans telle ou telle place, une certaine quantité de foin pressé, cette quantité ne devant pas être remplacée dans les approvisionnements par du foin ordinaire, est portée séparément aux fixations, sans être confondue avec les approvisionnements en foin non pressé.

Des instructions seront données, après avis conforme de la direction du contrôle, par les différentes directions de l'administration centrale, au sujet des numéros détaillés que l'on pourra grouper comme fixations. Aucun autre groupement n'est autorisé.

Le décompte de l'état modèle n° 52 doit toujours être conforme à celui du compte de gestion. Il est arrondi en francs pour chaque unité détaillée, d'après les règles en usage pour le compte de gestion. Les décomptes sont faits par unité détaillée des existants, même pour les numéros qui, d'après les indications ci-dessus, sont groupés pour les fixations. Il n'est pas fait de total par unité sommaire. Il est établi un total par chapitre et un total général pour tout l'état.

3. *Date de l'envoi des états modèle n° 52.* — Les états n° 52 au 31 décembre de chaque année doivent parvenir au Ministre aux dates fixées par les différents services, et, à défaut d'indications particulières, au plus tard le 1er avril.

Les directeurs techniques du ministère peuvent prescrire que ces états soient récapitulés par corps d'armée en un état global unique auquel ils restent annexés. Quand cette mesure doit être appliquée, les directions intéressées donnent les instructions de détail nécessaires.

Comme un certain temps s'écoule nécessairement entre l'envoi des états n° 52 et le retour de l'expédition approuvée par le Ministre, et qu'il importe que les corps et établissements aient à tout moment un document donnant la dernière fixation, les états n° 52 de l'année précédente sont tenus à hauteur au moyen des états modificatifs n° 53 jusqu'à réception des nouveaux états n° 52. Dès que les états de fixation au 1er janvier de l'année en cours sont revenus, on y inscrit les rectifications provenant des états modificatifs qui s'y rapportent.

Etats modificatifs modèle n° 53.

Chaque modification aux fixations de la R. G. doit apparaître sur un état modèle n° 53, au moyen duquel est rectifié l'état modèle n° 52 correspondant.

Il a paru avantageux, au point de vue pratique, de ne pas faire établir à l'administration centrale les états modificatifs correspondant à chaque ordre de mouvement.

Ces états seront préparés par les gestions d'après les ordres de mouvement et soumis à la vérification de l'administration centrale.

Il n'est établi qu'un seul projet d'état modificatif (en double expédition) par trimestre et par service, sauf en ce qui concerne le 4ᵉ trimestre, pour lequel il pourra, le cas échéant, être produit un état supplémentaire. On emploie, à cet effet, les formules modèle n° 53 sur lesquelles sont mentionnées *toutes les modifications à la réserve de guerre prescrites pendant le trimestre écoulé*. Après avoir inscrit, en tête, en gros caractères, le trimestre et l'année auxquels se rapporte l'état, on indique dans la dernière colonne les numéros et dates des ordres ministériels modifiant la fixation, ainsi que les opérations comptables que comporte leur exécution. Si un mouvement n'a pas été effectué ou n'est pas terminé à la date du dernier jour du trimestre que concerne l'état, la fixation correspondante n'en est pas moins modifiée, mais il convient alors d'indiquer dans la dernière colonne la nature de l'opération à effectuer et l'époque probable où elle aura lieu. Si les mouvements ont été opérés d'après un ordre donné par délégation ou en exécution de prescriptions ministérielles, il importe de toujours rappeler l'ordre général du Ministre et l'ordre particulier de l'autorité chargée de l'exécution. Si, dans le cours du trimestre, plusieurs modifications ont fait varier la fixation d'une même nature d'objets, on ne porte aux fixations que la modification définitive résultant de l'ensemble des opérations prescrites, mais on indique séparément celles-ci dans la dernière colonne de l'état n° 53.

Les états trimestriels sont envoyés, en double expédition, au Ministre à la date indiquée par les différents services, ou, à défaut d'indications particulières, au plus tard le dernier jour du premier mois qui suit le trimestre auquel ils se rapportent. Une expédition est renvoyée, revêtue de l'approbation ministérielle, dans le plus bref délai possible. Cette expédition porte, dans la formule qui précède l'énumération des mouvements, la date à laquelle l'état a été approuvé par la direction technique du ministère.

Si l'état concernant un trimestre n'est pas encore revenu lors de l'établissement de l'état suivant, on considère l'approbation comme provisoirement acquise, et l'on porte dans la colonne « Dernière fixation » les chiffres résultant du dernier état produit.

Les états trimestriels ne reproduisent jamais aucun mouvement déjà porté sur un état précédent.

En cas d'erreur, d'omission ou de double emploi, la rectification nécessaire est demandée par le plus prochain état n° 53.

Les états modèle n° 53 ne sont pas envoyés « néant ».

Dès qu'un état modèle n° 53 est revenu approuvé, on corrige immédiatement l'état n° 52 correspondant ou l'état n° 52 de l'année précédente, si celui de l'année en cours n'a pas encore été renvoyé.

Les gestions (corps de troupe ou établissements) ayant des détachements ou des annexes dans la même région de corps d'armée ou dans une autre région, en France, en Algérie ou en Tunisie, comprennent sur leurs états n° 53 toutes les modifications qu'il a été prescrit d'apporter à la fixation totale de la gestion, que les mouvements à en résulter concernent les détachements ou annexes ou bien la portion centrale ou la place principale. Pour les mouvements exécutés, le gestionnaire demande, s'il y a lieu, les renseignements nécessaires aux commandants de détachements ou aux gérants d'annexes.

Il résulte des prescriptions ci-dessus qu'entre le moment où un mouvement est exécuté et celui où l'état n° 52 peut être corrigé d'après l'état n° 53 approuvé, il s'écoule une période de temps pendant laquelle les existants à la R. G. ne sont plus en concordance avec les fixations accusées par l'état n° 52 non encore rectifié. Cette différence est expliquée par les ordres de mouvement réguliers que les gestionnaires présentent, le cas échéant, aux autorités ayant droit de recensement de la R. G. Il est tenu compte, par les recenseurs, des différences ainsi justifiées, qu'il n'y a pas lieu de constater par procès-verbal.

Les ordres de mouvement doivent être exécutés en écritures, sans attendre l'établissement et l'approbation des états n° 53. La comptabilité spéciale de la R. G. (états n°ˢ 52 et 53) ne doit, en aucun cas, être un obstacle à la tenue de la comptabilité ordinaire, au jour le jour, dans les conditions réglementaires.

Les états n° 53 n'étant pas envoyés directement par l'administration centrale, les gestionnaires pourraient hésiter, à la réception d'un ordre, sur la catégorie de matériel (S. C. ou R. G.) dont il s'agit, et par conséquent, sur les pièces comptables à établir. Pour éviter cette difficulté, tout ordre de mouvement indique explicitement la catégorie de matériel qu'il concerne, les conditions dans lesquelles l'opération doit s'effectuer (envoi de la R. G. d'une gestion à une autre, versement de la R. G. au S. C. ou inversement, etc.) et les pièces comptables à établir. (Voir ci-après les explications de détail, art. 8 et 9.)

Répartition de la fixation entre la place principale et les annexes.

Lorsqu'une gestion comprend un magasin principal et des annexes, l'article 6 prescrit que le chef de service local répartit la fixation totale arrêtée pour l'ensemble de la gestion en autant de fixations partielles qu'il y a de magasins distincts.

Dans les corps de troupe, la répartition est faite entre la portion centrale, les détachements et les autres corps ou établissements qui gèrent, à titre d'annexes, une portion des approvisionnements du corps. Dans les établissements, elle est faite entre la place principale et les établissements ou corps annexes.

Il est établi pour chaque annexe (1) un état de répartition en double expédition, dont l'une est envoyée au gérant d'annexe, et l'autre est conservée par le comptable. Pour la place principale, une seule expédition suffit.

Les états de répartition, établis par le comptable principal (dans les corps de troupe, par le conseil d'administration central) d'après les indications du directeur du service local, et approuvés par ce dernier, sont tenus à hauteur au moyen d'extraits des états modificatifs modèle n° 53 également établis en double expédition (en simple expédition pour la place principale) qui restent annexés aux états de répartition correspondants.

Le chef du service local chargé d'arrêter la répartition des fixations est le chef de service de la place principale (pour les corps de troupe, le sous-intendant chargé de la vérification des comptes de la portion centrale). Le chef de service de la place où est située l'annexe n'a pas à intervenir, si ce n'est pour constater, dans la mesure de ses attributions réglementaires, la bonne tenue de l'état de répartition, et la conformité des existants avec les fixations.

Lorsque le chef de service local modifie la répartition de la fixation entre la place principale et les annexes, il en avise immédiatement les gérants des magasins intéressés, et leur prescrit de corriger en conséquence les états de répartition.

Les états de répartition ainsi que les extraits des états modèle n° 53 sont établis sur des formules modèles n°s 52 et 53 dont les en-têtes et l'attache des signatures sont modifiés pour cet usage, et que les corps et établissements font figurer, en quantité suffisante, sur leurs demandes périodiques d'imprimés.

Les états de répartition ainsi que les extraits d'états n° 53 sont datés du jour où ils sont établis; mais il est bien entendu que quelle que soit l'époque où ils sont envoyés, les états de répartition de la fixation arrêtée par le Ministre pour l'ensemble de la gestion, se rapportent toujours à la situation au

---

(1) Dans les corps de troupe, les dispositions prévues pour les annexes s'appliquent également aux détachements. Dans ce cas, l'expression « gérant d'annexe » concerne le conseil éventuel ou le commandant du détachement.

1er janvier, et les extraits d'états n° 53 au dernier jour du trimestre qu'ils concernent.

Il peut arriver, dans les gestions comportant un certain nombre d'annexes, et dont la R. G. ne comprend qu'un nombre limité d'articles, que le gestionnaire trouve plus commode de remplacer l'état de répartition concernant la place principale et les doubles des états concernant les annexes qu'il doit avoir en sa possession, par un état de répartition unique, à double entrée, donnant dans le sens horizontal le matériel de chaque magasin, et dans le sens vertical, les chiffres correspondant à un même article dans les différents magasins. Cette forme permet une totalisation rapide des quantités, et rend plus facile la comparaison entre l'état n° 52 arrêté pour l'ensemble de la gestion, et les différentes fixations partielles des magasins. Cette manière de faire est autorisée sous réserve de l'approbation du chef de service local. Dans ce cas, l'état de répartition unique est approuvé de la même façon que les états de répartition ordinaires. Sa contexture doit permettre les rectifications prescrites par les états modificatifs successifs, et l'inscription en face de chaque chiffre modifié, du numéro de l'état n° 53 correspondant. Les doubles des extraits d'états n° 53 concernant chaque magasin restent joints à l'état de répartition unique.

Il va sans dire que les annexes doivent toujours être en possession de l'état de répartition qui les concerne, et qui devient, dans le système ci-dessus, un extrait de l'état de répartition unique conservé à la place principale.

Tenue du carnet modèle n° 51.

Le carnet d'enregistrement, modèle n° 51, des états modificatifs de la fixation de la R. G. est unique par gestion, quand même le comptable gère du matériel de différents services.

Afin d'obtenir la plus grande clarté possible dans la tenue de ce carnet, il est ouvert une page spéciale pour l'inscription des états modificatifs de chaque service. Une série particulière de numéros, suivant l'ordre naturel des nombres, est attribuée aux inscriptions de chaque subdivision du carnet. Cette série est renouvelée chaque année. Le millésime est inscrit, en gros caractères, en tête de la liste des états modèle n° 53 qui s'y rapportent.

Les seuls documents à mentionner au carnet modèle n° 51 sont les états modificatifs. On n'y inscrit ni les états modèle n° 52, ni les états des nécessaires, ni aucun ordre, instruction ou circulaire ayant trait aux fixations.

L'analyse de la colonne 4 est très sommaire. Le numéro inscrit sur chaque état modificatif et reproduit sur l'état n° 52 lors de la rectification de ce dernier, est le numéro de classement au carnet, figurant à la colonne 1. Les colonnes 7 et 8 sont remplies, après le retour des états modificatifs approuvés, dès que les mouvements sont entièrement exécutés.

Dispositions particulières au matériel dont la fixation est arrêtée
par corps d'armée.

Aux termes de l'article 6 du décret du 26 décembre 1902, le Ministre peut, pour certains objets, arrêter une fixation globale par corps d'armée et déléguer au commandant du corps d'armée le soin d'en faire la répartition par gestion. Les dispositions générales indiquées ci-dessus sont applicables à ce matériel; les prescriptions qui suivent n'ont pour but que de les adapter à ce cas spécial, actuellement limité au service de l'habillement. Elles s'appliqueraient à tout autre service pour lequel une mesure analogue serait prise ultérieurement.

Les gestions de l'habillement (corps de troupe ou établissements) établissent de la manière indiquée ci-dessus, et en double expédition, leurs états de fixations sur des formules modèle n° 52 convenablement modifiées quant aux signatures, et envoient les deux expéditions au commandant de corps d'armée. Ces états par corps de troupe ou établissement sont dénommés *états partiels*. Le commandant de corps d'armée les récapitule dans un *état global* modèle n° 52, en deux expéditions, qu'il envoie au Ministre. Dès que l'une de ces expéditions est revenue approuvée (ou modifiée), le commandant de corps d'armée approuve et date (après modification, s'il y a lieu), les états partiels dont il conserve une expédition. L'autre est renvoyée à la gestion intéressée.

Le commandant de corps d'armée donne les instructions nécessaires pour que les états partiels lui parviennent en temps utile, afin que l'état global soit envoyé au Ministre à la date fixée, ou, à défaut d'instructions particulières, au plus tard le 1er avril.

L'état global est la récapitulation exacte des états partiels, comme fixations, existants et valeurs, ainsi que comme numéros de nomenclature et désignation du matériel.

Les rectifications que le commandant de corps d'armée croit devoir apporter aux états partiels sont reproduites sur les deux expéditions de ces états. Elles ne portent, en principe, que sur des erreurs matérielles qui auraient échappé à la vérification des sous-intendants. Les intéressés sont avisés immédiatement, et sans attendre le renvoi des états partiels, des rectifications effectuées.

Ainsi qu'il a été dit ci-dessus, les états partiels des corps de troupe comprennent toujours la totalité des approvisionnements qui sont affectés soit à eux-mêmes, soit aux formations de réserve ou de l'armée territoriale qui leur sont rattachées. Ils présentent, dès lors, tout le matériel existant à la portion centrale, augmenté de celui déposé dans les détachements et annexes, quand même ceux-ci se trouveraient dans un autre corps d'armée, y compris l'Algérie et la Tunisie. De même, les états n° 52 des corps d'Afrique ayant des détachements ou des annexes sur le territoire continental, comprennent les approvisionnements de ces magasins.

Les états n° 53 de l'habillement sont envoyés trimestriellement, en double expédition, par les gestionnaires au commandant du corps d'armée, qui fixe la date où ces documents doivent lui arriver, de façon que l'état n° 53 global du corps d'armée puisse être envoyé au Ministre à la date prescrite, ou, à défaut d'indications particulières, au plus tard le dernier jour du premier mois qui suit le trimestre.

Les états partiels des gestions portent les mêmes indications que celles prescrites ci-dessus pour les états modificatifs qui sont envoyés directement au Ministre. Le commandant de corps d'armée fait, sur ces états partiels, la distinction entre les mouvements affectant la fixation globale du corps d'armée, et ceux qui n'influent que sur les fixations partielles des gestions, sans intéresser la fixation globale. Il récapitule sur un état n° 53 unique les opérations qui ont modifié la fixation globale, et adresse au Ministre deux expéditions de cet état. Aussitôt que l'une de ces expéditions lui est revenue approuvée (ou modifiée), il rectifie l'état global modèle n° 52, et mentionne l'état modificatif modèle n° 53 qui reste annexé à l'état n° 52, sur un carnet modèle n° 51 semblable à celui qui est tenu dans les gestions. Puis il approuve (après modifications, s'il y a lieu) et date les états partiels modèle n° 53, en garde une expédition qui est annexée également à l'état n° 52 et renvoie l'autre à la gestion intéressée. Celle-ci modifie son état partiel modèle n° 52, mentionne l'état n° 53 sur son carnet modèle n° 51, et en envoie, s'il y a lieu, des extraits à ses détachements et annexes.

Vu l'importance des états modèles n°ˢ 52 et 53, globaux et partiels, le commandant de corps d'armée les signe toujours lui-même, sans déléguer à personne sa signature, ni les faire signer par ordre. Si le commandant de corps d'armée est en position d'absence au moment de la signature des états, ceux-ci sont signés par l'officier général qui le remplace dans ses fonctions, avec la mention : « Pour le général commandant le corps d'armée absent, le général commandant provisoirement le corps d'armée ».

Art. 7.

Conservation et entretien de la réserve de guerre.

1. *Classement du matériel figurant dans les approvision-*

nements de la R. G. — Aux termes de l'article 7 du décret du 26 décembre 1902, les matières et objets de la R. G. qui ne sont pas susceptibles de faire un service de guerre, doivent être immédiatement remplacés par échange avec des matières et objets de même nature existant au service courant.

Dans le service de l'habillement, on ne saurait considérer comme répondant aux exigences de la guerre, les effets d'habillement, de grand ou de petit équipement, classés d'instruction. Même ceux classés « Bons » ne peuvent être admis qu'exceptionnellement. Seuls, les effets classés « Neufs » ou « Très bons » doivent, en principe, figurer dans les approvisionnements de la R. G. Il importe, en conséquence, de faire disparaître de ces approvisionnements, d'abord les effets « d'instruction » et ensuite les effets « Bons » qui y existent actuellement. Les échanges nécessaires entre les masses et la R. G., pour remplacer à cette dernière, les effets « Bons » ou « d'instruction » par des effets « Neufs », se font, nombre pour nombre, en passant par l'intermédiaire du S. C. au moyen de certificats administratifs 6^A et 6^B non décomptés pour le passage de la R. G. au S. C. ou inversement, et de factures pour le passage des masses au S. C. Le corps est remboursé de la différence de valeur, quand il y a lieu, sur les crédits du S. C. par les moyens indiqués à l'article 19 de l'instruction du 14 juin 1903.

2. *Prélèvements temporaires.* — Sauf les exceptions prévues par les 4e et 5e alinéas de l'article 7 de l'instruction, aucun matériel ne doit sortir des approvisionnements de la R. G. pour les renouvellements sans être *préalablement* remplacé par le matériel nouveau. Pour les nivellements de l'habillement, le délai d'un mois doit être considéré comme limite extrême et absolue de la reconstitution des approvisionnements.

Dans le cas de mise en service ou en consommation pour éviter des détériorations, le remplacement est fait à la diligence de la direction locale du service, dans le plus bref délai possible. Le compte rendu adressé au Ministre est accompagné, pour régularisation, d'une demande d'autorisation de prélèvement qui mentionne la date où les approvisionnements seront reportés à hauteur des fixations. Le matériel prélevé est immédiatement porté au carnet n° 54^A.

Dans les cas d'urgence prévus par la circulaire du 5 août 1904, les prélèvements autorisés par les commandants de corps d'armée doivent être restitués dès que la cause qui les a motivés a cessé d'exister. Le commandant de corps d'armée donne tous les ordres nécessaires à cet effet.

Sauf les cas limitativement prévus par le 5e alinéa de l'article 7 de l'instruction et par la circulaire du 5 août 1904, les prélèvements temporaires, quelque courte que doive en être la durée, ne peuvent être faits que sur autorisation du Ministre. Toutes les dispositions contraires des textes antérieurs doivent être considérées comme abrogées.

Lorsque le prélèvement doit être opéré dans une annexe, celle-ci reçoit, par les soins de l'établissement principal, copie de l'autorisation ministérielle.

Le matériel prélevé ne sort pas, en écritures, de la R. G. et il n'est établi aucune pièce comptable de passage au S. C. La restitution se fait également sans écritures.

S'il s'agit de matériel qui ne doit pas être réintégré lui-même, mais qui sera remplacé par du matériel identique, celui-ci est acheté par le corps ou par l'établissement, ou lui est fourni par une autre gestion; il entre toujours en compte au titre du S. C., mais il est placé dans les approvisionnements de la R. G. dès son entrée en magasin. Il ne peut résulter de cette manière de procéder aucun inconvénient si le matériel est restitué avant la clôture du compte de gestion. Il se présentera seulement cette particularité, que, dans le compte, les sorties du S. C. pourront être antérieures à l'entrée correspondante. Les inscriptions du carnet, modèle n° 54ᴬ, suffisent, le cas échéant, à expliquer cette situation. Elles justifient également la différence momentanée que ferait ressortir un recensement de la R. G. entre les existants et les fixations (1).

Dans le cas exceptionnel où un prélèvement de matériel de l'espèce visée ci-dessus ne peut être restitué avant la clôture du compte de gestion, on fait passer au S. C. le matériel non restitué par un certificat administratif 6ᴬ non décompté dont l'intitulé est convenablement modifié. S'il s'agit d'un prélèvement fait en faveur d'une masse, le S. C. facture le matériel à la masse. Dans les comptes de l'année suivante, la restitution se fait par un versement de la masse au S. C., s'il y a lieu, et le passage du S. C. à la R. G. s'effectue au moyen d'un certificat administratif vert 6ᴮ non décompté. Les pièces comptables indiquent, dans la colonne « Observations », le motif des mouvements opérés. Les fixations ne sont d'ailleurs pas modifiées, et l'état n° 52 accuse un incomplet des existants par rapport aux fixations, qui est expliqué dans la colonne 9 avec mention de l'époque de la restitution.

S'il s'agit de matériel qui doit être réintégré lui-même, la même difficulté ne se produit pas, en général, et aucune mesure particulière n'est à prévoir. Le matériel non réintégré

---

(1) Pour le service de l'habillement, les détails d'application de ces principes sont posés au paragraphe 5 de l'article 22 de l'instruction du 14 juin 1903.

en fin d'année ne sort pas en écritures du compte de gestion et est restitué également sans écritures (1).

Le dépôt, dans les magasins d'unités des corps de troupe, de matériel de la R. G. (comme par exemple les outils du génie, les paquets de pansement, etc.), ne constitue pas un prélèvement, tant que le matériel reste dans ces magasins. Ce n'est que quand il est mis en service, soit par application des dispositions de la circulaire du 5 août 1904, soit après autorisation spéciale, qu'il doit être mentionné au carnet modèle n° 54ᴬ.

Lorsque le matériel doit être employé plusieurs fois, à intervalles rapprochés, pendant une certaine période, on ne fait qu'une seule inscription au carnet n° 54ᴬ, lors de la première mise en service. La date à porter sur ce même carnet pour la réintégration est celle de la fin de la même période.

En principe, le matériel prélevé doit être réintégré avant la fin de l'année. Lorsque, exceptionnellement, l'autorisation de prélèvement a été donnée pour une période portant sur deux années successives, il n'est pas nécessaire de renouveler la demande d'autorisation au 1ᵉʳ janvier.

3. *Matériel prélevé pour les besoins des masses.* — Avant l'envoi au Ministre d'une demande de prélèvement (2), les chefs de corps s'assurent, sous leur responsabilité personnelle, qu'il n'existe ni dans le magasin commun (approvisionnement du corps) ni dans ceux des unités, une quantité d'effets suffisante pour satisfaire aux besoins. Pour éviter un prélèvement sur la R. G. de l'habillement, les effets des collections n° 1 sont mis en service, s'il est nécessaire. Si dans quelques unités existent, même dans les collections n° 1, les effets nécessaires aux besoins bien constatés d'autres unités moins riches en matières, des cessions contre remboursement sont effectuées entre les unités d'un même corps stationnées dans la même place. Si, malgré tout, la nécessité d'un prélèvement est reconnue, la demande d'autorisation est revêtue

---

(1) Cependant, si du matériel de cette nature est facturé à une autre gestion, ce qui entraîne une sortie au titre du service courant (exemple : matériel de couchage auxiliaire délivré par les magasins administratifs aux corps de troupe, après prélèvement sur les approvisionnements de la R. G.), et n'est pas rendu avant la fin de l'année, il faut le faire passer au 31 décembre, de la R. G. au S. C., par les procédés indiqués ci-dessus, afin de pouvoir établir, au compte de gestion, la balance entre les entrées et les sorties. Quand, l'année suivante, le matériel est restitué, on le reprend en compte au S. C., puis on le fait rentrer à la R. G. par certificat administratif 6ⁿ non décompté.

(2) On ne devra pas perdre de vue que l'autorisation du Ministre est nécessaire aux prélèvements sur le matériel dont il est arrêté une fixation globale par corps d'armée, aussi bien qu'aux prélèvements sur le matériel dont la fixation ministérielle est arrêtée par gestion.

d'une mention ainsi conçue : « Le chef de corps certifie qu'il n'existe ni dans le magasin commun (approvisionnement du corps) ni dans les magasins des unités stationnées dans la place, les effets nécessaires pour satisfaire aux besoins ».

Cette mention est complétée par l'indication des causes qui ont amené la situation : retard dans les livraisons par les magasins administratifs ou par les fournisseurs, insuffisance des commandes, etc.

Dans les corps fractionnés, le chef de corps se fait renseigner sur la situation par les commandants des détachements autres que celui qu'il commande en personne.

4. *Extraits trimestriels du carnet modèle n° 54ᴬ*. — L'extrait trimestriel du carnet des prélèvements temporaires, prévu à l'avant-dernier alinéa de l'article 7 de l'instruction, n'est pas fourni « Néant ».

Art. 8 et 9.

Modifications dans l'importance ou la nature des approvisionnements de la réserve de guerre.

1. *Modifications aux fixations*. — Il importe de ne pas perdre de vue les dispositions des paragraphes II des articles 8 et 9 de l'instruction, qui prescrivent que, dans le cas où du matériel est expédié de la R. G. d'une place au S. C. d'une autre place, ou inversement, le passage d'une catégorie à l'autre est toujours effectué par la place dont la fixation est modifiée. Tout oubli de cette règle peut entraîner des erreurs ayant pour conséquence de fausser les résultats financiers de l'opération, ou de faire classer le matériel dans une catégorie autre que celle à laquelle il était destiné.

Les mêmes dispositions sont appliquées lorsqu'il s'agit de matériel passant, à titre gratuit ou à titre remboursable, du S. C. d'un service à la R. G. d'un autre service du Département de la guerre, ou inversement.

2. *Par qui sont ordonnées les modifications dans l'importance et la nature des approvisionnements de la R. G.* — Le Ministre ayant seul le droit de modifier les fixations de la R. G., aucune autre autorité n'a qualité pour ordonner, de sa propre initiative, un mouvement de la R. G. d'une gestion sur une autre, même dans l'intérieur de la circonscription territoriale où elle exerce ses fonctions.

Il n'est pas dérogé à ce principe lorsque le Ministre délègue aux commandants de corps d'armée le soin de répartir entre les différentes gestions de leur région la fixation globale arrêtée par lui pour l'ensemble du corps d'armée, ainsi que cela a lieu actuellement pour le service de l'habillement. Dans ce cas, le commandant du corps d'armée agit en vertu d'une délégation permanente du Ministre et par son ordre. Les pièces comptables relatives à ce matériel et se rapportant aux mouvements exécutés dans l'intérieur du corps d'armée ne mentionnent que l'ordre du général commandant le corps d'armée ou du directeur local du service agissant par son ordre.

Il n'est pas dérogé non plus au principe de l'intangibilité de la R. G. lorsque le Ministre ordonne un mouvement d'ensemble, sans préciser le détail des opérations par gestion : par exemple, quand il s'agit de niveler des approvisionnements d'après de nouvelles bases, dans n'importe quel service. Dans ce cas, l'autorité locale qui prescrit le détail des mouvements à effectuer agit en vertu d'un ordre spécial du Ministre, qui doit être mentionné sur l'ordre de mouvement et sur les pièces comptables. Ces dernières indiquent, en outre, l'ordre d'exécution émanant de l'autorité locale.

3. *Nature des pièces comptables à établir dans le cas de modifications à l'importance ou à la nature des approvisionnements de la R. G.* — Les pièces comptables qui justifient, en écritures, les modifications apportées aux approvisionnements de la R. G. ont des conséquences financières qu'il faut toujours avoir en vue lorsqu'on détermine leur nature.

Les augmentations à la R. G. sont faites, en principe, au moyen de crédits particuliers généralement alloués à la 3e section du budget, quelquefois par des lois spéciales; exceptionnellement, elles sont opérées par remploi de la valeur d'approvisionnements supprimés. Lorsque ces dernières augmentations sont destinées à des créations d'approvisionnements non encore admises par le Parlement, elles font l'objet d'une loi.

Les diminutions de la R. G. donnent lieu, en principe, à versement au S. C. contre remboursement du matériel supprimé. Exceptionnellement, la valeur du matériel supprimé peut être employée à compléter, par compensation, les approvisionnements du même service, dans les conditions indiquées ci-dessus pour les augmentations.

Le S. C. supporte la charge du renouvellement du matériel de la réserve (art. 7 du décret du 26 décembre 1902) et par là il faut entendre non seulement le roulement normal d'objets identiques; mais aussi le remplacement à la R. G. d'objets de modèles anciens par des objets destinés au même usage, mais de modèles plus récents, ou de certaines denrées ou matières par d'autres pouvant leur être substituées dans les approvisionnements.

C'est par application de ces principes que l'on arrive aux règles suivantes, relatives aux cas les plus fréquents :

a) *Renouvellement, par roulement sur place, du matériel de la R. G.* — Deux cas sont à considérer :

1° Le matériel à renouveler est remplacé à la R. G. par du matériel identique provenant du S. C. : le mouvement se fait sans écritures, nombre pour nombre;

2° Le matériel est remplacé par du matériel similaire destiné au même usage, mais classé sous d'autres numéros de la nomenclature, et généralement de valeur différente. Il faut entendre par « matériel similaire » les matières, effets, denrées ou objets pouvant, sans inconvénient, être substitués les uns aux autres dans les approvisionnements, soit en quantités égales, soit en quantités différentes (par exemple, la farine dure et la farine tendre, les potages des différentes espèces, etc.). C'est, en somme, le matériel qui, tout en étant distingué par les nomenclatures sous différents numéros, est groupé par les directions techniques du ministère sous un seul chiffre de fixation sur les états n° 52, ainsi qu'il a été dit ci-dessus, à l'article 6.

Pour ces matières, — et à l'exclusion de toutes autres dont le groupement n'a pas été ordonné — le passage de la R. G. au S. C. et du S. C. à la R. G. pour cause de renouvellement se fait par certificats administratifs 6ᴬ et 6ᴮ non décomptés.

b) *Matériel identique ou d'un même groupement de fixations passé au S. C. dans une gestion et reconstitué dans une ou plusieurs autres.* — Si du matériel identique ou d'un même groupement est en excédent des nécessaires dans une gestion et en déficit dans une ou plusieurs autres, on peut, pour éviter des transports, combler le déficit par des versements sur place du S. C. à la R. G. et effectuer un versement inverse dans la première gestion. Dans ce cas, les mouvements corrélatifs sont prescrits en même temps; les ordres de mouvement indiquent la nature particulière de l'opération et les places intéressées. Les opérations sont justifiées par certificats administratifs 6ᴬ et 6ᴮ non décomptés. Le certificat 6ᴬ établi dans la place où le matériel est en excédent à la R. G. mentionne, dans la colonne « Observations », les places où s'effectuent les mouvements corrélatifs. Le ou les certificats 6ᴮ établis dans la ou les places où le matériel est en déficit à la R. G. mentionnent la place où le matériel est en excédent.

c) *Matériel remplacé en valeur dans les approvisionnements de la R. G.* — L'opération est faite à charge de compensation entre la R. G. et le S. C. par certificats administratifs 6ᴬ et 6ᴮ décomptés.

Les versements compensateurs peuvent avoir lieu dans la même gestion ou dans des gestions différentes. Le jeu des compensations est suivi à l'administration centrale par les directions techniques qui veillent à ce que la balance soit établie dans les comptes de l'année. Les comptables n'ont pas à se préoccuper de la différence de valeur du matériel qui entre à la R. G. de leur gestion et de celui qui en sort.

Les opérations par compensation en valeur ne doivent porter que sur les approvisionnements d'un même service ou d'une même subdivision de service si celui-ci comprend plusieurs subdivisions correspondant à des chapitres distincts de la 1ʳᵉ section du budget (Exemple : subsistances : vivres, viande, fourrages, chauffage et éclairage). De plus, si le service ou l'une des subdivisions de service comprend des approvisionnements de natures différentes, comme, dans le service des subsistances, les denrées et le matériel, la compensation ne peut se faire que séparément pour chaque nature d'approvisionnements quand même ceux-ci correspondent au même chapitre de la 1ʳᵉ section du budget.

Lorsque, dans ces conditions, un service comprend plusieurs subdivisions ou plusieurs catégories d'approvisionnements, les relevés modèle nᵒˢ 50 et 50ᴬ sont établis distinctement par subdivision et par catégorie.

Le matériel versé du S. C. à la R. G. à charge de compensation est décompté au prix de la nomenclature (1). Il en est de même pour le matériel versé de la R. G. au S. C. (1). Toutefois, si le matériel à verser est en excédent des nécessaires globaux du service, l'ordre ministériel de versement prescrit, s'il y a lieu, l'établissement d'un procès-verbal modèle nᵒ 22, et le passage se fait alors à la valeur d'utilisation fixée. Les pièces comptables mentionnent le numéro et la date du procès-verbal, ainsi que la date où il a été approuvé par le Ministre.

d) *Suppression définitive, sans compensation, de certains approvisionnements de la R. G.* — Dans le cas de réduction d'approvisionnements, sans compensation, le matériel devenu sans affectation est versé au S. C. contre remboursement, au prix de la nomenclature(1), sauf le cas où il y a lieu d'en déterminer la valeur d'utilisation par procès-verbal modèle

---

(1) Dans le service des subsistances, aux prix fixés par le tarif annuel de remboursement. Les denrées et matières qui ne figurent pas audit tarif sont décomptées d'après les prix de nomenclature.

n° 22. L'opération est faite au moyen d'une facture chamois modèle 9ᴬ revêtue de la mention de versement au Trésor. **Le mouvement ne peut avoir lieu que lorsque l'ordonnateur dispose, au titre du chapitre intéressé de la 1ʳᵉ section du budget, des crédits nécessaires.**

Si le service ne dispose pas des crédits nécessaires au versement au Trésor, le matériel reste provisoirement aux disponibles de la R. G. Dans ce cas, la fixation ne varie pas, et il n'y a aucune pièce comptable à. établir.

e) Diminution définitive de la R. G. dans le cas où la valeur de la diminution a été escomptée d'avance par la loi. — Le Parlement diminue parfois les crédits demandés pour le S. C. en autorisant l'emploi, pour les besoins journaliers de l'armée, de certains approvisionnements de la R. G. jusqu'à concurrence d'une somme déterminée.

Dans ces conditions, la pièce de passage à établir est une facture chamois modèle n° 9ᴬ, sur laquelle la formule de payement est bâtonnée et remplacée par la mention ci-après : « Versement fait par la R. G. au S. C. à titre gratuit, en exécution des dispositions de la loi du….. (Circulaire ministérielle n°….. du…..).

Le matériel est ensuite, s'il y a lieu, utilisé ou livré aux masses par le S. C. de la façon ordinaire.

f) Remplacement du matériel de la R. G. perdu, mis hors de service, ou réformé. — Des objets du matériel de la R. G. peuvent être perdus, ou mis hors de service à l'occasion d'un prélèvement, ou par suite d'une circonstance quelconque. Ils peuvent aussi être réformés. Pour leur remplacement à la R. G., deux cas sont à considérer :

1° Le S. C. possède le matériel nécessaire au remplacement. Celui-ci est effectué immédiatement sans écritures par le S. C. qui supporte la perte. Les pièces de sortie sont établies au titre du S. C.;

2° Le S. C. ne possède pas le matériel nécessaire au remplacement. Dans ce cas, le matériel sort des comptes de la R. G. par pièces de sortie établies au titre de ce service. Il est remplacé aussitôt que le S. C. est en mesure de faire la restitution. La pièce comptable à établir est un certificat administratif n° 6ᴮ *non décompté*, avec toutes explications utiles dans la colonne « Observations », par exemple : « Restitution à la R. G. du matériel perdu (ou détérioré, ou réformé) porté en sortie par extrait du procès-verbal en date du….. n°….. ».

Il ne faut pas décompter le certificat n° 6ᴮ parce que l'opération a pour but de rendre à la R. G., gratuitement, du matériel qui lui appartient, qu'elle a déjà payé quand il a été acheté et que, dès lors, il ne faut pas lui faire payer une seconde fois.

Il est bien entendu que les fixations ne sont pas modifiées par ces faits accidentels. Si le matériel n'était pas remplacé au 31 décembre, les états n° 52 accuseraient un incomplet à expliquer dans la colonne 9.

g) Modifications dans les unités collectives. — Les unités collectives des différentes nomenclatures subissent d'assez fréquentes modifications : certains objets sont retirés, d'autres sont ajoutés, d'autres enfin sont remplacés par des objets d'un modèle différent. La marche à suivre dans ces différents cas est la suivante :

1° Pour faire sortir des objets d'une unité collective, on les fait passer à leur numéro détaillé de la R. G. par certificat administratif modèle n° 7 jaune, dont l'intitulé est ainsi modifié : « Le .....comptable soussigné déclare qu'en exécution de l'ordre ministériel n°..... du..... prescrivant des modifications aux unités collectives, il y a lieu.. ...». Puis, on les fait passer au S. C. par certificat administratif n° 6ᴬ décompté, ou par facture n° 9ᴬ ou bien on les conserve aux disponibles de la R. G. selon les instructions reçues ;

2° Pour faire entrer des objets dans une unité collective, s'ils doivent être pris sur le S. C. on commence par les faire passer à la R. G., sous leur numéro détaillé, par certificat administratif vert n° 6ᴮ décompté dont l'intitulé est ainsi libellé : « Le..... comptable..... en exécution de l'ordre ministériel n°..... du..... prescrivant des modifications aux unités collectives. »

Une fois que la R. G. possède les objets nécessaires, on les fait sortir de leur unité détaillée pour entrer dans l'unité collective, par certificat administratif modèle n° 11 bleu dont l'intitulé est libellé comme il est indiqué au paragraphe 1° ci-dessus;

3° Pour remplacer, dans une unité collective, certains objets par d'autres d'un modèle différent, on combine les deux opérations précédentes (1).

4° Sur le compte de gestion, on inscrit dans la colonne n° 3, au-dessous de la désignation de l'unité collective, les objets qui y sont ajoutés ou que l'on en retire au fur et à mesure des mouvements ; dans la colonne n° 6, la date des mouvements et,

---

(1) Si cependant les objets entrant dans les unités collectives et les objets sortants se remplacent nombre pour nombre, et s'ils font partie du même groupement de fixations, tel que ce groupement a été défini à l'article 6 ci-dessus, les certificats administratifs 6-ᴬ et 6-ᴮ de passage du S. C. à la R. G. et de la R. G. au S. C. ne sont pas décomptés.

dans la colonne « Valeur » (n°s 15, 16, 18 ou 19), les valeurs correspondantes (1).

En outre, en fin d'année, on fait figurer dans la colonne « Observations », sous le titre « Objets en plus ou en moins », les objets en excédent ou en déficit à l'unité collective avec leur valeur, de façon à expliquer la différence de la valeur réelle de l'unité avec sa valeur d'après la nomenclature.

C'est la valeur réelle qui doit figurer dans les décomptes du compte de gestion et de l'état n° 52.

5° Lorsqu'une feuille rectificative à la nomenclature vient modifier la valeur des objets composant une unité collective, celle-ci est reprise au 1er janvier pour la valeur accusée au 31 décembre précédent ; mais, en regard de la rubrique « Différence de valeur résultant de la feuille rectificative n° du   » à inscrire dans la colonne n° 3, on portera la valeur de cette différence dans la colonne n° 15 ou n° 18 (entrées) lorsqu'il y a accroissement, ou dans la colonne n° 16 ou n° 19 (sorties) lorsqu'il y a diminution.

h) Cession du S. C. à la R. G. à charge de remboursement.
— Lorsque le Ministre prescrit une cession de matériel par le S. C. à la R. G. à charge de remboursement sur les crédits de la 3e section du budget, l'opération est effectuée au moyen d'une facture modèle 9^v (chamois) qui devient le modèle 9^u et dont les titres sont modifiés de la façon suivante :

« Versement du S. C. à la R. G. — Facture des matières et objets versés par le S. C. à la R. G. par suite d'augmentation dans les approvisionnements, etc. »

i) Roulement du matériel entre la R. G. et les masses dans les corps de troupes. — Si le roulement a lieu entre objets identiques, il est fait nombre pour nombre, sans écritures.

S'il a lieu entre objets similaires, classés sous des numéros différents de la nomenclature, il faut passer par l'intermédiaire du S. C. au moyen de certificats administratifs 6^v et 6^u, non décomptés (il ne peut s'agir que de matières ou d'objets groupés comme fixations). Le S. C. livre le matériel ancien aux masses, et en reçoit le matériel nouveau, au moyen de factures (2).

Pour le remboursement par le S. C. aux masses, ou pour

---

(1) Il est entendu que, dans ce cas, aucune inscription ne doit être portée dans les colonnes « Quantités ».

(2) Les termes R. G. et S. C. ne s'appliquent qu'au matériel appartenant à l'État. Le matériel appartenant aux masses, souvent désigné à tort par l'expression « Service courant » doit être dénommé : « Matériel de la masse (d'habillement, de harnachement, etc.). »

le payement par celles-ci de la différence de valeur du matériel reçu et du matériel livré, on se conforme aux règles tracées par les règlements de chaque service.

Il demeure entendu que la marche tracée ci-dessus ne s'applique pas aux prélèvements temporaires, pour lesquels les règles à suivre ont été données à l'article 7.

Les différents cas visés ci-dessus ne comprennent pas tous ceux qui peuvent se présenter dans la pratique. Ils sont donnés comme exemples de l'application des principes posés plus haut, dont il faut s'inspirer pour trouver la solution de chaque cas d'espèce. Ces règles générales suffiraient à déterminer, en toute circonstance, la nature de la pièce comptable à établir, s'il ne se présentait des cas où, selon les intentions du Ministre, des procédés différents peuvent être employés, par exemple quand il s'agit de la destination à donner au matériel supprimé des approvisionnements qui peut, ou rester provisoirement à la R. G. comme disponible, ou être versé au S. C. soit à charge de payement, soit par compensation.

Afin d'éviter aux gestionnaires toute erreur et toute hésitation, l'ordre de mouvement indique toujours la nature de l'opération et la pièce comptable à établir.

Exemples :

Expédition de la R. G. de la place A à la R. G. de la place B : factures modèles n°s 5 et 9.

Expédition du S. C. de la place A au S. C. de la place B : factures modèles n°s 5 et 9.

Versement de la R. G. au S. C. dans la place A de matériel en excédent des nécessaires, avec mouvement corrélatif du S. C. à la R. G. dans une ou plusieurs autres places d'un matériel identique ou compris dans un même groupement de fixation, en déficit dans ces places par rapport aux nécessaires : Indication de la nature de l'opération sur les ordres de mouvement. Certificats administratifs 6^A et 6^B non décomptés, avec toutes explications utiles dans la colonne « Observations », notamment l'indication de la place ou des places où est effectuée l'opération corrélative.

Expédition de la R. G. de la place A au S. C. de la place B (mouvement à charge de compensation) : certificat administratif 6^A, décompté, puis, expédition au titre du S. C. par factures modèles n°s 5 et 9, toutes ces pièces étant établies par la place A.

Expédition du S. C. de la place A à la R. G. de la place B mouvement à charge de compensation) : factures modèles n°s 5 et 9, au titre du S. C. établies par la place A, et certificat administratif 6^B décompté établi par la place B.

Passage de la R. G. au S. C. ou du S. C. à la R. G. dans la même place à charge de compensation : certificats administratifs 6′ ou 6ᴮ décomptés.

Passage de la R. G. au S. C. à charge de versement au Trésor : facture 9ᴬ (indication des crédits sur lesquels sera fait fait le versement).

Versement de la R. G. au S. C. à titre gratuit : facture 9ᴬ sur laquelle la preuve de payement est bâtonnée, et remplacée par une note explicative (diminution de la R. G., escomptée d'avance dans l'allocation des crédits du S. C.).

Versement du S. C. à la R. G. à titre gratuit : certificat administratif 6ᴮ non décompté (restitution à la R. G. d'un matériel lui appartenant).

Cession du S. C. à la R. G. à charge de remboursement : facture modèle 9ᴮ (chamois).

Modification d'une unité collective, le matériel sortant étant maintenu à la R. G. : certificat administratif modèle nᵒ 7.

Modification d'une unité collective, le matériel sortant étant versé au S. C. à charge de payement : certificat administratif modèle 7 et facture 9ᴬ. (Indication des crédits sur lesquels sera effectué le versement au Trésor.)

Modification d'une unité collective, le matériel sortant étant versé au S. C. à charge de compensation : certificat administratif modèle 7 et certificat administratif modèle 6ᴬ décompté.

Modification d'une unité collective, le matériel entrant étant pris sur les approvisionnements de la R. G. : certificat administratif modèle nᵒ 11.

Modification d'une unité collective, le matériel entrant étant pris sur le S. C. : certificat administratif modèle 6ᴮ décompté et certificat administratif modèle nᵒ 11.

Cette énumération, qui n'envisage pas tous les cas possibles, a simplement pour but d'indiquer, par des exemples, la nature des mentions à porter sur les ordres de mouvement. Dans le cas exceptionnel où ces indications seraient omises, le mouvement prescrit n'en doit pas moins être exécuté. Le gestionnaire s'inspire des règles posées ci-dessus pour le choix des pièces comptables à établir, sauf à demander préalablement les ordres complémentaires à l'autorité dont émane l'ordre de mouvement, s'il subsiste un doute sérieux sur la nature de l'opération prescrite.

Art. 15.

Prêts.

En principe, le Ministre seul peut autoriser les prêts, de quelque nature et de quelque durée qu'ils soient. Cependant, la circulaire du 12 janvier 1901 (*B. O.*, p. r., p. 97) qui est maintenue en vigueur délègue aux commandants de corps d'armée le pouvoir de consentir des prêts à des sociétés civiles, à des municipalités ou à des particuliers, mais en les limitant au matériel des lits militaires et du campement, et à charge de compte rendu immédiat.

Il doit demeurer entendu que les prêts non visés par la circulaire précitée restent expressément subordonnés à l'autorisation du Ministre.

La faculté de consentir des prêts de matériel des lits militaires ou du campement, accordée aux commandants de corps d'armée, ne concerne que le matériel du S. C. Il est formellement interdit de prêter du matériel prélevé sur les approvisionnements de la R. G., à moins d'un ordre spécial du Ministre.

Art. 17 à 27.

Direction, surveillance, gestion et responsabilités.

Il appartient aux sous-intendants, pour les corps de troupe, et aux directeurs locaux des services, pour les différents établissements, de guider les gestionnaires et de contrôler leurs actes. Ils vérifient soigneusement toutes les pièces soumises à leur visa, non seulement au point de vue de leur exactitude matérielle, mais aussi sous le rapport de la régularité de l'opération qu'elles concernent. Ils adressent, le cas échéant, aux gestionnaires, toutes observations utiles.

Ils exigent l'envoi en temps voulu, des documents pour la production desquels est assignée une date fixe ou une date limite : états n°ˢ 52 et 53, comptes de gestion et pièces annexes, etc. Ils portent particulièrement leur attention sur la conformité des états n° 52 avec les comptes de gestion (R. G.) comme quantités et comme valeur, et sur les explications données pour justifier les différences accidentelles entre les fixations et les existants. Ils s'assurent que les opérations comptables indiquées sur les états n° 53 sont bien celles qui ont été prescrites par les ordres de mouvement.

Les commandants de corps d'armée prennent les mesures nécessaires pour que les états globaux des fixations de l'habillement (et ceux des autres services pour lesquels ils auraient à faire une récapitulation), soient en concordance exacte, comme quantités et comme valeur, avec le total des chiffres correspondants des états partiels. Ils prennent la même précaution pour les états n° 53 globaux, qui doivent récapituler exactement tous les mouvements des états partiels, autres que les mouvements intérieurs du corps d'armée.

Art. 40.

Remise et reprise du service en ce qui concerne les comptables.

Les excédents constatés à la R. G. sont portés en entrée par certificat administratif n° 6 jaune, puis versés au S. C. par certificat administratif vert modèle 6ᵃ non décompté. Les déficits constatés à la R. G. sont immédiatement comblés par le S. C. et, dans ce cas, le procès-verbal mentionne le déficit au titre du S. C. Si celui-ci ne possède pas le matériel nécessaire, le procès-verbal fait ressortir le déficit au titre de la R. G., à laquelle le S. C. restitue le matériel, aussitôt qu'il est en mesure de le faire, par certificat administratif 6ᵇ non décompté.

Art. 42.

Reconnaissance effective du matériel.

Les opérations de remise et de reprise de service étant quelquefois fort longues, le comptable sortant, lorsqu'il quitte l'établissement avant la fin des opérations, est dans la nécessité de se faire représenter par un fondé de pouvoirs.

Celui-ci est investi d'un véritable mandat. Il importe qu'il puisse le remplir complètement. A cet effet, tout comptable sortant qui confie le soin de ses intérêts à un fondé de pouvoirs, informe le Ministre, par la voie hiérarchique, sous le timbre de la direction intéressée, du nom de l'officier qu'il a choisi pour le représenter. Quand il signe le procès-verbal modèle 8, il rend compte immédiatement au Ministre de la fin du mandat de son fondé de pouvoirs.

Par ce moyen, il sera souvent possible, dans la mesure des exigences du service, d'éviter les mutations des fondés de pouvoirs pendant la durée des opérations de remise de service, et, le cas échéant, de les maintenir provisoirement à leur poste jusqu'à la fin de leur mission.

Art. 48.

Pièces justificatives des opérations d'entrée et de sortie.

§ I. *Ordres d'entrée ou de sortie.* — Quand il existe dans

un magasin du matériel non porté en compte, le gestionnaire cherche à en connaître l'origine et à savoir s'il doit
compter à la R. G. ou au S. C. Quand il est en possession
des renseignements nécessaires, il soumet à la direction locale
les pièces comptables de prise en charge du matériel. S'il y
a doute sur la catégorie de matériel dans laquelle il y a lieu
de le classer (R. G. ou S. C.), la direction locale provoque les
ordres du Ministre.

L'existence en magasin de matériel non porté dans les
comptes engage toujours la responsabilité du gestionnaire
qui n'aurait pas fait toute diligence pour la prise en charge.

§ II. *Dispositions relatives à l'établissement des pièces.* —
Les imprimés employés doivent toujours être conformes aux
modèles annexés au décret et à l'instruction sur la comptabilité-matières. Quand il y a lieu, en conformité des prescriptions de la présente circulaire ou de toute autre instruction, d'en modifier certains points, ces modifications sont
faites à la main.

Pour ceux de ces imprimés que les corps de troupe ou les
établissements se procurent dans le commerce, on ne doit
accepter que ceux qui sont entièrement conformes aux modèles réglementaires.

§ IV *bis. Constatation de l'entrée du matériel dans les
etablissements.* — Dans les établissements considérables, où
le service est subdivisé en plusieurs branches, on a simultanément en cours plusieurs carnets modèle n° 3.

Par exemple, dans une gestion des fourrages, on peut en
avoir un pour l'avoine, un autre pour le foin, un autre pour
la paille, lorsque des officiers différents sont chargés de la
réception de chacune de ces denrées. Il arrive même qu'on
a plusieurs carnets en cours pour la même denrée, lorsqu'elle
est reçue tantôt dans un magasin, tantôt dans un autre, placés
sous la surveillance d'officiers différents.

Dans ce cas, chaque série annuelle de carnets concernant la
même subdivision de service, ou, dans la même subdivision, le
même magasin, est distinguée par une lettre, et les carnets
successifs d'une même série sont désignés par des numéros.
Ainsi, si l'avoine est reçue dans deux magasins placés sous
une surveillance différente, les carnets modèle n° 3 relatifs à
cette denrée (ou éventuellement aux autres réceptions faites
dans le même magasin) seront timbrés, du 1er janvier au
31 décembre, A^1, A^2, A^3 ..., pour le premier magasin,
B^1, B^2, B^3..., pour l'autre. La série concernant le magasin
au foin sera timbrée C^1, C^2, C^3...; pour la paille, on aura les
carnets B^1, D^2, D^3, etc.

Dans chaque série de carnets, les récépissés et leurs souches sont numérotés suivant la série naturelle des nombres, du 1er janvier au 31 décembre, sur les différents carnets de la série.

Il est évident que si toutes les réceptions sont faites par la même personne, dans le même magasin, il n'y a pas lieu à la tenue simultanée de plusieurs carnets, et que, dès lors, il n'y a plus de séries distinctes. Les carnets successifs reçoivent simplement un numéro d'ordre, et le numérotage des récépissés provisoires et de leurs souches se poursuit, sans interruption, dans une série unique, pendant toute l'année.

Le modèle n° 3 comporte une case spéciale pour l'inscription, sur la souche, du numéro et de la date du récépissé comptable correspondant. S'il n'est pas établi de récépissé comptable, on y inscrit le numéro de la facture. Cette mesure, qui a pour objet d'établir une corrélation entre les récépissés provisoires et les récépissés comptables ou les factures, pour la facilité des vérifications, et aussi pour éviter toute omission ou tout double emploi, n'atteint entièrement le but poursuivi que si, d'autre part, on inscrit également sur le talon et sur la souche de chaque récépissé comptable (ou sur le talon de la facture n° 2 s'il n'y a pas de récépissé comptable), les numéros des récépissés provisoires correspondants. Cette inscription est faite, soit dans la colonne « Observations », soit au bas de la pièce, après la désignation des matières prises en compte. S'il y a plusieurs séries de carnets modèle n° 3, on désigne les récépissés provisoires par la lettre de série et par le numéro du récépissé.

§ XV. *Versement à titre gratuit ou onéreux, soit entre les services du département de la guerre, soit entre les comptables du même service.* — Le dernier alinéa du paragraphe XV prescrit que le récépissé du matériel doit être *envoyé* au comptable livrancier *au plus tard* dans un délai de dix jours après la réception du matériel, soit en gare, soit en magasin. Ce délai a été imparti afin de donner au réceptionnaire le temps nécessaire à la démolition des colis, et à la vérification du matériel, comme quantité et comme qualité. Il constitue une limite que l'on doit s'efforcer de ne pas atteindre.

D'autre part, l'expéditeur ne peut pas exiger *la réception* de la facture de sortie dans les dix jours de l'arrivée du matériel en gare ou en magasin; il faut ajouter à ce délai le temps nécessaire à l'arrivée à destination de la facture remise, dans les limites de temps fixées, au service public ou militaire chargé du transport de la correspondance.

Enfin, quand une expédition est faite directement à un détachement ou à une annexe d'un corps de troupe, il résulte de l'appendice du 5 février 1904 au décret du 14 janvier 1889 (1) que le matériel est censé reçu par la portion centrale. Il ne peut donc être considéré comme arrivé à destination que lorsque la portion centrale a reçu de son détachement ou de son annexe les factures d'entrée et de sortie. Le magasin séparé pouvant ne faire l'envoi de ces pièces que dix jours après la réception du matériel, il s'ensuit que le délai pour le retour du récépissé au livrancier se trouve augmenté de la durée du transport des pièces de comptabilité entre ce magasin et la portion centrale. Cette durée est loin d'être négligeable pour certaines places, en particulier pour celles du sud de l'Algérie, ou pour les corps dont la portion centrale et les détachements ou annexes se trouvent, les uns en France, les autres en Afrique.

Il en est de même pour les expéditions faites directement aux annexes des établissements des différents services.

En somme, l'expéditeur ne peut exiger être en possession de la pièce de sortie revêtue du récépissé que dans un délai maximum comprenant :

La durée du transport du matériel du point de départ au point d'arrivée;

Dix jours pour la reconnaissance et la vérification du matériel à l'arrivée;

S'il y a lieu, la durée du transport des pièces comptables entre le détachement ou l'annexe et la portion centrale ou la place principale;

Enfin, la durée du transport de la facture de sortie entre la portion centrale ou la place principale et la place expéditrice.

§§ XVI et XVII. *Passage de matériel de la R. G. au S. C. ou inversement.* — On ne saurait trop appeler l'attention sur la nécessité d'établir, pour chaque mouvement, la pièce exigée par la nature de l'opération. Il est interdit, notamment, d'opérer les passages de la R. G. au S. C. ou inversement, par factures n°s 5 et 9, par certificats administratifs n°s 6 et 10, ou par simple modification entre la R. G. et le S. C., des existants au compte de gestion.

Aucun passage de la R. G. au S. C. ne peut être fait que par facture n° 9^A ou certificat administratif n° 6^A selon le cas; aucun passage du S. C. à la R. G. ne peut être fait que par certificat administratif n° 6^B, ou, dans le cas spécial prévu ci-dessus (art. 8 et 9, § h), par facture n° 9^B (2).

---

(1) Abrogé et remplacé par le décret du 20 mars 1906.
(2) Dans les corps de troupe et services de l'armée coloniale, qui tiennent des comptes de gestion séparés pour le S. C. et la R. G., les pièces de passage entre la R. G. et le S. C., qui justifient à la fois l'entrée et

§ XXII. *Matériel d'emballage.* — L'instruction du 30 décembre 1902 prescrit de porter sur le carnet modèle n° 15 les quantités de matériaux d'emballage trouvées lors de la démolition des colis, selon leur état (bons ou hors de service).

Il résulte de cette disposition que tous les matériaux d'emballage provenant des colis doivent figurer sur le carnet modèle n° 15, qu'ils soient susceptibles de remploi, ou qu'ils soient hors de service. Il faut donc ouvrir, pour chaque unité détaillée une double colonne, l'une pour les matériaux bons, l'autre pour ceux hors de service.

Il va de soi, cependant, que ces prescriptions ne concernent les matériaux H. S. que s'ils ont encore une valeur vénale appréciable, comme les caisses, toiles, etc. Il n'y a pas lieu de les appliquer aux matériaux H. S. tels que bouts de ficelle, débris de papier, etc., qui ne constituent que des déchets sans aucune valeur. Pour ceux-ci, on ne prend en compte que ceux reconnus bons à la démolition.

Les matériaux inutilisables doivent être livrés aux domaines, comme tout autre objet non susceptible d'emploi. On conserve ceux qui pourraient être utilisés pour les réparations (planches provenant de caisses hors d'usage, par exemple).

Sur les comptes de gestion (dans les corps de troupe, sur le registre des entrées et des sorties du matériel appartenant au corps), on fait figurer le matériel classé « Bon » à la place que lui assigne son numéro de nomenclature; les objets H. S. sont mentionnés au chapitre spécial réservé à cette catégorie.

Il n'est ouvert qu'un seul carnet modèle n° 15 au titre du S. C. pour tous les matériaux d'emballage portés au dos des factures, qu'elles concernent la R. G. ou le S. C. On ne prend en compte à la R. G. que ceux dont il est constitué un approvisionnement spécial au titre de ce service, mais ces matériaux ne servent pas aux transports du temps de paix, ne figurent pas au carnet modèle n° 15, et sont portés directement en compte.

On ne mentionne, au dos des factures, que les matériaux ayant servi à l'emballage des colis. Dans le cas où des matériaux d'emballage sont expédiés, comme matériel séparé, d'une place sur une autre, sans être employés à l'emballage,

---

la sortie (certificats administratifs 6-A et 6-B, factures 9-A et 9-B), sont établies en deux expéditions mises respectivement à l'appui de chacun des comptes de gestion intéressés.

Les dispositions relatives au matériel de la R. G. sont applicables à la réserve spéciale pour expédition outre-mer. Sur les pièces concernant ce dernier matériel, la mention : « Réserve de guerre ou R. G. » est remplacée par celle de « Réserve spéciale ou R. S. »

ils donnent lieu, comme tout autre matériel, à l'établissement de factures où ils figurent en première page. Dans ce cas, ils sortent directement des comptes de l'expéditeur et rentrent dans ceux du réceptionnaire sans passer par le carnet modèle n° 15.

Quand on constitue un approvisionnement de ces matériaux pour satisfaire, pendant un certain temps, aux besoins courants, les matériaux ainsi achetés entrent directement en compte au S. C. (ou au registre des entrées et des sorties du corps, dans les corps de troupe); il n'en est pas fait mention au carnet modèle n° 15.

En somme, le carnet des matériaux d'emballage ne reçoit d'inscription que pour les matériaux employés à la confection des colis ou provenant de leur démolition.

Art. 51.

Emmagasinement du matériel.

Lorsqu'il est impossible de placer le matériel de la R. G. dans des magasins spéciaux, il faut le disposer en piles, groupes ou travées séparées du S. C.

Pour le matériel dont le renouvellement est fréquent, et dont on ne pourrait, sans manutentions excessives, placer les approvisionnements de la R. G. toujours dans les mêmes locaux, il suffit de changer les étiquettes en les plaçant sur les piles, travées, meules ou couches momentanément affectées à la R. G. Cette disposition trouvera fréquemment son application dans le service des subsistances, pour les denrées en couches, les meules, les silos.

Dans le cas exceptionnel où il est complètement impossible de séparer le matériel de la R. G. de celui du S. C., le matériel commun aux deux catégories est muni de deux étiquettes, l'une mentionnant la quantité appartenant à la R. G., l'autre celle affectée au S. C. Mais cette confusion des approvisionnements doit être évitée, à moins d'impossibilité absolue.

L'emmagasinement du matériel, qu'il appartienne à la R. G. ou au S. C., est toujours fait de façon à faciliter la constatation des existants. À cet effet, les étiquettes sont constamment tenues à jour. Les récipients sont placés de façon à présenter du côté le plus visible la paroi sur laquelle sont portées les indications relatives à la contenance (par exemple, caisses à poudre ou à cartouches, caisses à pain de guerre, à conserves, fûts de vin ou d'alcool, barils de soufre ou de salpêtre, etc.). L'engerbement est régulier. Quand le matériel est sur plusieurs rangs en surface ou en hauteur.

les rangées ou couches successives sont égales entre elles, ou varient suivant une loi simple et constante. Quand un récipient n'est rempli qu'en partie, on le distingue au moyen d'une marque très apparente, telle que bande de papier bien visible, signe en couleur, bout de ruban dépassant le couvercle, ou tout autre signe faisant reconnaître immédiatement le récipient incomplet. Dans les magasins où il y a un lotissement, comme par exemple dans les magasins à cartouches, la caisse contenant l'appoint de chaque lot est disposée de façon que l'on puisse facilement la trouver et la déplacer pour la vérification du contenu. Dans les magasins d'habillement, où les effets de même nature sont rangés, dans chaque lot, par piles de même contenance, la pile d'appoint est placée à une extrémité du groupe d'effets.

Chaque groupe, chaque pile ou chaque travée est muni d'une étiquette indiquant le numéro de la nomenclature, la désignation du matériel et l'existant à chaque instant. Une étiquette générale récapitulative est, en outre, placée à l'entrée de chaque magasin. On se conforme, d'ailleurs, aux prescriptions complémentaires qui seraient données par les différents services.

En principe, les étiquettes de la R. G. sont rouges. Néanmoins, dans les services où il semble utile, pour distinguer la destination des approvisionnements de la R. G., de faire usage d'étiquettes de différentes couleurs, cette pratique est admise, à la condition de ne pas employer pour la R. G. d'étiquettes blanches, celles-ci étant exclusivement réservées aux approvisionnements du S. C.

Art. 53.

Différence entre les écritures et les existants.

Les excédents ou les déficits constatés à la R. G. sont portés en entrée et en sortie dans les mêmes conditions et de la même façon qu'il est indiqué ci-dessus, art. 40, pour les différences constatées à l'occasion des mutations de comptables.

Art. 57.

Mode de comptabilité.

L'article 57 dispose que le matériel déposé dans les magasins d'un service sans être utilisé pour ses besoins, reste dans les comptes du service auquel il appartient. Le même article indique les circonstances les plus fréquentes où cette mesure doit être appliquée. Dans ce cas, l'établissement détenteur est constitué gérant d'annexe de celui auquel appartient le matériel, et tient, à ce titre, les écritures prévues par l'article 58, paragraphe II.

En se conformant à ces prescriptions, on évitera souvent la tenue de comptes de gestion portant sur un nombre restreint d'objets de valeur parfois insignifiante.

Art. 58 et 59.

Registres à tenir. — Durée des livres.

1. *Registre-journal*. — D'après les prescriptions de l'article 58 de l'instruction, il est passé un trait à l'encre au-dessous du certifié de fin d'année ou de gestion, et les écritures de la nouvelle gestion commencent immédiatement au-dessous de ce trait sur le même registre jusqu'à ce qu'il soit achevé, de telle sorte qu'il n'y ait jamais d'espace en blanc entre les écritures de deux années ou de deux gestions.

L'application de cette règle soulève des difficultés qui proviennent de certains errements, incorrects quoique très anciens, pratiqués dans tous les services.

Il arrive que les pièces comptables se rapportant à des faits qui se sont produits dans le dernier trimestre ou dans le dernier mois de l'année ne peuvent être établies que dans le courant de janvier, quelquefois même de février de l'année suivante. Il en est ainsi, par exemple, pour les pièces d'entrée et de sortie des remises opérées par les ateliers ou des livraisons qui leur sont faites. Il en est de même pour les pièces trimestrielles de sortie des distributions de denrées, etc. On a pris, depuis longtemps, l'habitude de porter la date inexacte du 31 décembre sur les pièces ainsi établies à une date postérieure, et se rapportant à des faits de l'année écoulée. Or, au moment où ces pièces peuvent être inscrites au journal, d'autres inscriptions, concernant l'année courante, ont déjà été effectuées, de sorte qu'il est impossible de les faire figurer à la place que leur assigne leur date.

Dans le but d'éviter les mesures diverses, toutes irrégulières, prises jusqu'ici par les comptables pour tourner cette difficulté, on se conformera dorénavant à la règle suivante :

Après la dernière inscription faite *réellement* le 31 décembre, le journal est certifié par le gestionnaire et visé par le chef de service. Il est passé un trait à l'encre au-dessous de la certification, et les écritures de la nouvelle année commencent immédiatement au-dessous de ce trait. Les pièces comptables concernant des faits qui se sont passés pendant l'année écoulée et affectant le compte de gestion de ladite année, mais qui n'auraient pas été faites pour le 31 décembre, sont établies le plus tôt possible au début de l'année suivante. Au lieu d'y porter la date inexacte du 31 décembre, on les date, régulièrement, du jour même où elles sont faites. Bien que leur intitulé indique suffisamment qu'elles se rapportent à des faits accomplis l'année précédente, on inscrit, pour plus de clarté, en tête de la première page, et à l'encre rouge, la mention « Année 19 . » en gros caractères.

Elles sont portées au journal à leur date, sans qu'on ait à se préoccuper des inscriptions déjà faites pour l'année courante. Mais pour indiquer qu'elles se rapportent au compte de gestion précédent, on les inscrit à l'encre rouge et **on leur** donne le numéro qui leur appartient, d'après l'ordre chronologique, dans la série des numéros de l'année antérieure. C'est ainsi, par exemple, qu'après le n° 120 (noir) de l'année courante, on trouvera le n° 995 (rouge) de la série précédente. De plus, après que toutes les pièces comptables relatives à l'année expirée ont été établies et inscrites, une annotation, également à l'encre rouge, est portée dans la colonne « Observations » du journal, en face du certifié de fin d'année, pour indiquer celles des pièces concernant l'année écoulée, qui sont inscrites parmi les pièces de l'année en cours. Cette annotation est ainsi libellée : « Voir ci-après, les pièces n°ˢ   à   ». Les numéros et dates de ces pièces sont reproduits, à l'encre noire, comme ceux de toutes les autres pièces, sur le compte de gestion de l'année intéressée, à l'expédition duquel on annexe toutes les pièces qui s'y rapportent, quelle que soit leur date.

Dans les corps de troupe, le registre des entrées et des sorties remplace le journal. Les mouvements de matériel entre la portion centrale, les détachements et les annexes sont constatés par les bulletins n° 1 d'envoi ou de renvoi prévus par l'appendice du 5 février 1904 au décret du 14 janvier 1889 (1). C'est ainsi, par exemple, que s'opèrent les mouvements entre les magasins du corps et les établissements d'artillerie où sont déposées les armes et les munitions. Les bulletins d'envoi et de renvoi servent de pièces justificatives, tant pour les inscriptions au registre des entrées et des sorties que pour celles effectuées, par le corps et par l'annexe sur les documents de comptabilité prévus par l'article 58, paragraphe II.

Le registre des entrées et des sorties devant donner, à chaque instant, l'existant réel dans le magasin qu'il concerne, il est irrégulier d'y faire figurer du matériel sorti, par exemple les armes et les munitions déposées dans les magasins du service de l'artillerie. Ce matériel doit sortir du registre par

---

(1) Abrogé et remplacé par le décret du 29 mars 1906.

bulletin modèle n° 1 dès qu'il est déposé dans les magasins de l'établissement constitué gérant d'annexe du corps de troupe.

A titre de vérification des quantités inscrites au compte de gestion, et comme rapprochement d'écritures, on porte en fin d'année, au registre des entrées et des sorties de la portion centrale, au-dessous de la balance des entrées et des sorties, après l'inscription du matériel en service, et de celui déposé dans les magasins des unités, la mention du matériel existant dans les détachements et dans les annexes. Le total doit être conforme à la balance du compte de gestion. Mais il demeure entendu que la première entrée, au registre des entrées et des sorties de l'année suivante, est égale à la balance des entrées et des sorties du magasin que concerne le registre, non compris le matériel en service ou déposé dans les magasins d'unités, et non compris celui déposé dans les magasins des détachements et des annexes.

Le registre des entrées et des sorties ne fait aucune distinction entre le matériel de la R. G. et celui du S. C. Les comptes de gestion et les états modèle n° 52 avec leurs répartitions, suffisent à donner les renseignements nécessaires sur les quantités appartenant à chaque catégorie.

Pour toutes les opérations affectant le compte de gestion effectuées par les détachements ou les annexes, il importe de ne jamais perdre de vue les dispositions de l'appendice susvisé du 5 février 1904, et le principe suivant qui a présidé à la rédaction de ce document : Le conseil central a seul qualité pour faire entrer du matériel dans les comptes, ou pour l'en faire sortir. En conséquence, tout matériel entrant ou sortant, dans les détachements et annexes, doit préalablement passer, en écritures, dans les magasins de la portion centrale.

2. Compte de gestion. — L'instruction prescrit de décompter, en fin d'année, sur le compte de gestion modèle B, les entrées, les sorties et les existants d'après les prix des nomenclatures, en arrondissant en francs la valeur de chaque unité détaillée (1).

Il peut arriver, en appliquant cette règle, que la valeur arrondie des existants de certains numéros détaillés présente une différence de 1 franc avec la différence des valeurs arrondies des entrées et des sorties. Exemple :

---

(1) En ce qui concerne la manière de décompter les unités collectives, on se conforme toujours, le cas échéant, aux indications contenues dans la nomenclature générale du matériel, spéciale à chaque service, en tenant compte, bien entendu, de la valeur des objets en plus ou en moins par rapport à la composition normale, telle qu'elle est donnée par ladite nomenclature.

fr.   c.

Couvertures de cheval en laine bleue, modèle 1895. Prix de nomenclature.......... 14 80
Entrées de l'année, y compris la reprise
d'inventaire, 72 couvertures valant........ 1.065 60
soit en chiffres arrondis...................... 1.066 »
Sorties de l'année, 13 couvertures valant
192 fr. 40, soit................................. 192 »
Différence des valeurs arrondies des entrées
et des sorties................................. 874 »
tandis que les 59 couvertures restantes va-
lent 873 fr. 20, soit............................ 873 »

Il n'y a pas lieu de se préoccuper de cette anomalie. Mais,
comme il importe que la valeur des existants au 31 décembre
soit exacte, il convient de ne pas porter pour cette valeur la
différence des valeurs des entrées et des sorties, mais de la
calculer directement. Il est à remarquer que la différence en
question ne peut jamais être que de 1 franc par unité détaillée; elle peut d'ailleurs se produire dans un sens ou dans
l'autre.

Aux termes de l'article 59 du décret, la minute du compte
de gestion peut durer plusieurs années. Lorsque les comptables usent de cette faculté, il y a à prendre certaines précautions.

Plusieurs pages doivent généralement être réservées en tête
du premier volume pour la constatation des recensements.
A la fin du dernier volume, il faut placer un nombre de feuilles
de récapitulation générale et de résultats des vérifications
ministérielles égal au nombre des années que doit durer la
minute. En tête et au bas de chaque page, il y a lieu de
réserver un même nombre de lignes (égal au nombre des
années de la durée de la minute) pour l'inscription des
sommes à reporter et des reports des valeurs, à la fin de
chaque année. Il arrive, dès la seconde année, que l'on a, sur
la même page, pour un même numéro détaillé, dans les
colonnes 15 à 20 (valeurs) plusieurs chiffres se rapportant
à des décomptes relatifs à des années différentes. Les seuls
chiffres à totaliser sont ceux de la dernière année. Pour éviter
les erreurs qui se produiraient fatalement dans l'addition de
chiffres dont quelques-uns seraient à négliger, il faut avoir
soin de barrer les décomptes dés années précédentes, tout en
laissant les chiffres bien lisibles. Il en est de même des valeurs à reporter et des reports de chaque page. On emploie
pour cette opération une encre de couleur, en évitant l'emploi
de l'encre rouge, réservée d'ordinaire aux rectifications
d'erreurs. Par ce procédé, les chiffres à totaliser restent seuls
non barrés, et aucune erreur n'est plus possible du fait de

l'existence d'autres chiffres se rapportant aux années antérieures.

S'il se produit, d'une année à l'autre, des différences dans les prix de nomenclature, les prix de l'unité (colonne 14), qui cessent d'être appliqués, doivent également être barrés et remplacés par les prix nouveaux.

Dans les corps de troupe comme dans les établissements des divers services, les comptes de gestion doivent être ouverts le 1er janvier, quand même le compte de l'année précédente n'aurait pas pu être définitivement arrêté au 31 décembre, par suite de l'établissement tardif de certaines pièces. Dans ce cas, on ne porte les reprises d'inventaire, au crayon, que pour les numéros dont le compte est arrêté. Pour les autres, on porte cette reprise dès que cela est possible. L'absence momentanée du chiffre de reprise d'inventaire pour quelques rares numéros n'empêche pas l'inscription au jour le jour, au compte de gestion, des mouvements effectués, même pour les numéros dont on n'a pas encore pu arrêter la situation exacte au 1er janvier.

En ce qui concerne la R. G., un retard dans la réception des états modificatifs modèle n° 53 ne constitue pas un empêchement à l'inscription de la reprise d'inventaire, telle qu'elle résulte de la balance des écritures au 31 décembre. Les erreurs possibles, signalées ultérieurement, sont réparées par les moyens réglementaires.

Sauf les exceptions expressément prévues par les règlements ou instructions en vigueur, il est tenu, par gestion et par service, un seul compte de gestion sur lequel est porté tout le matériel dont le gestionnaire est comptable.

L'expédition du compte de gestion adressée au Ministre ne reproduit que les mouvements de l'année qu'elle concerne, même quand la minute sert pendant plusieurs années. Elle signale également les recensements effectués pendant l'année. Lorsque, dans les gestions particulièrement importantes, par application de la tolérance prévue par l'article 17 du décret, l'autorisation a été accordée de n'effectuer chaque année le recensement que d'une partie du matériel, il est nécessaire de fournir au Ministre le moyen de vérifier que le recensement total a été effectué dans une période de deux ou au maximum de trois années. A cet effet, l'expédition du compte de gestion mentionne, quand il y a lieu, en tête de la feuille consacrée a l'inscription des recensements, le numéro et la date de l'autorisation ministérielle prolongeant la durée normale annuelle du recensement total, la période (deux ou trois ans) sur laquelle peut s'étendre l'opération, et reproduit, outre les recensements faits dans l'année, ceux effectués l'année précédente (période de deux ans) ou pendant les deux dernières années (période de trois ans). Si les prescriptions relatives aux recensements ont été observées, tout le matériel existant doit, grâce à ce moyen, figurer, chaque année, à la page « Constatation des recensements » de l'expédition du compte de gestion.

Dans les corps de troupe, le recensement total est toujours effectué chaque année. L'expédition du compte de gestion mentionne ces recensements, qui sont portés en tête de la minute.

Art. 62 et 63.

Vérification et arrêté du compte de gestion. — Envoi des comptes
au Ministre.

La minute du compte de gestion est arrêtée, et l'expédition adressée à l'autorité chargée de la surveillance de la gestion, avec les pièces justificatives, au plus tard le 1er mars. L'expédition et les pièces justificatives sont envoyées au Ministre avant le 1er mai. Ces dates sont des limites extrêmes qu'il est interdit de dépasser, sauf autorisation spéciale du Ministre. Les corps et établissements doivent s'efforcer de réduire ces délais dans la mesure du possible.

Aucun retard ne saurait être apporté à l'envoi des comptes sous le prétexte que le dernier état trimestriel modèle n° 53 de l'année précédente ne serait pas encore revenu approuvé et que, dès lors, les quantités figurant au compte de gestion, au titre de la R. G. au 31 décembre, ne sont plus d'accord avec les états de fixation. Dans ce cas, il faut considérer que les ordres de mouvement réguliers, en vertu desquels ont été effectuées les opérations constituent, en ce qui concerne le compte de gestion, une justification suffisante des augmentations ou des diminutions de la R. G.

Les bordereaux dans lesquels sont classées les pièces justificatives sont de la couleur des pièces qu'ils renferment. Il y a donc, en général, six bordereaux distincts, des couleurs indiquées à l'article 48 de l'instruction.

Le relevé des entrées faites en janvier au titre de l'exercice précédent ne mentionne que les entrées qui ont réellement augmenté la valeur globale du matériel appartenant à l'État, en considérant l'ensemble du service. On n'y porte donc pas celles qui augmentent seulement la valeur du matériel d'une gestion, mais qui diminuent d'autant la valeur du matériel d'une autre gestion.

Les états modèle 50 qui accompagnent l'expédition du compte de gestion envoyée au Ministre ne mentionnent que les certificats administratifs 6ᴬ et 6ᴮ décomptés, à l'exclusion de ceux qui, en exécution des dispositions de la présente circulaire, ne doivent pas être décomptés. Les directions intéressées de l'administration centrale peuvent prescrire que ces états modèle 50 soient relevés et totalisés par corps d'armée sur un état modèle 50 global, auquel ils restent annexés. Quand cette mesure doit être prise, les directions techniques du ministère donnent les instructions de détail nécessaires.

Aucun document « Néant » n'est joint au compte de gestion. Les documents de cette nature sont simplement mentionnés, s'il y a lieu, dans le bordereau d'envoi du compte.

Dans le service du génie, le compte de gestion est accompagné de l'inventaire estimatif modèle 44 et de l'état récapitulatif modèle 45 visés à l'article 76, paragraphe III de l'instruction du 30 décembre 1902.

Les dispositions relatives à l'établissement et à l'envoi des états modificatifs trimestriels modèle 53 entreront en vigueur, pour tous les services, pour les opérations du 3e trimestre 1905.

Circulaire relative à l'établissement des états 52 et 53 de la réserve de guerre du service de l'habillement.

Paris, le 7 mars·1906.

La vérification des états 52 et 53 de la réserve de guerre du service de l'habillement, des années 1903 et 1904, a permis de constater que, pour certains effets et objets, l'inscription des « fixations » n'est pas faite d'une manière uniforme, ce qui rend difficile l'établissement de la récapitulation générale à fournir au Parlement par l'administration centrale.

En conséquence, il y aura lieu d'appliquer les mesures ci-après, pour obtenir l'uniformité nécessaire :

D'une manière générale, le matériel doit être inscrit par numéro détaillé de la nomenclature (art. 3 de la circulaire du 2 août 1905).

Le matériel à l'égard duquel des dispositions particulières doivent être prises est le suivant :

Grouper, pour les fixations, les effets et objets ci-après :

Par arme, les capotes ancien et nouveau modèle (on groupera les capotes du train nouveau modèle avec celles de l'infanterie, et celles ancien modèle avec celles de l'artillerie) ;

Toutes les chemises ;

Les culottes et les pantalons de cheval de la cavalerie et du train des équipages ;

Les culottes et les pantalons de cheval de l'artillerie et du génie ;

Les dolmans et les tuniques de la cavalerie, par subdivision d'armes ;

Les dolmans et les vestes de l'artillerie ;

Les manteaux pour toutes les troupes (cuirassiers exceptés), ancien et nouveau modèle ;

Les manteaux pour cuirassiers, ancien et nouveau modèle ;

Les bottines et les brodequins pour troupes à cheval ;

Les éperons du modèle général et les éperons à la chevalière ;

Par arme, les cartouchières, les gibernes et les poches à cartouches, les cartouchières d'infirmerie restant séparées ;

Par arme, les havresacs des différents modèles, les havresacs d'infirmerie restant séparés ;

Les étuis-musettes modèle ordinaire et nouveau modèle.

Les effets à grouper doivent, quel que soit leur numéro de nomenclature, être inscrits à la suite les uns des autres, afin de pouvoir les réunir dans une accolade pour la fixation unique.

Le groupement doit être fait auprès de l'effet du modèle le plus récent.

En outre :

Les brodequins pour troupes à cheval doivent être inscrits sans éperons, les éperons étant portés séparément.

Equipements de tambour. Grandes tentes. Sacs tente-abris. Tentes individuelles. Cantines à vivres. Cantines de popote (celles renfermant des ustensiles). Boîtes à marques.	Ces objets doivent être inscrits au complet : Equipements complets de tambours, grandes tentes complètes etc. Il y a donc lieu de tenir ce matériel toujours au complet. Lorsque, pour une cause quelconque, des objets isolés (accessoires, ustensiles, etc.) seront en déficit, des mesures devront être prises pour leur remplacement immédiat et, dans tous les cas, avant le 31 décembre de l'année. Si, dans la première application de cette mesure, il y avait des accessoires isolés inutilisables, ces accessoires devraient être passés au service courant (circulaire du 2 août 1905, art. 8 et 9, § d).
Caisses d'outils et matières pour ouvriers tailleurs et cordonniers.	Ces caisses doivent être divisées en deux catégories : 1° Celles destinées aux troupes se mobilisant dans des conditions particulières de rapidité et qui, devant être complètes dès le temps de paix, seront inscrites comme telles sur les états 52 et 53 (les dispositions ci-dessus, visant les cantines à vivres, leur sont applicables) : 2° Les caisses vides à remplir seulement à la mobilisation.

Timbres. . . . . { Les timbres attribués par le tableau annexé à la circulaire confidentielle n° 1 du 9 décembre 1903 sont les seuls qui appartiennent à la R G du service de l'habillement et qui doivent, par conséquent, être inscrits sur les états 52 et 53.

Ces prescripitions seront appliquées pour l'année 1905 et les suivantes.

La régularisation sera faite par état 53.

D'autre part, il y a lieu de faire disparaître, dans le plus bref délai, les effets en cours de durée et d'instruction qui existent à la réserve de guerre.

Il convient de remarquer que les groupements *aux fixations* prévus dans la présente circulaire sont prescrits en vertu de l'article 6, paragraphe 2, de la circulaire du 2 août 1905.

Ces groupements ne s'appliquent, bien entendu, qu'aux effets similaires dont le remplacement a lieu nombre pour nombre (même circulaire, art. 8 et 9, § 3 *a*).

En outre, sur les états 53, on doit indiquer les opérations comptables effectuées, ainsi que les numéros et dates des ordres ministériels en vertu desquels elles ont été exécutées.

Exemple :

Expédition de la réserve de guerre du
à la réserve de guerre du   exécution
de l'instruction ministérielle du

Ordre du   en date du   . N°

◆

Addition à la circulaire du 7 mars 1906 relative à l'établissement des états 52 et 53 de la réserve de guerre du service de l'habillement.

Paris, le 3 août 1906.

Les effets et objets indiqués ci-après doivent être ajoutés à ceux compris dans la circulaire du 7 mars 1906 qui précède, comme devant être groupés :

Tuniques d'infanterie et d'infirmiers militaires N. M. et tuniques d'infirmiers militaires A. M.

Tuniques de cuirassiers avec fente et sans fente.

Galons d'or de 22ᵐᵐ façon lézarde A. M. et N. M.

Galons d'or de 12ᵐᵐ façon lézarde A. M. et N. M.

Képis artillerie, génie, train, avec carcasse et sans carcasse.

Ceinturons du modèle général pour troupes à pied et ceinturons à boucle et ardillons.

Ceinturons pour troupes à cheval en cuir noir ciré à plaques et à boucles. Ceinturons pour troupes à cheval en cuir fauve avec courroies et sans courroies.

Etuis de revolver complets en cuir noir sans courroies et avec courroies.

Etuis de revolver complets en cuir fauve sans lanières et avec lanières.

Porte-épées baïonnettes modèle 1877 et modèle 1888.

Caisse complète et caisse complète en aluminium.

Clairon d'ordonnance et clairon de chasseurs Millereau.

Gamelle individuelle d'infanterie en tôle et en aluminium.

Musette de pansage non garnie et musette de pansage en toile cachou non garnie.

Marmites à quatre hommes en tôle et marmites diverses et marmites à quatre hommes avec oreillons passants.

Marmites de peloton et marmites de peloton A. M.

Gamelles moulins à café, moulins à café filtre Klepper et moulins à café filtre Klepper, modification Paillaud.

Caisses à bagages, modèle ordinaire et N. M.

Caisse de fonds et de comptabilité petit modèle et petit modèle ancien.

Caisses pour approvisionnements de réserve des corps de troupe n° 1 et n° 1 ancien modèle.

Cantines à vivres complètes et cantines à vivres.

Boîtes à marques de compagnie et de compagnie de modèle irrégulier.

OBSERVATIONS GÉNÉRALES.

1° Pour les objets inscrits à l'unité (capotes, pantalons) le groupement ne s'applique qu'aux fixations seulement.

Pour les objets inscrits au complet (c'est-à-dire ceux dont l'utilisation ne peut être effectuée à l'état isolé, comme les tentes, les cantines à vivres, etc.), le groupement s'applique aussi bien aux existants qu'aux fixations.

2° Il est bien entendu que les groupements ci-dessus devront, comme ceux prescrits par la circulaire du 7 mars 1906, être effectués d'une manière absolue, par état 53, au titre de 1905 ;

3° L'inscription séparée des bottines et brodequins et des éperons a pour conséquence de créer une différence de 0 fr. 10 par paire, entre la valeur de ces objets séparés et celle des même objets réunis.

Pour remédier à cette situation, les corps de troupe effectueront à la date du 31 décembre 1905 un changement de classification par certificats administratifs modèles 7 et 11 (art. 48, § XXVII de l'instruction du 30 décembre 1902), la sortie des comptes des bottines et brodequins pour troupes à cheval éperonnés correspondant à une entrée de bottines et de brodequins sans éperons et d'éperons isolés.

Instruction relative aux mesures à prendre comme conséquence de la remise au service de l'intendance militaire des approvisionnements de réserve des troupes coloniales (1).

Paris, le 6 août 1906.

La dépêche ministérielle du 26 octobre 1905, n° 110155/5 (3 novembre 1905 88M 4/8, en ce qui concerne les troupes coloniales) a prescrit l'incorporation, à partir du 31 décembre suivant, dans les comptes des troupes métropolitaines, des approvisionnements de réserve du service de l'habillement à utiliser par les troupes coloniales dans leur participation à la défense métropolitaine.

Le Ministre a été consulté sur les mesures à prendre à l'avenir pour ces approvisionnements, en ce qui concerne les points suivants :

1° Autorité qui doit approuver les tableaux des « nécessaires » et conditions dans lesquelles ils doivent être adressés à l'administration centrale ;

2° Comment doivent être établis et transmis les états 52 et 53 des fixations et existants de la réserve de guerre ;

3° Autorité qui doit être chargée de la vérification et de la centralisation des comptes de gestion ;

4° Conditions d'entretien et de renouvellement des approvisionnements.

Il convient de remarquer que le corps d'armée des troupes coloniales forme un corps d'armée homogène.

Par suite, il appartient au général commandant ce corps d'armée de faire assurer par le service de l'intendance des troupes coloniales la constitution, la surveillance et l'entretien des approvisionnements.

La seule différence avec le passé est que ces opérations ressortissent à la 5ᵉ direction au lieu de la 8ᵉ direction de l'administration centrale et que les comptes de gestion et documents divers doivent être adressés sous le timbre de la première de ces directions.

---

(1) Mise à jour par l'incorporation dans le texte des modifications qui y ont été apportées par la notification du 28 février 1907. (*B. O.*, p. 211.)

En raison des dispositions spéciales résultant du manque de locaux dépendant des casernements, et en attendant qu'on puisse rendre au Département de la marine les magasins laissés provisoirement à la disposition des troupes coloniales et généraliser ainsi la gestion directe par les corps de troupe, il y a lieu de maintenir une distinction très nette entre les approvisionnements de réserve constitués en vue de la mobilisation des corps de troupe et des unités de réserve qui y sont rattachées et les approvisionnements d'un usage commun à l'ensemble des troupes du territoire, qui doivent être de tout temps entretenus dans les magasins administratifs.

Comme conséquence du principe énoncé plus haut, et eu égard aux particularités qui précèdent, les questions posées doivent être résolues dans les conditions ci-après :

Approvisionnements constitués en vue de la mobilisation des corps eux-mêmes et des unités de réserve qui leur sont rattachées.

1° Les tableaux des « nécessaires » doivent être établis par ces corps, approuvés par le général commandant le corps d'armée des troupes coloniales, centralisés et récapitulés par ses soins pour l'ensemble dudit corps d'armée. L'état récapitulatif doit être adressé à la 5e direction de l'administration centrale ;

2° Les états 52 et 53 des fixations et existants de la réserve de guerre doivent être établis par les corps de troupe ; ils sont centralisés, récapitulés et envoyés dans les conditions indiquées ci-dessus pour les nécessaires ;

3° Les comptes de gestion B[1] établis par les corps de troupe et dans les conditions du règlement du 26-30 décembre 1902 sur la comptabilité-matières, doivent être vérifiés par les sous-intendants militaires des troupes coloniales, centralisés et récapitulés par le directeur de l'intendance du corps d'armée des troupes coloniales, conformément aux prescriptions du règlement précité ;

4° Ce haut fonctionnaire doit prescrire, sous l'autorité du général commandant ce corps d'armée, toutes les mesures nécessaires pour assurer la constitution, le nivellement, le renouvellement et l'entretien du matériel des corps de troupe.

Les frais d'entretien sont au compte de la 1re section du budget : Matériel de l'habillement.

Dans les différents travaux ou opérations énumérés aux quatre paragraphes qui précèdent, les autorités militaires des troupes métropolitaines n'ont pas à intervenir.

Approvisionnements d'un usage commun à l'ensemble des troupes du corps d'armée colonial, entretenus dans les magasins du service administratif de ces troupes.

Le matériel des troupes coloniales, utilisé par elles dans leur participation à la défense métropolitaine, et qui est entretenu dans des magasins administratifs, a été pris en charge par le gestionnaire du magasin administratif de l'habillement (troupes métropolitaines) du corps d'armée sur le territoire duquel sont entretenus ces approvisionnements.

Par suite, le général commandant ce corps d'armée aura, pour ces approvisionnements, à se concerter avec le général commandant le corps d'armée des troupes coloniales, pour la détermination des nécessaires.

Ces nécessaires, ainsi que les quantités à faire figurer sur les états 52 et 53, seront compris sur les états récapitulatifs des troupes métropolitaines.

Au 31 décembre de chaque année, le directeur de l'intendance du corps d'armée ou de la région intéressée fera parvenir au directeur de l'intendance du corps d'armée des troupes coloniales, en ce qui concerne les approvisionnements de ces troupes, un extrait du tableau des nécessaires et de l'état 52.

Pour le corps d'armée des troupes coloniales, ces renseignements ne serviront que d'indication et ils ne seront pas compris sur les états des nécessaires, fixations et existants de ce corps d'armée.

La constitution, le nivellement et le renouvellement des approvisionnements incombera au corps d'armée des troupes coloniales. Pour ces opérations, les directeurs de l'intendance des troupes métropolitaines n'auront qu'à se conformer aux mesures que le directeur de l'intendance du corps d'armée des troupes coloniales les priera de prescrire.

Quant à l'entretien, il sera assuré par les gestionnaires; la dépense sera, comme ci-dessus, au compte de la 1re section du budget : Matériel de l'habillement.

———◆———

Circulaire relative à l'emmagasinement du matériel de la réserve de guerre.

Paris, le 12 avril 1907.

Dans le lotissement des unités collectives du matériel de la réserve de guerre, il est parfois nécessaire de distraire de ces unités certains éléments et de les emmagasiner ailleurs, pour des raisons d'encombrement ou de conservation. Il arrive même que la constitution de ces éléments, quand il s'agit de matières de consommation exigeant un renouvellement fréquent, n'est point réalisée dès le temps de paix, mais c'est évidemment sous réserve de mesures très précises, prises à l'avance et permettant de les constituer sûrement au moment du besoin.

Or, le sous-secrétaire d'Etat a constaté que la méthode et la prévoyance indispensables n'étaient point appliquées dans tous les services avec une rigueur suffisante et qu'il pouvait en résulter de la confusion et des erreurs lors de l'enlèvement du matériel à la mobilisation.

En conséquence, il prescrit ce qui suit :

Quand un élément quelconque appartenant à une unité collective de la réserve de guerre ne sera point emmagasiné dans le même local que ladite unité, une fiche très apparente devra le remplacer à l'endroit même qu'il eût dû normalement occuper, indiquant, d'une façon très précise, le lieu où il se trouve déposé.

Si l'élément n'est point constitué en temps de paix, la fiche sera établie et placée dans les mêmes conditions ; elle relatera sommairement le mode de réalisation adopté et se référera au journal de mobilisation.

Le journal de mobilisation devra, dans ce cas, exposer nettement les mesures minutieuses prévues en quantités, lieu et dates; il ne faut point, en matière aussi grave, se fier seulement à la mémoire et à l'expérience du gestionnaire actuel, mais se placer dans l'éventualité toujours possible d'un changement de personnel survenu à la veille de la mobilisation. C'est là le vrai but du journal, et, tout en prenant garde de le surcharger de détails et de considérations inutiles, il faut qu'il permette d'accomplir sans hésitation, dans l'ordre et les délais prescrits, tous les actes qui incombent au service envisagé.

Circulaire rappelant les autorités chargées de procéder aux recensements de matériel à l'exécution stricte des prescriptions réglementaires.

Paris, le 27 janvier 1909.

J'ai constaté à différentes reprises, en examinant des rapports et procès-verbaux relatifs à des excédents, à des déficits ou à des avaries de matériel, que les recensements ne sont pas toujours effectués dans les conditions prescrites par les règlements. On ne s'aperçoit trop souvent de ces excédents, déficits ou avaries qu'au moment des mutations de comptables.

Or les recensements sont une garantie essentielle de l'existence et du bon état du matériel et de la sincérité des écritures. Il importe qu'aucune négligence ne soit commise dans l'exécution de cette partie du service, soit dans les corps de troupes, soit dans les services ou établissements.

L'article 17 du décret du 26 décembre 1902 sur la comptabilité des matières (É. M., n° 27, p. 17) impose aux officiers ou fonctionnaires chargés de la direction et de la surveillance l'obligation de procéder à des recensements portant, en principe, chaque année, sur la totalité du matériel compris dans les écritures. C'est seulement avec l'autorisation du Ministre que, dans les gestions particulièrement importantes, la totalité de ce matériel peut, à titre exceptionnel, n'être recensé que dans une période d'une durée maximum de trois années. L'article 52 du même décret (É. M., vol. n° 27, p. 27) indique les mesures à prendre pour effectuer les recensements. Ces prescriptions sont complétées par l'instruction du 30 décembre 1902 pour l'application du décret précité (É. M., vol. n° 27, p. 40) et par les règlements spéciaux aux corps de troupes et aux divers services.

Les autorités militaires, à tous les degrés de la hiérarchie, sont invitées à observer et à faire observer ponctuellement les prescriptions visées ci-dessus.

Les fonctionnaires du contrôle devront en vérifier l'exécution dans les corps, établissements et services qu'ils auront à contrôler. Toutes les négligences constatées par eux dans cette partie du service feront l'objet de rapports spéciaux, auxquels seront joints les explications des intéressés et, s'il y a lieu, les procès-verbaux des déficits, excédents ou avaries. Ces rapports me seront adressés dans le plus bref délai possible.

A cette occasion j'appelle l'attention des fonctionnaires du contrôle sur la nature des constatations qui leur incombent en ce qui concerne le matériel.

Indépendamment de la mission générale dont les a chargés la loi du 16 mars 1882 sur l'administration de l'armée, la loi du 26 juin 1888 leur a conféré, d'une manière plus spéciale, le soin de constater l'existence et l'état du matériel de la réserve de guerre.

Cette obligation de constater *l'état* du matériel doit être entendue dans son sens le plus large. Il ne suffit pas qu'ils vérifient que le matériel a été conservé dans l'état où il avait été reçu ou était entré au magasin, il faut encore qu'ils s'assurent que ce matériel est susceptible de faire un bon service et qu'il est de tous points conforme aux descriptions, tables de construction et modèles-types. Toutes facilités doivent leur être données par les autorités chargées de la direction et de la gestion pour procéder à cette constatation.

TABLE DES MATIÈRES

Du décret du 26 décembre et de l'instruction du 30 décembre 1902.

CHAPITRE III.

DIRECTION, SURVEILLANCE, GESTION ET CONTRÔLE DES SERVICES DU MATÉRIEL.

CHAPITRE II.

DES REMISES ET REPRISES DE SERVICE.

TITRE III.

DISPOSITIONS DIVERSES.

ANNEXES.

Liste des nomenclatures du matériel de la guerre.

30 décembre 1902.

<table>
<tr><td>Lettre
attribuée
à la
nomencla-
ture
de chaque
service.</td><td>Désignation des services.</td></tr>
<tr><td>A.</td><td>Administration centrale (mobilier).</td></tr>
<tr><td>B.</td><td>Service géographique.</td></tr>
<tr><td>C.</td><td>Etat-major de l'armée (archives et bibliothèques).</td></tr>
<tr><td>D. F.</td><td>Vivres et fourrages.</td></tr>
<tr><td>E$_I$.</td><td>Service du chauffage et de l'éclairage.</td></tr>
<tr><td>G.</td><td>Service de santé.</td></tr>
<tr><td>H. I.</td><td>Habillement et campement.</td></tr>
<tr><td>K.</td><td>Justice militaire.</td></tr>
<tr><td>L.</td><td>Remonte générale.</td></tr>
<tr><td>M.</td><td>Harnachement.</td></tr>
<tr><td>N.</td><td>Artillerie et équipages militaires.</td></tr>
<tr><td>O.</td><td>Poudres et salpêtres.</td></tr>
<tr><td>P.</td><td>Génie.</td></tr>
<tr><td>Q$_I$.</td><td>Ecoles militaires d'infanterie.</td></tr>
<tr><td>Q$_{II}$.</td><td>Ecoles militaires de cavalerie.</td></tr>
<tr><td>Q$_{III}$.</td><td>Ecoles militaires d'artillerie.</td></tr>
<tr><td>Q$_{IV}$.</td><td>Ecoles militaires du génie.</td></tr>
<tr><td>Q$_V$.</td><td>Ecole supérieure de guerre.</td></tr>
<tr><td>Q$_{VI}$.</td><td>Ecoles de médecine et de pharmacie.</td></tr>
<tr><td>Q$_{VII}$.</td><td>Ecole d'administration militaire.</td></tr>
<tr><td>R.</td><td>Invalides.</td></tr>
<tr><td>S$_I$.</td><td>Mobiliers des hôtels des officiers généraux.</td></tr>
<tr><td>S$_{II}$.</td><td>Mobiliers des bureaux de l'intendance et états-majors.</td></tr>
<tr><td>S$_{III}$.</td><td>Ameublements des sous-officiers rengagés.</td></tr>
<tr><td>T.</td><td>Couchage et ameublement.</td></tr>
<tr><td>U.</td><td>Transports.</td></tr>
<tr><td>V.</td><td>Musée historique.</td></tr>
</table>

TABLE CHRONOLOGIQUE

TABLE ALPHABÉTIQUE

A

P

Q

R

Pages.

S

T

U

V

Paris et Limoges. — Imprimerie militaire Henri CHARLES-LAVAUZELLE.